ANNE CONNELLY
Anke Dembowski, Simin Heuser, Saskia Weck

Dein MONEY 1x1

ANNE CONNELLY
Anke Dembowski, Simin Heuser, Saskia Weck

Der Finanzguide für Frauen:
Einfach gut aufgestellt für alle Lebensphasen

FBV

Bibliografische Information der Deutschen Nationalbibliothek
Die Deutsche Nationalbibliothek verzeichnet diese Publikation in der Deutschen Nationalbibliografie. Detaillierte bibliografische Daten sind im Internet über http://dnb.d-nb.de abrufbar.

Für Fragen und Anregungen
info@finanzbuchverlag.de

Originalausgabe,
2. Auflage 2023

Türkenstraße 89
80799 München
Tel.: 089 651285-0
Fax: 089 652096

Redaktion: Claudia Franz
Korrektorat: Christiane Otto
Umschlaggestaltung: Karina Braun
Umschlagabbildung: Shutterstock.com/Garsya, Alexandr Zagibalov, Andrey Lobachev, Zoran Ras, Anton_Ivanov, fantom_rd, Runrun2
Grafiken im Innenteil: Andrea Krüger
Satz: Zerosoft, Timisoara
Druck: CPI
Printed in the EU

ISBN Print 978-3-95972-630-6
ISBN E-Book (PDF) 978-3-98609-196-5
ISBN E-Book (EPUB, Mobi) 978-3-98609-197-2

Inhalt

Vorwort von Monika Gruber

»Altersarmut ist primär weiblich!« Das ist der Satz, der mich wachgerüttelt hat. Er stammt von einer Frau, die es wissen muss, nämlich von Lydia Staltner, der Gründerin von »Lichtblick Seniorenhilfe«. Diese wunderbare Gruppe Münchner Damen kümmert sich liebevoll um eine ständig wachsende Zahl älterer Menschen, deren Rente kaum zum Überleben reicht. In einem reichen Land wie Deutschland ein Skandal, wie ich finde, der immer noch zu wenig thematisiert wird.

Der Großteil der von Altersarmut betroffenen Menschen sind Frauen. Und zwar nicht nur, weil Frauen in der Regel eine höhere Lebenserwartung haben als Männer, sondern aus vielerlei Gründen: Viele der Frauen hatten in der Nachkriegszeit nicht die Möglichkeit, eine Ausbildung zu absolvieren, und hielten sich und ihre Familien daher mit schlecht bezahlten Tätigkeiten über Wasser. Andere entschieden sich – was völlig nachvollziehbar und ehrenwert ist – gegen eine berufliche Karriere, um sich ganz der Erziehung der Kinder widmen zu können. Wieder andere waren vielleicht auf Geringverdienerbasis im Betrieb ihres Ehemanns angestellt, wo sie sich – neben Haushalt und Familie – um Löhne und Rechnungen kümmerten. All diese Frauen waren also ihr Leben lang fleißig, haben oft selbstlos zugunsten der Kinder und eines Eigenheims auf viele Annehmlichkeiten wie Urlaub verzichtet. Sie haben Haus, Hof, Familie und Betrieb zusammengehalten und sich oftmals auch noch der Pflege älterer Angehöriger gewidmet. Und wie wird ihnen dieses – vor allem auch für die Gesellschaft unermesslich wertvolle – Engagement gedankt? Mit der Tatsache, dass ihre Rente heute so gering ist, dass sogar eine Tasse Kaffee eine »Investition« darstellt, die gut überlegt sein will. Lydia Staltner erzählte mir neulich, dass viele Seniorinnen oftmals schon ab dem 20. des Monats nicht mehr wissen, wie sie sich etwas zu essen leisten sollen. Ein schrecklich bedrückender Gedanke, der mich traurig, aber auch wütend macht. Traurig wegen der Menschen, die leiden müssen, und wütend auf die Politik, die so etwas zulässt. Daher *müssten* wir Frauen uns eigentlich ständig wie ein Mantra vorsagen: »Weder der Staat noch ein Ehemann ist eine Garantie für eine gute Altersvorsorge!«

Meine Damen, in Anbetracht hoher Inflation ist es Zeit, allerhöchste Zeit, dass wir uns noch viel mehr mit dem Thema »Geld« befassen. Und unserer Absicherung im Alter. Aber sei ehrlich: Wann hast du das letzte Mal bei einem Mädelsabend mit deinen Freundinnen über Geld geredet? Über Fonds und Aktiendepots und den schwindenden Wert klassischer Lebensversicherungen? Darüber, ob man noch in Gold oder doch lieber in Bitcoin investieren sollte? Klar, macht es mehr Spaß, über Schuhe und das neuste Wellness-Ressort in Südtirol zu ratschen. Oder darüber, dass der Roséwein von Brad Pitt tatsächlich sehr süffig und nicht bloß ein Marketing-Gag eines gelangweilten Hollywood-Stars ist. Aber weißt du eigentlich, was deine Freundinnen verdienen und wie sie ihr Erspartes angelegt haben? Wie hoch die gesetzliche Rente sein wird, die ihnen irgendwann (vielleicht) einmal zusteht?

Manchmal habe ich den Eindruck, dass Frauen so wenig über Geld reden, weil es für sie fast etwas Anrüchiges, ein leichtes »Gschmäckle« hat. Man möchte ja schließlich nicht zu indiskret wirken. Frau würde ja auch nicht unbedingt in launiger Prosecco-Runde preisgeben, dass sie unter eingewachsenen Zehennägeln leidet. Oder darunter, dass der Gatte immer noch gern ehelichen Beischlaf hätte, wo doch ihr Lustverhalten vor Monaten auf geradezu dramatische Weise auf zwei »Magnum Mandel« umgeschwenkt ist. Doch wenn wir Frauen nicht anfangen, uns mehr mit unserem Geld auseinanderzusetzen, uns auszutauschen, uns gegenseitig Tipps zu geben, wird es für uns alle in einigen Jahren oder Jahrzehnten ein böses Erwachen geben.

Liebe Leserinnen, lasst es nicht so weit kommen: Informiert euch, tut alles dafür, euer hart verdientes Geld nicht weniger werden zu lassen. Splittet eure Investitionen, denn nichts im Leben ist zu 100 Prozent sicher (außer der Tod). Und: Vertraut eurem Bauchgefühl und lasst euch nichts aufschwatzen, was ihr nicht versteht. Den ersten Schritt in die richtige Richtung habt ihr bereits getan, indem ihr dieses Buch gekauft habt. Also, viel Spaß beim Informieren und Investieren und denkt daran: Gern Geld zu verdienen und es zu erhalten, ist weder anrüchig noch fad, sondern lebenswichtig *und* sexy!

Herzlich
Monika Gruber

Was dich in diesem Buch erwartet

Meine Mutter konnte mit Geld nie viel anfangen. Obwohl sie bei einer Versicherung arbeitete und ihr Vater Banker war, kümmerte sie sich nicht um ihre Finanzen. Mit fatalen Folgen: Sie war ihr Leben lang in einer unglücklichen Ehe gefangen. Das war mein Antrieb, es anders zu machen. Ich wollte unabhängig sein und mich aus einer Beziehung verabschieden können, wenn ich das für richtig hielt. Also machte ich Karriere im internationalen Finanzbereich und arbeitete immer Vollzeit. Auch dann noch, als die Kinder kamen.

Ich möchte alle Frauen ermutigen, ihre finanziellen Entscheidungen nicht ihrem Partner zu überlassen und sich als Mütter nicht in eine finanzielle Abhängigkeit zu begeben. Wie wichtig das ist, mussten viele Frauen in den letzten Jahren erfahren: Das 2008 geänderte Scheidungsrecht führte dazu, dass so manche Frau nach einer gescheiterten Ehe fast mittellos dastand. Aber auch smarte Single-Frauen, die oft hohe Gehälter haben, sind in Sachen Finanzen häufig ahnungslos. Das möchte ich ändern. Deshalb habe ich 2017 herMoney gegründet, das erste Frauenfinanzportal Deutschlands. Wir erklären Frauen alles, was sie rund ums Geld wissen müssen – von Geld in der Partnerschaft über Karrieretipps bin hin zur Börse. Heute ist herMoney das größte deutsche Finanzportal, das sich an Frauen richtet. Wir haben zwei erfolgreiche Podcasts, beliebte Events, die herMoney Academy inklusive unseres Coachings. Und jetzt unser Buch.

Unsere Mission: Dich finanzfit machen!

Mit diesem Buch möchten wir Frauen einen Plan an die Hand geben, damit sie ihre Finanzen organisieren können. Du erfährst, welche Versicherungen du wirklich brauchst, wie du dich vor Altersarmut schützt und dir ein kleines Finanzpolster aufbaust, um dir deine Träume zu erfüllen. Dieses Buch ist also ein praktischer Ratgeber, der dir hilft, das Thema »Finanzen« endlich anzupacken. Ganz ohne Fachchinesisch erklären wir dir alle Basics, damit du deine Finanzen in den Griff bekommst. Nach fünf Jahren herMoney und regem Austausch mit unserer Community wissen wir genau, wo Frauen der Schuh drückt.

Klar ist, dass deine Finanzen auch in andere Bereiche ausstrahlen. Wer finanziell immer klamm ist, geht nicht so locker durchs Leben wie andere, die sich problemlos etwas gönnen können. Auf der anderen Seite ist Geld nicht alles. Viele Dinge, die uns glücklich machen, kosten gar nichts. Wir müssen also die Balance finden. Ziel soll sein, dass deine Finanzen heute in guten Bahnen laufen, aber auch dann noch, wenn du 50, 70 oder 80 Jahre alt bist. Auch im Alter möchtest du ein Leben ohne finanzielle Sorgen führen können, so viel ist sicher. Und du möchtest bestimmt auch nicht von deinem Partner abhängig sein. „Ein Mann ist keine Altersvorsorge“, brachte es die Finanzexpertin Helma Sick auf den Punkt. Es gilt also, selbst vorzusorgen. Denn: Selbst ist die Frau!

Von Frauen für Frauen

herMoney besteht aus einem Team talentierter Frauen und auch einiger engagierter Männer. Drei dieser Frauen haben aktiv an diesem Buch mitgeschrieben. Sie haben einige – manchmal sehr viele – Jahre Investmenterfahrung und so einige Krisen an den

Finanzmärkten erlebt. Gleichzeitig wissen sie nur zu gut, welche Chancen hier auf mutige Frauen warten.

Anke Dembowski ist studierte Betriebswirtin und Finanzjournalistin. Sie ist wie ich eine der Pionierinnen der hiesigen Fondsbranche. Gemeinsam mit einer weiteren Branchenveteranin haben wir uns zusammengetan, um die Fondsfrauen zu gründen, das größte deutschsprachige Karrierenetzwerk für Frauen im Finanzbereich. Anke schreibt regelmäßig für herMoney und hat sich in diesem Buch mit ihrem Wissen rund um Altersvorsorge und Portfoliostrategien eingebracht.

Simin Heuser hat Volkswirtschaft studiert und kam früh mit der Fondsbranche in Kontakt. Ihr Vater ist ein versierter Finanzjournalist und nahm sie bereits als junges Mädchen zu entsprechenden Events mit. Nach dem Studium hat sich Simin für eine Karriere in der Finanzbranche entschieden. Sie hat herMoney auf vielfache Weise geprägt. Ihre Stimme kannst du in unserem Podcast »herMoney 1x1« hören. Zudem kannst du Simin bei unseren Events oder in unserer Academy sehen.

Saskia Weck hat vor ein paar Jahren begonnen, sich intensiv mit ihren Finanzen auseinanderzusetzen. Sie hat sich aus ihren BAföG-Schulden befreit und ist zur Investorin geworden. Begleitet auf dem Weg dahin wurde sie von herMoney. Als sie sich bei uns bewarb, war schnell klar, dass Saskia zum Team gehören würde. Saskia schreibt heute über Geld und Familienthemen, ist in unserem Podcast »herMoney 1x1« zu hören und auf unseren Events zu sehen.

Mit ihrem Fachwissen haben auch Annika Peters und Christiane Warnke einen wichtigen Beitrag zu diesem Buch geleistet. Annika ist eine renommierte Finanzplanerin, die sich sehr gut mit Altersvorsorge auskennt. Christiane ist eine versierte Familienanwältin, die uns mit ihrem Wissen in Sachen Testamente und Patientenverfügungen unterstützt hat.

Last, but not least haben viele weitere Frauen – und Männer – dieses Buch möglich gemacht. Mein Sohn Ian hat uns alle ermuntert, das Projekt endlich anzugehen. Unsere Redakteurin Jeannette hat es professionell gemanagt und unsere Designerin Andrea hat es durch ihre schönen Grafiken bereichert. Nicht zu vergessen Julian, René, Alexa und natürlich Betty, die herMoney im Hintergrund am Laufen gehalten haben.

Ich wünsche mir, dass unser geballtes Wissen andere Frauen ermutigt, die Verantwortung für ihre Finanzen zu übernehmen. Wie meine Tochter Meagan, die schon früh angefangen hat, sich selbstständig um ihre Finanzen zu kümmern. Möge sie ein Vorbild für die nächste Generation selbstbewusster Mädchen und Frauen sein – und möge unser Buch seinen Beitrag dazu leisten, dass Frauen in ihrer Kraft bleiben.

Herzlichst
Anne Connelly

1. Teil: Bestands-aufnahme

»Sei mutig dabei. Sei stur dabei. Sei die Heldin deiner eigenen Geschichte. Aber am Allerwichtigsten: Fang an!«

Elizabeth Gilbert, Schriftstellerin

Frauen und das liebe Geld

Wie viele Frauen kennst du, die sich aktiv mit ihren Finanzen beschäftigen und mit stolzgeschwellter Brust erzählen, jetzt alles unter Dach und Fach zu haben? Vermutlich sind es – leider – nicht allzu viele. Was das für Folgen hat und wie die finanzielle Situation der deutschen Durchschnittsfrau aussieht, erfährst du in diesem Kapitel. Denn: Gefahr erkannt, Gefahr gebannt. Weißt du erst einmal um die Untiefen frauenspezifischer Finanzprobleme, kannst du besser gegensteuern.

Auch heute noch verdienen Frauen im Durchschnitt weniger als Männer – sogar dann, wenn es sich um vergleichbare Positionen handelt und die Qualifikation ähnlich ist. Aktuell beträgt der Verdienstunterschied zwischen den Geschlechtern in Deutschland 18 Prozent. So kommen Frauen 2022 rechnerisch auf 66 Tage »unbezahlte« Arbeit oder 4,16 Euro weniger pro Stunde als Männer.[1] Die Gründe sind vielschichtig: Beispielsweise ist die Teilzeitquote bei Frauen höher. Zudem arbeiten Frauen häufiger in geringer bezahlten Jobs – beispielsweise im sozialen Bereich. Außerdem gehen Frauen seltener in Gehaltsverhandlungen. Sie hoffen lieber darauf, dass die Chefin schon sehen wird, wie gut sie arbeiten, und von sich mehr zahlen wird.

Wenn du jung bist, denkst du vielleicht: »Was wollen die eigentlich? Es ist doch alles bestens, ich komme im Job gut voran!« Ja, zu Beginn der Berufstätigkeit ist bei den meisten Frauen alles gut. Der kritische Wendepunkt ist nach wie vor die Familiengründung. Das zeigt das Deutsche Institut für Wirtschaftsforschung (DIW Berlin) in einer aktuellen Studie, die Annekatrin Schrenker und Katharina Wrohlich veröffentlicht haben.[2]

Ein kleiner Trost: Immerhin ist der Gender Pay Gap, also die Verdienstlücke zwischen Frauen und Männern, in den vergangenen Jahren auf 18 Prozent gesunken. Wie die Studie darlegt, hängt es allerdings vom Alter ab, wie viel weniger Frauen verdienen: Während der Gender Pay Gap bei den unter 30-Jährigen von durchschnittlich rund 15 Prozent in den Jahren 1990 bis 1999 auf 8 Prozent im Durchschnitt der Jahre 2010 bis 2019 fiel, verharrte er in den Altersgruppen ab 40 Jahren bei deutlich über 20 Prozent. »Daran zeigt sich, wie einschneidend die Phase der Familiengründung für die Erwerbsbiografien und damit die Gehälter vieler Frauen nach wie vor ist. Frauen legen ab der Geburt des ersten Kindes längere Pausen vom Job ein und arbeiten fortan häufiger in Teilzeit. Die Folge ist, dass Männer mit ihren Stundenlöhnen insbesondere im Alter von 30 bis 40 Jahren davonziehen«, so Annekatrin Schrenker vom DIW Berlin.[3]

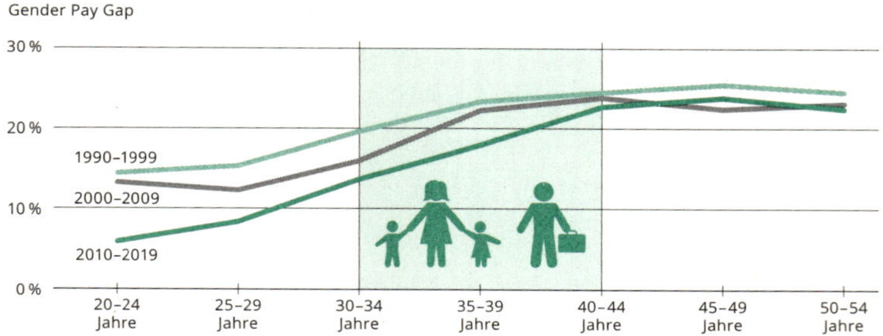

Gender Pay Gap: Deutsches Institut für Wirtschaftsforschung (Stand 2022)

Warum verdienen Männer mehr als Frauen?

Hauptgrund für den Verdienstunterschied zwischen Frauen und Männern ist die in Deutschland nach wie vor sehr ungleiche Aufteilung der Sorgearbeit. Mütter wenden im Durchschnitt deutlich mehr Zeit für Kinderbetreuung und Hausarbeit auf als Männer. Sie treten beruflich kürzer – und zwar nicht nur vorübergehend, sondern oft dauerhaft, wie viele Studien zeigen. Es ist nämlich schwer, aus der »Daheim-Bleibe-Falle« wieder herauszukommen.

Teilzeitjobs werfen nicht nur aufgrund der geringeren Arbeitszeit weniger Gehalt ab, sondern werden auch pro Stunde schlechter bezahlt. Deshalb weitet sich die Lohnschere zwischen Frauen und Männern ab der Familiengründung aus. Leider schließt sie sich in höherem Alter auch nicht mehr. Dass die Verdienstunterschiede bei den unter 30-Jährigen heute geringer ausfallen, ist unter anderem den höheren Bildungsabschlüssen von Frauen zuzurechnen: Junge erwerbstätige Frauen haben mittlerweile sogar häufiger einen Universitätsabschluss als gleichaltrige Männer. Zudem bekommen sie ihr erstes Kind später.

»Frauen sind mit ihren Stundenlöhnen in jungen Jahren ihren männlichen Kollegen mittlerweile auf den Fersen – nach der Familiengründung sind die Verdienstunterschiede aber beinahe so groß wie eh und je«, resümiert Katharina Wrohlich, Leiterin der Forschungsgruppe Gender Economics am DIW Berlin.[4] Es braucht also Anstrengungen und Anreize für eine gleichmäßigere Aufteilung der Sorgearbeit in der kritischen Phase der Familiengründung.

Sprich mit deinem Liebsten darüber, wer welche Aufgaben im Haushalt und für die Familie übernehmen soll und welche Konsequenzen das hat. Je konkreter die Absprachen sind, desto leichter könnt ihr euch im täglichen Leben darauf berufen.

Den Autorinnen der DIW-Studie zufolge wäre eine weitere Möglichkeit, die Partnermonate beim Elterngeld auszuweiten. Gleichzeitig sollte die Lohnersatzrate angehoben werden, um das Elterngeld für Väter, die in vielen Familien nach wie vor die Hauptverdiener sind, attraktiver zu machen.

Auch eine Reform des Ehegattensplittings und der Minijobs könnte zu einer gleichmäßigeren Aufteilung der Erwerbs- und Sorgearbeit führen. »Wenn sich sowohl die bezahlten Arbeitsstunden als auch die unbezahlte Sorgearbeit von Frauen und Männern angleichen, würde dies nicht nur geschlechterstereotype Einstellungen abbauen, sondern auch den Gender Pay Gap nachhaltig reduzieren«, so Wrohlich.

Weniger Gehalt, weniger Rente

Die Crux ist: Frauen, die heute weniger verdienen, weil sie beruflich kürzertreten, haben sich damit vielleicht arrangiert. Aber aus dem Pay Gap resultiert ein Pension Gap – und den haben viele nicht auf dem Schirm, weil er so weit in der Zukunft liegt.

Frauen, die heute im Berufsleben stehen, bekommen im Schnitt 26 Prozent weniger gesetzliche Rente als Männer. In absoluten Zahlen bedeutet das: Wenn eine Frau mit 67 Jahren in den Ruhestand geht, hat sie nach derzeitiger Berechnung monatlich 140 Euro weniger gesetzliche Rente als ein Mann – zumindest aus selbst erworbenen Rentenansprüchen (also ohne Witwen- und sonstige Renten). Laut Deutscher Rentenversicherung sind es im Schnitt 783 Euro.[5] Bezieht die Frau ab dem Beginn des Ruhestands 15 Jahre lang Altersrente, fehlen ihr demnach rund 25 000 Euro. Das sind die Ergebnisse der Studie »The Gender Pension Gap in Germany«, die Alexandra Niessen-Ruenzi von der Universität Mannheim und Christoph Schneider von der

Tilburg University im Auftrag der Fondsgesellschaft Fidelity International durchgeführt haben. Sie basiert auf der Analyse einer großen Datenmenge und ist damit die größte Studie zu diesem Thema.[6]

Die beiden Forscher haben die gesetzlichen Rentenansprüche von über 1,8 Millionen deutschen Arbeitnehmerinnen und Arbeitnehmern berechnet und dazu die Daten des Instituts für Arbeitsmarkt- und Berufsforschung (IAB) herangezogen. »Wir konnten hier mit guter Datenqualität arbeiten, weil es echte Verdienstdaten und keine Umfragedaten sind, bei denen es unterschiedliche Wahrnehmungen geben kann«, erklärt Niessen-Ruenzi beim Pressegespräch zur Vorstellung der Studie. Die Rentenansprüche haben die beiden Forscher dann selbst aus den tatsächlichen Verdienstzahlen berechnet.

Bis zum Alter von 35 Jahren gibt es kaum Unterschiede bei den Rentenansprüchen von Frauen und Männern. So beträgt die geschlechtsspezifische Rentenlücke bei den 26- bis 35-Jährigen nahezu 0 Prozent. Erst ab etwa 35 Jahren öffnet sich die Schere. Danach erwerben Männer deutlich mehr Rentenpunkte als Frauen und können folglich später auch eine höhere Rente erwarten. In der Altersgruppe der 36- bis 45-Jährigen liegt die geschlechtsspezifische Rentenlücke schon bei 15 Prozent und bei den 46- bis 55-Jährigen sogar bei 27 Prozent.

Niessen-Ruenzi erklärt, welchen Grund sie für den Gender Pension Gap in Deutschland vermutet: »Der wahrscheinlichste Grund für diese Entwicklung ist, dass viele Paare in den Dreißigern eine Familie gründen. Da Frauen häufiger als Männer nach der Geburt eines Kindes ihre Arbeitszeit reduzieren, beginnt sich das geschlechtsspezifische Lohngefällte genau in dieser Altersgruppe zu entwickeln. Mit drastischen Folgen für die Finanzen von Frauen und ihre spätere Rente. In der Literatur hat sich hierfür der Begriff ›Motherhood Penalty‹ durchgesetzt.«

Wenn du denkst, dass Frauen und Männer in deiner Berufsgruppe gleich verdienen, irrst du höchstwahrscheinlich. »Der Gender Pension Gap existiert deutschlandweit in jeder Berufsgruppe – bei der Unternehmensberaterin genauso wie bei der Verkäuferin«, erklärt Niessen-Ruenzi. Gerade in der Unternehmensberatung sei das Einkommen stark abhängig von langen Arbeitszeiten. Eine Unternehmensberaterin, die Kinder habe und daher nicht mehr als 40 Stunden pro Woche arbeiten wolle, erfahre daher beträchtliche Einkommenseinbußen, so die Professorin. Das dürfte die meisten von uns nicht verwundern: Sobald eine Frau Kinder hat, vergrößert sich der Gender Pension Gap. Das zeigt die folgende Grafik mit Szenarien aus der Studie:

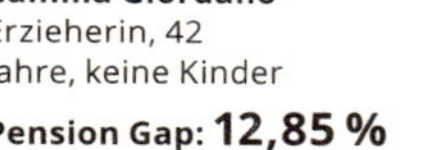

Camilla Giordano*
Erzieherin, 42 Jahre, keine Kinder
Pension Gap: 12,85 %

Maike Jansen*
Bürokauffrau, 39 Jahre, keine Kinder
Pension Gap: 13,84 %

Monika Schermer*
Verkäuferin, 43 Jahre, mit Kindern
Pension Gap: 20,63 %

Kaya Göker*
Ingenieurin, 28 Jahre, keine Kinder
Pension Gap: 2,62 %

Hannah Böttcher*
Ärztin, 38 Jahre, keine Kinder
Pension Gap: 11,60 %

Victoria Clausen*,
Unternehmensberaterin, 46 Jahre, mit Kindern
Pension Gap: 25,67 %

Gender Pension Gap: Studie »The Gender Pension Gap in Germany« (Stand 2021)

**Alle Namen und Szenarien sind frei erfunden*

Gefahr Nummer eins ist, dass Frauen oft zu wenig über ihre Altersvorsorge nachdenken und entsprechend agieren. Grund dafür: Die Lebenswirklichkeit vieler Rentnerinnen stellt sich momentan positiver dar als die der Studie. Junge Frauen, die heute mit Rentnerinnen sprechen, wiegen sich daher leicht in falscher Sicherheit und denken, es sei alles gut. In Wirklichkeit leben aber viele ältere Frauen nicht nur von der selbst erworbenen Rente, sondern auch von Witwenrente und sonstigen Hinterbliebenen-Versorgungen. Witwen- und Witwerrenten sind in die Studie nicht mit eingeflossen, ebenso wenig wie Betriebsrenten, Beamtenversorgungen und private Vorsorge. Mütterrenten hingegen schon.

Wir Frauen müssen vorsorgen!

Deprimieren wollen wir dich mit diesem Buch nicht, wachrütteln schon. Denn was nützt die schönste rosarote Brille, wenn am Ende das böse Erwachen kommt? Dann lieber gleich: Fakten auf den Tisch, und wenn etwas in die falsche Richtung läuft: gegensteuern!

Auch wenn es einen Pay Gap und einen Pension Gap gibt, heißt das nicht, dass du persönlich davon betroffen bist. Vielleicht verdienst du sogar deutlich mehr als ähnlich gut ausgebildete Männer? Aber wenn es um das Thema Altersvorsorge geht, sollten die Gedanken nicht ausschließlich um die finanzielle Versorgung kreisen, sondern auch um die Frage, ob ringsherum alles gut vorbereitet ist. Unangenehme Situationen im Alter können nicht nur finanzieller Natur sein. Wichtig ist beispielsweise, dass du eine Vorsorgevollmacht und eine Patientenverfügung hast. »Dazu bin ich noch zu jung«, ist keine Ausrede, denn es kann jede von uns an jedem Tag blöd erwischen.

In einer Patientenverfügung hältst du schriftlichen fest, dass in einer bestimmten Situation bestimmte medizinische Maßnahmen durchzuführen oder zu unterlassen sind. In einer Vorsorgevollmacht legst du eine Person fest, die an deiner Stelle handeln und entscheiden soll, wenn es dir nicht mehr möglich ist. Sowohl Patientenverfügung als auch Vorsorgevollmacht gelten dann, wenn du (vorübergehend oder dauerhaft) nicht mehr in der Lage bist, über deine Angelegenheiten selbstständig zu entscheiden. Die meisten Frauen haben weder das eine noch das andere. Wie du das Thema am besten angehst, erfährst du ab Seite 90. Auch ein Testament haben die wenigsten – nämlich nur 25 Prozent der Deutschen. Wie du eins aufsetzt, erklären wir ab Seite 81.

Frauen in der Schuldenfalle

Auch Schulden sind für so manche Frau ein Thema. Im Jahr 2020 haben sich 588 000 Personen wegen Überschuldung beraten lassen – 273 000 Frauen (46,4 Prozent) und 315 000 Männer (53,6 Prozent). Wie das Statistische Bundesamt (Destatis) anlässlich der Aktionswoche Schuldnerberatung 2021 mitteilt, ergaben sich je nach Haushalts- beziehungsweise Familiensituation deutliche Unterschiede. So waren 13,8 Prozent der Personen, die beraten wurden, alleinerziehende Frauen. Ihr Anteil in der Gesamtbevölkerung betrug aber nur 5,2 Prozent. Sie sind also überproportional oft überschuldet.[7]

Falls du auch in der Schuldenfalle sitzt: Mach dir einen Plan, wie du schuldenfrei wirst. Wie du das Thema konkret angehst, erfährst du ab Seite 35.

Nur ein Drittel der Aktienbesitzer ist weiblich

In manchen Partnerschaftsanzeigen steht, dass eine Person »nicht unvermögend« ist. Das hört sich witzig an, findest du nicht? Und du, bist du vermögend, unvermögend oder »nicht unvermögend«?

Laut einer Studie der beiden Robo-Advisor Quirion und cominvest aus dem Mai 2022 gehören von den 96 000

Kundendepots, die beide Anbieter zusammen verwalten, 71 Prozent einem Mann und 29 Prozent einer Frau.[8] Die durchschnittliche monatliche Sparrate liegt bei 279 Euro, wobei hier nicht nach Frauen und Männern unterschieden wurde.

Viele Jahrzehnte lang wurde in Deutschland die mangelnde Aktienkultur kritisiert – mit Recht! In den angelsächsischen Ländern setzten die Menschen zur Altersvorsorge schon immer stärker auf Aktien oder Aktienfonds, um von deren besseren Renditeaussichten zu profitieren. Aber offenbar haben die bis 2022 extrem niedrigen Zinsen und der einfache Zugang zur Börse in Deutschland zu einem Umdenken geführt: Wie die »Aktionärszahlen« des Deutschen Aktieninstituts zeigen, waren 2022 knapp 12,9 Millionen Deutsche in Aktien, Aktienfonds und ETFs investiert – so viele wie nie zuvor.[9]

Insgesamt sieht es also gut aus. Aber leider ist von den 12,1 Millionen Aktienbesitzern in Deutschland nur rund ein Drittel weiblich. Was auch auffällt: Der geringere Frauenanteil zieht sich durch alle Altersklassen. Dieses Phänomen ließ sich auch in früheren Studien des Deutschen Aktieninstituts beobachten. »Nach wie vor nutzen zu wenige Frauen die Chancen der Aktienanlage«, stellt Christine Bortenlänger fest. Die geschäftsführende Vorständin des Deutschen Aktieninstituts fordert: »Reden wir mehr über Geld – und das ganz besonders mit unseren Müttern, Töchtern und Enkelinnen. Das fördert das Interesse an den eigenen Finanzen und der Aktienanlage im Speziellen!«[10]

Bei der Anlageform dominieren bei beiden Geschlechtern Aktienfonds und aktienbasierte ETFs. 66 Prozent der Anlegerinnen und 53 Prozent der Anleger setzen ausschließlich auf Investmentfonds. Die Direktanlage wird stärker von Männern genutzt: 28 Prozent der Aktienanleger investieren in Einzelaktien, aber nur 22 Prozent der Aktienanlegerinnen. Ein Grund könnte sein, dass sich Männer mehr zutrauen (allerdings wissen wir nicht, ob das tatsächlich der Fall ist). 12 Prozent der Aktiensparerinnen und 19 Prozent der Aktiensparer besitzen alle drei Formen: Einzelaktien, Aktienfonds und aktienbasierte ETFs.[11] Allgemein hat sich inzwischen auch in Deutschland die Erkenntnis durchgesetzt, dass Aktienanlagen mit ihren attraktiven Erträgen für den Vermögensaufbau und die Altersvorsorge unverzichtbar sind. Daher würden wir gern auch dich dafür begeistern. Wie das genau geht, erfährst du ab Seite 218.

So, jetzt weißt du ungefähr, wie es andere Frauen (und Männer) mit ihren Finanzen halten. Aber wo sind deine persönlichen Baustellen? Im nächsten Kapitel wartet ein Finanzcheck auf dich, damit du schnell siehst, wo Handlungsbedarf ist.

Dein persönlicher Finanzcheck

Finanzen sind für jede von uns wichtig, aber viele schieben das Thema vor sich her. Ein guter Start ist, deinen Status quo festzustellen. Gehe die einzelnen Punkte des folgenden Finanzchecks durch und hake ab, was erledigt ist. Für alle unerledigten Punkte gilt: erst informieren, dann handeln.

Teste dich!

1. Bist du schuldenfrei und verfügst über drei Monatsgehälter an Barreserven?

- ☐ Ja: Prima, dann hast du die ersten wichtigen Schritte erledigt! Jetzt heißt es: Risiken absichern und Vermögen aufbauen!
- ☐ Weiß nicht: Vielleicht fehlt dir im Moment noch der Überblick über deine Finanzen. Doch keine Panik: Ein Kassensturz hilft, sich einen Überblick zu verschaffen!
- ☐ Nein: Schulden sind nicht gleich Schulden. Wenn du eine Immobilie über Kredit finanzierst, baust du Vermögen auf. Anders verhält es sich, wenn du deinen Konsum auf Kredit finanziert hast – also Geld »verfrühstückst«, das du gar nicht hast. Es ist sinnvoll, Konsumentenkredite zügig zu tilgen, bevor du mit dem Vermögensaufbau beginnst. Mehr dazu ab Seite 35.

2. Krankheit, Berufsunfähigkeit, Haftpflicht: Hast du existenzielle Risiken abgesichert?

- ☐ Ja: Prima! Du bist auf einem sehr guten Weg und kannst mit der Altersvorsorge und dem Vermögensaufbau beginnen.

- ☐ Weiß nicht: Du hast bereits einige Risiken abgesichert, aber du weißt nicht, ob nicht vielleicht doch noch etwas fehlt? Mach dich schlau, welche Risiken abgesichert sein sollten. Und: Stocke gegebenenfalls auf!

- ☐ Nein: Deine Arbeitskraft ist dein wichtigstes Gut! Es ist daher sinnvoll, sich vor den finanziellen Folgen einer Berufsunfähigkeit zu schützen. Auch ein simples Missgeschick kann dich finanziell aus der Bahn werfen! Mehr dazu ab Seite 60.

3. Die gesetzliche Rente ist die Basis deiner Altersvorsorge, aber sie wird wohl nicht reichen. Nutzt du staatliche Förderungen, etwa über den Betrieb oder Riester, um eine Zusatzrente aufzubauen?

- ☐ Ja: Prima, dass du dein Leben im Alter nicht dem Zufall überlässt und von geförderten Zusatzrenten profitierst!

- ☐ Weiß nicht: Informiere dich – zum Beispiel über die Angebote deines Arbeitgebers. Eventuell lohnt sich auch Riester für dich?

- ☐ Nein: Du möchtest das Leben erst in vollen Zügen genießen, bevor du ans Alter denkst? Klingt gut, aber bedenke: Du verschenkst bares Geld! Wie du verschiedene Optionen der Altersvorsorge prüfen kannst, erfährst du ab Seite 97.

4. Sparst du regelmäßig fürs Alter – am besten per ETF-Sparplan?

- ☐ Ja: Prima, das rechnet sich. Denn beim Vermögensaufbau gilt: Zeit ist Geld! Achte darauf, dass deine Investments Rendite bringen. Denn vor allem auf lange Sicht arbeitet der Zinseszins für dich. Prüfe, ob du deine Sparraten eventuell aufstocken kannst!

- ☐ Weiß nicht: Du legst immer mal wieder etwas Geld zurück – aber vielleicht ohne Ziel und Strategie? Unser Tipp: Es lohnt sich, das Sparen zu automatisieren, zum Beispiel per ETF-Sparplan! Je früher du damit beginnst, desto höher ist der Ertrag.

☐ Nein: Lieber heute konsumieren als an morgen denken? Klingt verlockend, auf lange Sicht ist das aber nicht sinnvoll. Schon mit niedrigen Beträgen, über lange Zeiträume in gute Fonds investiert, baust du dir ein kleines Vermögen auf. Wie das geht, erfährst du ab Seite 165.

Jetzt hast du vermutlich einige Baustellen entdeckt. Dann schnall dich an. Denn jetzt starten wir mit einer rasanten Fahrt durch die spannende Finanzwelt, die dir hoffentlich die Augen öffnen wird!

Was sind deine Ziele?

Als Allererstes könntest du dir überlegen, was du eigentlich erreichen willst und wofür du Geld zur Seite legen möchtest. Du wirst feststellen: Die meisten Lebensziele ziehen auf die eine oder andere Weise einen Geldbedarf nach sich. Ob es der Wunsch nach Familiengründung ist, eine längere Urlaubsreise, eine Weiterbildung oder ein früherer Renteneintritt – für alles benötigst du Geld!

Um später überlegen zu können, wie du dein Geld optimal anlegst, teilst du deine Ziele am besten auf. Bewährt hat sich die Unterscheidung in kurzfristige, mittelfristige und langfristige Ziele. Es gibt nämlich eine Faustregel: Je weiter dein Sparziel in der Zukunft liegt, desto riskanter kannst du anlegen. Denn kurz- und mittelfristige Kursrückgänge an der Börse können über längere Zeiträume ausgeglichen werden.

Natürlich können deine Ziele ganz anders aussehen. Aber hier sind Beispiele, wie du deine Ziele ordnen kannst:

Kurzfristige Ziele (bis ca. 3 Jahre)

- Kauf eines neuen Autos
- große Urlaubsreise

Mittelfristige Ziele (ca. 3–10 Jahre)

- Familiengründung (dann auch Kürzertreten im Job)
- Hauskauf

Langfristige Ziele (10 Jahre und mehr)

- Altersvorsorge
- den Enkeln beim Hauskauf helfen

Den meisten Zielen lässt sich ein Betrag zuordnen, zumindest ungefähr. Sicher hast du eine Vorstellung, wie viel der geplante große Urlaub oder dein neues Auto etwa kosten soll. Auch vor dem Hauskauf hast du bestimmt schon geschaut, wie viel Immobilien in der gewünschten Größe und Lage kosten. Bei Zielen wie Familiengründung oder Altersvorsorge wird es allerdings etwas kniffliger. Da musst du erst ein paar Annahmen treffen und dann ein wenig rechnen. Wie du deinen Geldbedarf für die Altersvorsorge ausrechnen kannst, erfährst du ab Seite 104.

Nicht aufschieben. Anfangen!

Vielleicht fällt es dir schwer, dich um dein Geld zu kümmern, weil du die eine oder andere »Weisheit« verinnerlicht hast. Zum Beispiel:

- Geld verdirbt den Charakter.
- Zu einem Hund, der Geld hat, sagt man »Herr Hund«.
- Die besten Dinge im Leben sind nicht die, die man für Geld bekommt.
- Wer der Meinung ist, dass man für Geld alles haben kann, gerät leicht in den Verdacht, dass er für Geld alles tun würde.

An dem einen oder anderen Spruch mag was dran sein. Die meisten sind aber wahrscheinlich aus Ärger oder Neid entsprungen. Sicher: Wenn jemand sein gesamtes Streben und Denken darauf ausrichtet, immer noch mehr Reichtümer anzuhäufen, dann ist das übel. Aber darum geht es hier nicht! Wer arm wie eine Kirchenmaus ist und nichts daran ändert, der wird dadurch auch kein besserer Mensch. Im Gegenteil: Mit Geld kannst du nicht nur deine eigenen Träume verwirklichen, sondern auch sehr viel Gutes tun!

Und wenn du finanziell unabhängig bist, muss kein anderer für dich sorgen – insofern ist es fast sozial. Zumindest zeugt es von Verantwortungsbewusstsein, finanziell auf eigenen Beinen zu stehen. Andernfalls müssen sich am Ende andere um dich kümmern. Das ist sicher nicht sozial!

Geld an sich macht gar nichts – es ist einfach nur ein Tauschmittel oder dient der Wertaufbewahrung. Geld benötigt jeder, denn damit kaufen wir alles Mögliche: Essen, Getränke, Kleidung, Sicherheit, Bildung und so weiter. Und wir alle wissen: Ein klein wenig mehr Geld kann etwas Leichtigkeit in unser Leben bringen. Die gelegentliche Taxifahrt ist bequem, ein Prosecco mit der Freundin beim Bummeln macht Spaß und wenn am Monatsende das Girokonto regelmäßig im Plus ist, gibt uns das ein gutes Gefühl. Das ist heute so – und es wird auch später so sein, wenn wir in Rente sind. Genau aus diesem Grund ist Altersvorsorge wichtig. Damit sorgen wir nämlich gezielt dafür, dass Geld uns auch im Alter das Leben ein wenig leichter macht und wir keine Bauchschmerzen wegen unserer Finanzen haben müssen.

Lass dir also kein schlechtes Gewissen einreden, wenn du dich um deine Finanzen kümmerst und dir Gedanken darüber machst, wie du finanziell unabhängig wirst oder bleibst. Das ist heute wichtig und erst recht dann, wenn du nicht mehr arbeitest. Also starten wir mit den wichtigsten Basics zur Sicherung deiner Existenz!

2. Teil: Existenzrisiken absichern

»Man braucht nichts im Leben zu fürchten, man muss nur alles verstehen.«

Marie Curie, Physikerin

Schulden abbauen und vermeiden: So geht's

Sicher hast auch du schon mal dein Girokonto überzogen oder dir ein neues Elektrogerät auf Raten gekauft. Das ist an und für sich nicht schlimm. Teuer ist dieses Vorgehen aber allemal und zum Vermögensaufbau trägt es auch nicht bei, wenn wir ehrlich sind.

Nichtsdestotrotz scheint es mittlerweile gesellschaftlich akzeptiert zu sein, Schulden zu machen. Mehr noch: Schulden zu haben ist in unserer Gesellschaft fast schon normal. Es ist aber auch verlockend: Man kauft heute im Lieblingsonlineshop ein und muss erst 30 Tage später zahlen. Das geliebte Smartphone gibt den Geist auf? Kein Problem! Im Elektronikgeschäft unseres Vertrauens winkt doch schon die Null-Prozent-Finanzierung!

»Null-Prozent-Finanzierung«: Das klingt nicht so, als würden wir Miese machen, oder? Irgendwie scheinen wir einem kollektiven Denkfehler erlegen zu sein. Während unsere Großeltern den langersehnten Neuwagen häufig bar beim Autohändler bezahlten, konsumieren wir heute schnell und ohne Verstand. Monate- oder gar jahrelanges Sparen für die Erfüllung eines großen Wunschs? Das kennen wir heutzutage gar nicht mehr! Zu verführerisch ist die Werbung auf Instagram und Co., zu schnell kommen und gehen die Trends. Und wir wollen natürlich immer up to date sein! Doch zu welchem Preis?

Laut SchuldnerAtlas waren allein im Jahr 2021 in Deutschland 6,16 Millionen Menschen überschuldet. Das sind 8,86 Prozent aller Erwachsenen![12] Überschuldung heißt, dass fällige Zahlungsverpflichtungen nicht mehr aus den laufenden Einkommen beglichen werden können. Zum besseren Verständnis: In einem Raum mit 100 Menschen würden sich demzufolge durchschnittlich mindestens 11 Personen befinden, die über einen kürzeren oder längeren Zeitraum Zahlungsprobleme haben. Zu den Gründen für diese Misere zählen vor allem Arbeitslosigkeit, Trennung, Scheidung, Tod, Erkrankung, Sucht, Unfall und unwirtschaftliche Haushaltsführung. Natürlich ist keine von uns gegen all diese unglücklichen Umstände gefeit. Aber ein bisschen absichern können wir uns eben doch, damit wir nicht im Schuldensumpf landen. Wie das geht? In den folgenden Kapiteln erfährst du, wie du deine Schulden schnurstracks abträgst, deinen Notgroschen aufbaust und dich mit den richtigen Versicherungen vor Worst-Case-Szenarien schützt.

Gute Schulden, schlechte Schulden?

Sehen wir uns zunächst an, was alles unter dem Oberbegriff »Schulden« zusammengefasst wird. Prinzipiell lassen sich Schulden in zwei Kategorien aufteilen: gute und schlechte Schulden. »Was kann denn an Schulden gut sein?«, fragst du dich das gerade? Ganz einfach: Gute Schulden wurden aufgenommen, um damit dauerhaft einen Cashflow zu generieren oder um etwas mit Gewinn weiterzuverkaufen.

Denk zum Beispiel an eine Eigentumswohnung, die sich dauerhaft vermieten lässt. Um die Wohnung zu kaufen, wirst du in der Regel einen Kredit aufnehmen müssen, den du über Jahrzehnte tilgst. Wenn du es aber clever anstellst, zahlen deine Mieter den Kredit für dich ab. Am Ende gehört die Wohnung dir – und du erzielst einen monatlichen Cashflow, mit dem du zum Beispiel deine Rente aufbessern kannst. Oder aber du verkaufst die Wohnung nach einer Haltefrist von mindestens zehn Jahren, um die

»Spekulationssteuer« zu umgehen. So fährst du womöglich einen hübschen Gewinn damit ein, weil die Kaufpreise in der Region in dieser Zeit ordentlich gestiegen sind. Du siehst: In solchen Fällen lohnt es sich durchaus, Schulden zu machen. Wenn alles gut durchkalkuliert wurde und alles so lief wie gedacht, machst du am Ende Gewinn.

Schlechte Schulden hingegen sind Anschaffungen, die auf Pump finanziert werden und die keine Wertsteigerung erzielen. Man zahlt häufig Zinsen dafür und die Anschaffung verliert ab dem Moment des Kaufs an Wert. Außerdem gehören diese Anschaffungen so lange der Bank, bis man auch die letzte Rate vollständig bezahlt hat. Zu den schlechten Schulden gehören zum Beispiel Ratenkredite für einen Neuwagen, für das Smartphone oder den ultramodernen Fernseher.

Finger weg vom Dispo!

Spätestens wenn dir deine Bank schnell und unkompliziert Geld leiht, solltest du misstrauisch werden. Denn dann zahlst du wahrscheinlich ordentlich drauf. Am häufigsten beobachten kannst du dieses Phänomen beim Dispositionskredit – kurz »Dispo«.

Der Dispositionskredit ist ein Überziehungskredit, den dir deine Bank einräumen kann, wenn du einen formellen Antrag stellst. Nehmen wir an, dein Dispo-Rahmen beträgt 1000 Euro. Dann lässt dich deine Bank dein Girokonto um 1000 Euro überziehen. Sie leiht dir also Geld, das du in diesem Moment nicht hast. Deine so entstandenen Schulden verrechnet die Bank dann automatisch mit deinem nächsten Gehaltseingang oder einem anderem Guthaben, das auf dein Girokonto fließt. Dafür nimmt die Bank Zinsen, die sehr hoch und manchmal sogar im zweistelligen Prozentbereich angesiedelt sind. Im Schnitt liegen sie bei 9 Prozent.

9 Prozent![13] Selbst wenn du mit deinem Aktiendepot eine schöne jährliche Rendite einfährst, dürfte es schwierig werden, Dispo-Zinsen in einem so hohen Prozentbereich auf Dauer auszugleichen. Wenn du also regelmäßig den Dispo nutzt, wird der langfristige Vermögensaufbau zum Krampf.

Kurzum: In den Dispo zu rutschen heißt, teure Schulden zu machen. Deshalb schreib es dir hinter die Löffel: Finger weg vom Dispo!

Du reizt deinen Dispo seit einer gefühlten Ewigkeit voll aus und schaffst es einfach nicht, ihn dir vom Leib zu schaffen? Sprich mit deiner Bank. Klär ab, ob du den Dispo in einen günstigeren Konsumentenkredit umschulden kannst.

Dein bester Freund gegen die Schuldenmisere: Das Haushaltsbuch

Egal, ob du Schulden abbauen oder künftig vermeiden möchtest: Das Haushaltsbuch ist dein bester Freund, um dir einen Überblick über deine Finanzen zu verschaffen und deine Geldangelegenheiten in den Griff zu bekommen.

Mindestens drei Monate lang solltest du dein Haushaltsbuch lückenlos führen und in dieser Zeit sämtliche Einnahmen und Ausgaben festhalten. Ob Kfz-Steuer oder Versicherungsbeiträge: Bitte vergiss nicht, jährliche Zahlungen anteilig aufzulisten. Ganz Korrekte führen ihr Haushaltsbuch ein ganzes Jahr lang. Erfahrungsgemäß ist das für manche sogar leichter, als das Haushaltsbuch nach ein paar Monaten zur Seite zu legen. Finanzen können eben doch Spaß machen.

Möglichkeiten, ein Haushaltsbuch zu führen, gibt es viele. Während die eine vielleicht wunderbar mit einer Excel-Aufstellung zurechtkommt, gefällt der anderen eine App besser.

Nun geht's ans Eingemachte: Fass zunächst deine Einnahmen aus deinem Job, vermieteten Immobilien, Kapitalanlagen, privaten sowie offiziellen Zuwendungen zusammen. Danach listest du sämtliche Ausgaben fürs Wohnen, Versicherungen, Transport, Lebensmittel, Drogeriebedarf, Frisör, Klamotten, Medikamente, Abos, Vereinsbeiträge, Geschenke, Spenden, Neuanschaffungen, Unternehmungen und Reisen auf.

Ob du diese Ausgaben sofort einträgst oder lieber alle Belege sammelst, um sie am Ende des Monats in dein Haushaltsbuch einzutragen, ist eine Frage des persönlichen Geschmacks. Es ist aber wahrscheinlicher, dass du keinen Posten vergisst, wenn du deine Ausgaben noch am selben Tag notierst.

Wenn du dein Haushaltsbuch regelmäßig und gewissenhaft gepflegt hast, wird dir schnell klar, wofür du wieviel Geld ausgibst und ob du nicht hier und da etwas einsparen kannst. Das kann dein Mobilfunkvertrag sein, dein Stromanbieter oder aber du verzichtest auf den einen oder anderen Restaurantbesuch im Monat. Du legst deine Prioritäten selbst fest und siehst, wo du Ausgaben reduzieren kannst.

Eine Vorlage für dein Haushaltsbuch findest du hier:

Die besten Spartipps

Schauen wir uns jetzt gemeinsam an, wie du deine Einnahmen erhöhen, deine Ausgaben verringern und somit deine Schulden schnellstmöglich abbauen kannst. Es klingt vielleicht paradox, aber die mit Abstand lukrativste Art des Sparens ist, Verbindlichkeiten – also Schulden – abzubauen. Hier ein paar Ideen, wie dir das gelingen kann:

1. Gehalt erhöhen

Falls du Schulden hast, dürfte es eine große Erleichterung sein, wenn deine monatlichen Einnahmen steigen. Dafür musst du auf deinen Chef oder deine Chefin zugehen und hieb- und stichfest begründen, warum du ein höheres Gehalt verdient hast. Führ ein paar Wochen lang Buch darüber, was du täglich für die Firma tust, wo du deine Leistung verbessert und dem Unternehmen höhere Gewinnen eingebracht hast. Such dir zwei bis drei überzeugende Gründe aus, mit denen du in die Gehaltsverhandlung gehst. Dein Gehalt kannst du etwa alle ein bis zwei Jahre neu verhandeln. Eine Erhöhung von 3 bis 5 Prozent ist in der Regel möglich. Wenn du mehr Verantwortung übernimmst oder befördert wirst, sind sogar 5 bis 15 Prozent mehr für dich drin.

In dieser Podcastfolge erklären zwei der Buchautorinnen alles zum Thema Gehaltsverhandlung:

2. Ein eigenes Gewerbe aufbauen

Vielleicht bist du eine talentierte Hobbyfotografin oder hast Freude daran, neue Schnittmuster zu entwerfen. Oder aber du schreibst nebenbei Ratgeber oder stellst selbst schöne Seifen her. Was auch immer dir in deiner Freizeit viel Freude bereitet – häufig kannst du Profit daraus schlagen. Wenn du ein Kleingewerbe anmeldest, kannst du deine Leistungen in Rechnung stellen: So kannst du dir ein schönes Taschengeld nebenher verdienen, das dann in deinen Schuldenabbau fließt.

3. Steuererklärung abgeben

Hättest du auch gerne einen Stundensatz von 1000 Euro? So hoch ist die Rückerstattung der Einkommenssteuer im Schnitt.[14] Es klingt banal: Aber wenn du dich für ein bis zwei Stunden auf deinen Hosenboden setzt, um deine Steuererklärung zu machen, hast du gute Chancen, den Turbo in Sachen Schuldenabbau zu aktivieren.

4. Ehrenamtlich tätig werden

Bist du neben deinem Beruf ehrenamtlich als Chorleiterin, Trainerin, Ausbilderin, Referentin oder Vortragsrednerin tätig? Oder springst du hin und wieder als Wahlhelferin ein? Das ist toll! Denn ohne Ehrenamtliche würde hierzulande vieles nicht laufen. Deshalb hat die Politik verschiedene Anreize für ehrenamtliches Engagement geschaffen. Dank des Ehrenamtsfreibetrags darfst du jährlich 840 Euro als Aufwandspauschale annehmen, ohne dass Steuern und Sozialabgaben fällig werden. Die Übungsleiterpauschale beträgt sogar 3000 Euro im Jahr. Auch sie ist steuer- und sozialversicherungsfrei. Allerdings kannst du nicht beide Pauschalen gleichzeitig in voller Höhe geltend machen.

5. Unnötiges zu Geld machen und Secondhandware kaufen

Die umfangreiche DVD-Kollektion verstaubt im Wandschrank, seit du monatlich für zwei Streamingdienste zahlst, und das schöne Designerkleid, das du im vergangenen Jahr im Sale geschossen hast, hängt ungetragen und mit Etikett im Kleiderschrank? Nimm dir etwas Zeit und miste alles aus, was du nicht mehr brauchst. Auf Portalen wie eBay, eBay Kleinanzeigen, Vinted und Co. bekommst du sicher noch einen schönen Obolus für ungenutzten Schnickschnack. Ab damit in den Schuldenabbau-Topf! Übrigens kannst du diese Portale auch dafür nutzen, aus zweiter Hand günstige Dinge zu besorgen, die du so oder so kaufen willst oder musst.

6. Unnütze Versicherungen und Verträge wechseln oder kündigen

Du lässt einen fertig besparten, nicht benötigten Bausparvertrag in der Schreibtischschublade verstauben und auf deine Lebensversicherung kannst du als Single sowieso verzichten? Prüf genau, welche Verträge und Versicherungen du bedenkenlos kündigen kannst. Gleichzeitig checkst du am besten auch, ob deine Versicherungen und Verträge noch für dich passen oder ob du hier und da zu einem guten, günstigeren Tarif wechseln kannst. Mit dem ausgezahlten Betrag beziehungsweise der freiwerdenden monatlichen Rate kannst du deine Schulden abbauen.

7. Abos kündigen

Dein Fitnessstudio hast du seit Monaten nicht mehr von innen gesehen und das Passwort für den Streaminganbieter weißt du seit Jahren nicht mehr? Kümmere dich darum, ungenutzte Abos schnellstmöglich zu kündigen! Setz dich eine Stunde lang an deinen Schreibtisch, um alle Verträge durchzugehen, Kündigungsschreiben zu verfassen und auch direkt abzuschicken. So kommen schnell 10, 50 oder gar 100 Euro zusammen, die du monatlich einsparen und zur Schuldentilgung nutzen kannst.

8. Wohnung oder WG-Zimmer untervermieten

Du bist längere Zeit auf Reisen oder kannst bei deiner Familie oder bei Freunden unterkommen, wenn die nächste Großveranstaltung in deiner Stadt Touristenströme anzieht? Dann sprich mit deiner Vermieterin oder deinem Vermieter sowie gegebenenfalls mit deinen Mitbewohnern, ob es möglich wäre, deine Wohnung oder dein WG-Zimmer zeitweise unterzuvermieten. Wenn Messen oder Festivals in deiner Region stattfinden, kannst du für ein paar Tage recht hohe Beträge verlangen.

9. Restaurants und Lieferdienste links liegen lassen

Vor allem als Großstädterin dürfte dir das vielleicht schwerfallen: Aber Lieferdienste, Restaurants, Bars und Cafés sind Fässer ohne Boden für deinen Geldbeutel. Triff dich mit deinen Freundinnen lieber bei ihnen oder dir zu Hause. Einigt euch darauf, dass jede etwas Selbstgekochtes, Snacks oder eine schöne Flasche Wein mitbringt. Auch teure Kinobesuche lassen sich leicht umgehen, wo doch wahrscheinlich jede von euch monatlich für irgendeinen Streaminganbieter zahlt. Dein Haushaltsbuch wird dir am Ende des Monats zeigen, wie unfassbar viel Geld du durch diese Maßnahme einsparen konntest.

10. Auto stehen lassen

Falls du auf dem Land wohnst und dein Ort schlecht an die öffentlichen Verkehrsmittel angebunden ist, kannst du diesen Tipp getrost überspringen. Für alle anderen gilt: Hinterfrag den Sinn deines Autos. Steht es oft nur herum, ist die Monatsmiete für den Parkplatz ziemlich teuer und das Benzin an der Zapfsäule phasenweise nahezu unerschwinglich? Großstädterinnen behalten ihren Wagen häufig nur aus Bequemlichkeits- und Statusgründen. Wirklich brauchen tun sie ihr Auto in der Regel dank U-Bahn, Tram, Nachtbus, Car-Sharing und gut ausgebauter Radwege meistens nicht. Ein Verkauf deines Autos würde also sicher Geld freimachen, das du als Schuldnerin an anderer Stelle dringender brauchst.

11. Foodsharing-Apps nutzen

Lebensmittel vor der Tonne retten und dabei noch Geld sparen: Einige Initiativen haben tolle Apps entwickelt, die dir zeigen, in welchen Supermärkten, Restaurants und Bäckereien du Übriggebliebenes günstig abstauben kannst. Für ein paar Euro bekommst du so tütenweise Brötchen, Kuchen, Obst, Gemüse und Co. Installiere dir dafür einfach Applikationen wie Too Good To Go, ResQ Club oder etepetete.

12. Meal Prep

Bleiben wir kurz bei den Lebensmitteln, denn die werden immer teurer und noch dazu viel zu häufig weggeworfen. Wenn du ein Kochmuffel bist, könntest du »meal preparation«, kurz »Meal Prep« ausprobieren. Meal Prep steht für Essensvorbereitung. Meal-Prep-Fans überlegen sich, welche Gerichte sie in den kommenden Tagen zu sich nehmen möchten und kochen das Essen dann vor. So umgehen sie die tägliche Frage, was sie heute essen wollen, spontane Besuche im örtlichen Supermarkt, Zeitstress in der Mittagspause und das Wegwerfen von vergammelten Lebensmitteln. Entweder bereitest du ganze Mahlzeiten vor, die du anschließend in Tupperdosen im Kühl- oder Gefrierschrank lagerst, oder du entscheidest dich für die Zubereitung einzelner Komponenten, die den täglichen Kochvorgang beschleunigen. Durch die Vorausplanung und die Vorbereitung deiner Mahlzeiten sparst du nicht nur Zeit, sondern auch bares Geld!

13. No-Spend-Month

Falls du deine Freizeit gerne in Boutiquen und auf Websites von Onlineshops verbringst, könntest du es mal mit einem No-Spend-Month versuchen. Einen ganzen Monat lang kaufst du dann nichts, was du nicht unbedingt brauchst. Wenn du das konsequent durchziehst, gehen dann nur noch Beträge für Fixkosten und Lebensmittel von deinem Konto ab. Klamotten, unnötige Geschenke und Deko für deine Wohnung sind in dieser Zeit tabu! Um dir das Durchhalten zu erleichtern, solltest du vorher Newsletter von Onlineshops abbestellen, manchen Kanälen auf Instagram entfolgen und eine Freundin dazu ermutigen, mitzumachen. Das so freiwerdende Geld nutzt du zur Schuldentilgung.

Wenn du bislang wahnsinnig gern konsumiert hast, werden dir diese Umstellungen anfangs vielleicht etwas schwerfallen. Deshalb solltest du auch dein Konsumverhalten hinterfragen: Welche Hobbies hast du neben der ständigen Schnäppchenjagd noch? Welche Aktivitäten machen dich glücklich, kosten aber (fast) nichts?

herMoney-Tipp

Der wichtigste Rat, den wir dir an dieser Stelle mitgeben möchten, ist folgender: Gib niemals mehr Geld aus, als du hast. Am besten lebst du immer ein Stück weit unter deinen Verhältnissen. Mach dich frei von der Vorstellung, dass du anderen etwas beweisen musst! Dein zukünftiges Ich wird es dir danken.

Zu tief im Schuldensumpf

Allen guten Ratschlägen zum Trotz ist es leider so, dass manche Frauen so stark verschuldet sind, dass sie es nicht alleine aus dem Schuldensumpf herausschaffen. Hält diese Situation seit Monaten oder gar Jahren an, dann hast du höchstwahrscheinlich mit schlaflosen Nächten und vielen Sorgen und Grübeleien zu kämpfen. Wenn du deine Verbindlichkeiten in absehbarer Zeit nicht mehr bedienen kannst, kannst du eine Schuldnerberatung aufsuchen. In deiner Gemeinde findest du kostenfreie Anlaufstellen.

Dein Finanzpolster für schlechte Zeiten

Es ist nicht nur sinnvoll, Schulden abzubauen und zu vermeiden, sondern darüber hinaus ein hübsches Finanzpolster zu haben. Denn schnell ist es passiert: Die Waschmaschine ist kaputt oder das Auto muss in die Werkstatt. Wer jetzt einen Notgroschen auf der Seite hat, kann auch höhere Rechnungen problemlos begleichen. Natürlich kann es auch sein, dass du länger krank bist oder deine Firma pleitegeht. Auch in diesem Fall ist eine eiserne Reserve unerlässlich, um über die Runden zu kommen.

Dein Notgroschen ist *die* eiserne Reserve, auf die du in Notfällen immer zurückgreifen können solltest. Er garantiert dir für einen gewissen Zeitraum deine Unabhängigkeit von Geldgebern, deiner Familie oder deinem Partner beziehungsweise deiner Partnerin. Wenn du also zum wiederholten Male heftigen Stress im Job hast oder dich aus deiner Beziehung befreien möchtest, gibt dir der Notgroschen Spielraum. Er ermöglicht dir, nach Kündigung oder Trennung erst einmal ein paar Wochen durchzuatmen oder eine eigene Wohnung anzumieten. Deshalb wird der Notgroschen oft auch liebevoll »Fuck off«-Money genannt.

Auch wenn du ihn nie brauchen solltest: Ein Notgroschen schenkt dir Sicherheit in unsicheren Zeiten und ist allein deshalb von großer Bedeutung. Betrachte deinen Notgroschen unabhängig von anderen Ersparnissen wie jene für Urlaub, Immobilien, Neuanschaffungen und Co. Du kannst ihn zum Beispiel auf einem Tagesgeldkonto oder einem Sparbuch parken. Vermeide es, ihn auf deinem Girokonto zu belassen. Denn so läufst du Gefahr, deinen Notgroschen in einem unachtsamen Moment spontan auf den Kopf zu hauen.

Das Tagesgeldkonto ist der richtige Ort für deinen Notgroschen. Ob Komplett- oder Teilbeträge: So hast du jederzeit Zugriff auf dein Geldpolster. Ein Tagesgeldkonto hat keine Kündigungsfristen und meistens auch keine Mindestanlage. Weiterer großer Pluspunkt: Tagesgeldkonten sind gebührenfrei. Es fallen weder Kontoführungsgebühren noch Kosten für Online-Kontoauszüge oder die Eröffnung beziehungsweise Schließung an.

Ein Tagesgeldkonto schützt dich im Übrigen auch vor dir selbst. Denn du bekommst weder eine EC- noch eine Kreditkarte für dein Tagesgeldkonto. Du kannst also nicht damit bezahlen. Im Notfall kommst du aber trotzdem schnell an dein Erspartes. Du weißt einfach eine Überweisung des gewünschten Betrags auf dein Girokonto an. Einen oder zwei Tage später wird dir dieser Betrag dann dort gutgeschrieben.

Wie spare ich einen Notgroschen an?

Zwacke den Notgroschen einfach nebenbei ab. Am besten eröffnest du ein neues Tagesgeldkonto bei deiner Bank und richtest einen Dauerauftrag ein. So geht dein gewählter Sparbetrag monatlich automatisch von deinem Girokonto ab und dein Tagesgeldkonto wird voller und voller. Besonders schlau ist es, wenn das Geld gleich am Monatsanfang, direkt nach Gehaltseingang auf dein Tagesgeldkonto fließt – so kommst du gar nicht erst auf die Idee, es auszugeben.

Wenn du beispielsweise 50 Euro pro Monat für deinen Notgroschen entbehren kannst und er eine Höhe von 5000 Euro haben soll, müsstest du etwas länger als acht Jahre lang sparen.

Legst du monatlich 100 Euro auf dein Tagesgeldkonto, müsstest du nur noch vier Jahre durchhalten. Du kannst stattdessen aber natürlich auch unsere Spartipps anwenden (siehe Seite 40ff.) und deine eiserne Reserve so im Rekordtempo auffüllen. Eine weitere Möglichkeit: Nutze Geldgeschenke, Bonuszahlungen, dreizehnte Monatsgehälter und Steuerrückerstattung für den Aufbau deiner eisernen Reserve. So hast du deinen Notgroschen schneller zusammen, als du denkst.

Diese Reserve brauchst du übrigens immer – egal, ob du in der Ausbildung oder im Studium bist, du gerade mit deinem ersten Job begonnen hast, du Single, Mutter oder Seniorin bist. Nur die Höhe des Notgroschens unterscheidet sich von Fall zu Fall. Eine Faustregel besagt, dass der Notgroschen hoch genug sein sollte, damit du und alle, die von dir abhängig sind, drei Monate lang davon leben könnten. Wenn du selbstständig bist oder eine oder mehrere Immobilien besitzt, muss der Notgroschen entsprechend höher sein. Vielleicht fühlst du dich in diesem Fall wohler, wenn du mithilfe deiner eisernen Reserve sechs bis zwölf Monate ohne externe Unterstützung überbrücken könntest.

Falls du noch keinen Notgroschen hast und du Single bist, könntest du dir zum Ziel setzen, 5000 Euro zusammenzusparen. Wenn du diesen Meilenstein erreicht hast, kannst du noch mal abwägen, ob dir diese Rücklagen reichen oder ob du deinen Notgroschen noch ein wenig nach oben anpassen möchtest. Allein schon, um die Inflation auszugleichen, kannst du deine Rücklagen alle paar Jahre um etwa 10 Prozent erhöhen. Denn wenn wir von einer Inflation in Höhe von 2,6 Prozent jährlich ausgehen und du 1000 Euro Erspartes hast, hat es nach fünf Jahren nur noch eine Kaufkraft von 879,56 Euro. Natürlich kann die Inflation auch deutlich höher sein, wie etwa 2022. Aber von 1960 bis 2021 lag die durchschnittliche Inflationsrate bei 2,6 Prozent.[15]

Notgroschen statt Schulden und Depot?

Du musst noch Verbindlichkeiten abbauen und möchtest trotzdem gerne mit dem Aufbau deines Notgroschens beginnen? Verständlich, denn mit einem Notgroschen in der Hinterhand wärst du vielleicht gar nicht erst in die missliche Lage gekommen. Je nachdem, wie hoch deine Schulden sowie die Zinsen für deine Kredite sind, könntest du beide Ziele parallel angehen. Sicherlich ist es einfacher und kosteneffizienter, zunächst deine Schulden ab- und anschließend den Notgroschen aufzubauen. Aber wenn du beispielsweise monatlich 200 Euro übrig hast, wäre es auch eine Möglichkeit, 150 Euro zur Schuldentilgung und 50 Euro zum Notgroschenaufbau zu nutzen.

»Ich brauche keinen Notgroschen, ich habe doch bereits ein Depot!«, denkst du gerade? Vorsicht! Verlass dich im Krisenfall nicht auf dein ETF- oder Aktiendepot. Wenn es hart auf hart kommt, stehst du vielleicht nicht nur vor einem privaten Scherbenhaufen, sondern auch vor Börsenkursen im Sinkflug. Was, wenn dein Auto kaputtgeht und du dir denkst: »Dann verkaufe ich jetzt eben einen Teil meiner ETFs«, dein Depot aber gerade vom Crash gebeutelt ist? Dann musst du mit Verlusten verkaufen. Aktienprodukte unterliegen teils hohen Wertschwankungen. Sie dienen dem langfristigen Vermögensaufbau und sollten als eigenständiger Topf angesehen werden. Du brauchst also einen separaten Notgroschen – unabhängig von deinem Depot.

Es ist ratsam, Schulden ab- und deinen Notgroschen aufzubauen, bevor du an der Börse startest. Wenn du aber zum Beispiel durch eine nahezu unkündbare Festanstellung, eine Verbeamtung und ein ordentliches Gehalt schon recht gut abgesichert bist, kannst du deinen Notgroschen und dein Depot auch parallel besparen.

In 6 Schritten zum Tagesgeldkonto

Jetzt weißt du, dass ein Tagesgeldkonto ideal ist, um deinen Notgroschen anzusparen und aufzubewahren. Du kannst es bei deiner Hausbank oder bei einer Direktbank eröffnen. Vorteil der Hausbank: Man kennt sich und das Konto wird gleich am Schalter eröffnet. Vorteil der Direktbank: Hier gibt es in der Regel die besseren Konditionen und wirklich kompliziert ist die Eröffnung auch nicht. Geh einfach folgendermaßen vor:

- ☐ **1. Schritt:** Gib deinen Anlagebetrag sowie die Laufzeit in einen Onlinerechner ein und vergleich die verschiedenen Anbieter und Angebote. Schau dabei nicht nur auf den Zins, sondern wirf zusätzlich auch einen Blick auf Sicherheit und Kundenbewertungen.
- ☐ **2. Schritt:** Kreditinstitut auswählen, Kontoeröffnungsformular online ausfüllen und abschicken.
- ☐ **3. Schritt:** Der Eröffnungsantrag kommt wenige Tage später auf dem Postweg. Aufmerksam durchlesen, eventuell ergänzen und das Original eigenhändig unterschreiben.
- ☐ **4. Schritt:** Mit Briefumschlag, Kontoeröffnungsformular, Freistellungsauftrag (falls der Sparerfreibetrag nicht aufgebraucht ist, gleich mitschicken) und Personalausweis zur nächsten Postfiliale gehen. Hier schnell und einfach die Legitimation mit Postident-Verfahren durchführen.

- ☐ **5. Schritt:** Nach ein paar Tagen kommen mindestens zwei Briefe mit Zugangsdaten, PIN, TANs und der Kundenausfertigung des Vertrags.
- ☐ **6. Schritt:** Geld auf Tagesgeldkonto überweisen oder gegebenenfalls Dauerauftrag einrichten. Fertig!

Diese Versicherungen sollte jede Frau haben

Schuldenabbau und Notgroschen sind wichtige Schritte auf deinem Weg zur finanziellen Unabhängigkeit. Ein wichtiger Punkt steht jedoch noch ganz oben auf deiner Agenda. Um den kümmern wir uns jetzt gemeinsam: Du musst die richtigen Versicherungen wählen.

Warum das so wichtig ist? Weder der Notgroschen noch ein prall gefülltes Aktiendepot schenken dir dauerhafte Unabhängigkeit, wenn du länger krank wirst oder einer anderen Person versehentlich schadest. Das Abschließen der richtigen Versicherungen ist deshalb unerlässlich. Auch wenn du dieses Thema etwas leidig finden solltest – schieb es nicht länger auf. Pack es jetzt an. Dann hast du es hinter dir und dich und deine Familie für den Ernstfall finanziell abgesichert.

Eins gleich vorweg: Die Frage, welche Versicherungen du brauchst und welche nicht, lässt sich nicht pauschal beantworten. Es kommt ganz auf deine Lebensumstände an. Doch sei dir gewiss, dass du nicht alle Versicherungen brauchst, die Frauen hierzulande so angeboten werden. Du bist also vielleicht schneller durch mit dem Thema, als du denkst. Dieses Kapitel soll dir eine Übersicht über die verschiedenen Versicherungen bieten. Eine beratende Funktion hat es nicht. Bei deiner Recherche wirst du feststellen, dass es sehr viele verschiedene Tarife gibt. Hol dir den Rat einer unabhängigen Versicherungsmaklerin, wenn du dir bei der Suche nach der richtigen Police fachkundige Unterstützung wünschst.

Der Gesetzgeber sorgt dafür, dass Angestellte hierzulande einige Versicherungen automatisch haben: Verpflichtend in Deutschland sind die Kranken-, Pflege-, Renten-, Unfall- und Arbeitslosenversicherung. Selbstständige müssen sich eigenverantwortlich um die Absicherung ihrer existenziellen Risiken kümmern. Falls du ein Auto hast, brauchst du außerdem eine Kfz-Versicherung. Schauen wir uns also im Detail an, welche Versicherungen notwendig sind, welche sinnvoll sein können und welche häufig überflüssig sind.

Die richtige Krankenversicherung

Falls du angestellt bist und dein Jahresbruttolohn unter 66 600 Euro (Stand 2023) liegt, bist du automatisch Mitglied der gesetzlichen Krankenversicherung (GKV). Doch auch als Pflichtversicherte steht es dir frei, welche der über 100 Krankenkassen in Deutschland du wählst.

Der »allgemeine Beitragssatz« ist zwar bei allen Kassen mit 14,6 Prozent (Stand: 2023) deines Bruttolohns gleich hoch. Jedoch erheben die Kassen Zusatzbeiträge in unterschiedlicher Höhe. Unter Umständen lässt sich durch einen Wechsel also Geld sparen. Darüber hinaus unterscheiden sich die gesetzlichen Krankenkassen in ihrem Leistungsangebot. Nehmen wir an, du hast Homöopathie für dich entdeckt. Wenn deine Krankenkasse homöopathischen Behandlungen nicht bezuschusst, könnte sich ein Wechsel für dich lohnen. Auch haben die Kassen unterschiedliche Präventionsleistungen wie Rückenkurse oder Raucherentwöhnung im Leistungskatalog.

Prüfe, ob deine Krankenkasse noch zu deinen Ansprüchen passt oder ob sich ein Wechsel möglicherweise bezahlt macht.

Gesetzlich oder lieber doch privat?

Du verdienst mehr als 66 600 Euro brutto im Jahr, bist verbeamtet oder selbstständig? Dann hast du die Wahl, ob du in der gesetzlichen Krankenkasse bleiben oder in die private wechseln möchtest. Für den Wechsel in die private Krankenversicherung spricht deren Leistungsangebot, denn verbindliche Leistungslimits wie in der gesetzlichen Kasse gibt es hier nicht. In Toptarifen profitierst du daher oft von deutlich besseren Leistungen, die gesetzlich Versicherte nicht angeboten bekommen.

Außerdem steht es dir frei, für welchen Tarif du dich entscheidest. Je nachdem, welche Leistungen du dir wünschst und wie viel du zu zahlen bereit bist, hast du die Qual der Wahl. Anders als bei den gesetzlichen Krankenkassen hängt die Höhe deines monatlichen Beitrages außerdem nicht von deinem Einkommen, sondern von deinem Alter, deinem Beruf und deinem Gesundheitszustand ab. Je jünger und gesünder du bist, umso niedriger sind deine Beiträge. Wenn du also aktuell jung und gesund bist und bereits abschätzen kannst, dass du irgendwann einmal in die private Krankenversicherung wechseln möchtest, könntest du dich schon jetzt um die Formalien kümmern. Das geht auch, wenn du momentan noch weniger als 66 600 Euro pro Jahr verdienst. Das nennt man dann Optionstarif.

Ein weiterer Vorteil der privaten Krankenversicherung: Falls du keine Leistungen in Anspruch nimmst, bekommst du – je nach

Vertrag – einen Teil deiner Beiträge erstattet. Solche Beitragsrückerstattungen gibt es bei gesetzlichen Krankenkassen nur selten. Sparen kannst du bei der privaten Krankenversicherung auch durch einen Selbstbehalt. Du lässt dich dabei sozusagen auf den Deal ein, die Kosten für ärztliche Behandlungen bis zu einer gewissen Höhe selbst zu tragen, bevor dein Versicherungsschutz greift. Im Gegenzug zahlst du einen niedrigeren Monatsbeitrag.

Zu guter Letzt der Vorteil, der wohl am häufigsten für Neid sorgt: Als Privatpatientin wirst du von Ärztinnen und Ärzten bevorzugt behandelt. Das ist nachvollziehbar, wenn man bedenkt, dass private Krankenversicherungen mehr Leistungen übernehmen und die Behandlungen zu höheren Sätzen vergüten. Auf einen Termin für Untersuchungen oder Behandlungen bei deiner Fachärztin musst du als Privatpatientin also nicht monatelang warten. Auf lebensrettende Maßnahmen lässt sich dieses Vorgehen aber selbstverständlich nicht übertragen – hier wird kein Unterschied zwischen gesetzlich und privat Versicherten gemacht.

Genug der Lobeshymnen. Es hat natürlich auch Nachteile, sich privat zu versichern. Hast du Vorerkrankungen oder warst schon einmal in Therapie, dann fällt der Beitrag für deine Krankenkasse ziemlich hoch aus. Mehr noch: Manche private Krankenkasse könnte dich als Kundin sogar ablehnen, wenn du durch Vorerkrankungen ein zu hohes Risiko für sie darstellst. Deshalb rät Annika Peters, Geschäftsführerin der FrauenFinanzBeratung, zu anonymen Voranfragen bei mehreren Versicherern durch eine Expertin.[16]

Sei dir darüber hinaus darüber im Klaren, dass du als Privatpatientin mehr Papierkram zu erledigen hast. Kassenpatienten haben mit Verwaltung nichts am Hut, da die Ärzte direkt mit den gesetzlichen Krankenkassen abrechnen. Ganz anders bei privat Versicherten: Sie müssen bei Behandlungen in Vorleistung gehen und die Rechnungen anschließend bei ihren privaten Kassen einreichen, um die Kosten erstattet zu bekommen. Auch wenn du planst, eine Familie zu gründen, gilt es gründlich abzuwägen, ob sich der Wechsel in die private Krankenkasse für dich lohnt. Eine kostenlose Versicherung für Familienmitglieder ohne eigenes Einkommen gibt es in der privaten Krankenversicherung nämlich nicht. Hier zahlt jedes Familienmitglied einen eigenen Beitrag – auch minderjährige Kinder. Vor allem für kinderreiche Familien bedeutet das eine finanzielle Mehrbelastung.

Du hast dich privat versichern lassen und hast es dir nun anders überlegt? So einfach ist ein Wechsel zurück in die gesetzliche Krankenversicherung leider nicht. »Pflichtversichert« bist du in der Regel erst wieder, wenn dein Gehalt unter die magische Grenze von 66 600 Euro sinkt. Und: Wenn dein 55. Geburtstag bereits hinter dir liegt, sinkt die Chance auf einen Wechsel in die gesetzliche Krankenversicherung gen Null. »Allerdings habe ich bei meinem PKV-Vertrag das Recht, in einen ›günstigeren‹ Vertrag mit geringeren Leistungen zu wechseln und kann so meinen Beitrag reduzieren«, so Beraterin Annika Peters. »Außerdem erhalten gesetzlich versicherte Rentnerinnen und Rentner einen Zuschuss zur PKV von der gesetzlichen Rentenversicherung. Das muss in der Altersvorsorgeplanung berücksichtigt werden.«

Für GKV-Versicherte eine Überlegung wert: Zusatzversicherungen

Du bist gesetzlich krankenversichert, möchtest im Warte- und Behandlungszimmer aber ebenfalls bevorzugt behandelt werden? Dann könntest du darüber nachdenken, die eine oder andere Zusatzversicherung abzuschließen, die dir das Leben als Kassenpatientin angenehmer macht. Beleuchten wir gemeinsam die bekanntesten:

Zahnzusatzversicherung

Vielleicht hast du sie schon, eventuell denkst du auch über den Abschluss dieser Versicherung nach: die Zahnzusatzversicherung. Die gesetzliche Krankenversicherung übernimmt nur einen Teil der Kosten, wenn du zum Beispiel einen Zahnersatz brauchst. Eine Zahnzusatzversicherung kommt für einen Teil der Kosten auf oder aber übernimmt sie – je nach Vertrag – ganz. Das kann sich lohnen, wenn du später einmal viele Zähne erneuern musst. Ansonsten ist diese Versicherung recht teuer. Wenn du noch jung bist und du ein gutes Gebiss hast, könntest du das Geld, das du in die Beiträge stecken würdest, alternativ monatlich auf ein Tagesgeldkonto oder in einen ETF-Sparplan stecken. Auf dieses Geld könntest du eines Tages zurückgreifen, sollten dich deine Zähne dann doch mal ein kleines Vermögen kosten. Sind deine Zähne dir bis zuletzt wohlgesonnen, hast du noch ein hübsches Finanzpolster, das du anderweitig verwenden kannst.

Krankenhauszusatzversicherung

Wenn du im Krankenhaus vom Chefarzt oder anderen Spezialisten behandelt werden möchtest und du Wert auf die Unterbringung im Ein- oder Zweibettzimmer legst, käme eine Krankenhauszusatzversicherung infrage.

Krankenhaustagegeldversicherung und Krankentagegeldversicherung

Krankenhaustagegeldversicherungen zahlen dir für jeden Tag, den du im Krankenhaus liegst, einen vertraglich vereinbarten Betrag aus. Das macht in den seltensten Fällen Sinn. Dann vielleicht doch lieber eine Krankentagegeldversicherung. Sie springt auch dann ein, wenn du krank zu Hause im Bett liegst und nicht arbeiten kannst. Das kann vor allem für Selbstständige existenzsichernd sein, aber auch das fehlende Einkommen von Gutverdienenden gleicht das private Krankentagegeld aus.

Pflegezusatzversicherung

Das Bundesministerium für Gesundheit kennt die schmerzhaften Fakten: Rund 4,5 Millionen Deutsche beziehen Leistungen aus sozialen und privaten Pflegeversicherungen.[17] Vor allem Frauen werden in Zukunft immer häufiger pflegebedürftig sein, da ihre Lebenserwartung tendenziell noch weiter steigen wird. Private Pflegezusatzversicherungen schließen die Lücke zwischen den Leistungen der gesetzlichen Pflegeversicherung und den tatsächlichen Kosten für Betreuung sowie medizinische Versorgung. Damit wollen die Versicherten verhindern, dass ihre Kinder eines Tages finanziell für sie aufkommen müssen.

Auslandskrankenversicherung: ein Must-have?

Work and Travel in Australien, Skiurlaub in den Alpen, Surfcamp in Portugal oder mit dem Mountainbike Gran Canaria erkunden: Die Welt ist groß und schön und möchte von dir entdeckt werden! In der Regel wirst du erholt und mit wundervollen, bleibenden Erinnerungen von deinen Reisen zurückkehren. Doch wir alle kennen wahrscheinlich mindestens eine Person, die im Urlaub schon mal einen richtig schlimmen Unfall hatte oder im Ausland sehr krank geworden ist. Und leider gibt auch dir niemand die Garantie, dass alle deine Abenteuer gut ausgehen.

Doch wer zahlt eigentlich für ärztliche Behandlungen oder deinen Rücktransport, wenn dir auf deinen Reisen etwas passiert? Die gesetzliche Krankenkasse? »Jein!« Musst du im europäischen

Ausland zum Arzt, wirst du dort meist nur gegen Vorkasse behandelt. Wieder daheim, erstattet die Kasse dann die Kosten – allerdings nur den Anteil der Rechnung, der den deutschen Sätzen entspricht. Eventuell werden sogar noch Verwaltungskosten abgezogen! Den (oft stattlichen) Rest darfst du aus eigener Tasche bezahlen. Und selbst dann hast du noch Glück! Denn: Wenn du weiter in die Ferne reist, also ins nicht-europäische Ausland, sieht es noch düsterer aus. Hat dein Reiseziel kein sogenanntes Sozialversicherungsabkommen mit Deutschland, zahlst du alle Rechnungen für Ärzte und Ärztinnen, Klinik und Medikamente selbst.

So richtig blutet der Geldbeutel, wenn du per Sondertransport zurück nach Deutschland gebracht werden musst. Da kommen schnell fünfstellige Summen zusammen – von denen die gesetzlichen Krankenkassen keinen Cent übernehmen!

Bist du als Privatpatientin besser dran? Auch auf diese Frage lautet die Antwort wieder: »Jein!« Tatsächlich musst du selbst prüfen, ob dein gewählter Tarif Leistungen im Ausland beinhaltet. Was also tun, damit du auch in Zukunft weiter unbeschwert in die Ferne reisen kannst? Die Lösung kann eine Auslandskrankenversicherung sein. Die gibt es bereits für wenige Euro im Jahr und gehört zu den wichtigen Versicherungen, wenn dich das Fernweh packt. Achte darauf, dass die gewählte Police auch für dein Reiseland gilt. Gut ist auch, wenn die Kosten für einen Rücktransport bereits übernommen werden, wenn es »sinnvoll und vertretbar« ist. Und nicht erst dann, wenn eine »medizinische Notwendigkeit« besteht.

Berufsunfähigkeitsversicherung: Ja, sie ist wichtig!

Bei kaum einer Versicherung ist die Unsicherheit so groß wie bei der Berufsunfähigkeitsversicherung (kurz »BU«). Wir sagen es an dieser Stelle ganz deutlich: Ja, die meisten Expertinnen und Experten halten sie für unverzichtbar! Eine Berufsunfähigkeitsversicherung ist wichtig, sofern du nicht bereits das Rentenalter erreicht oder Millionen auf dem Konto hast. Vor allem für Frauen! Besonders bei Frauen unter 40 Jahren stieg das BU-Risiko in den vergangenen 20 Jahren um über 30 Prozent.[18] Einer der Gründe ist die Zunahme von psychischen Erkrankungen.

Die BU ist die Königsklasse der Absicherungen. Rechne doch einfach mal aus, wie viel Gehalt du bis zum Renteneintritt durchschnittlich verdienen würdest. Jetzt kommst du vielleicht auf eine sechs- oder siebenstellige Summe. Und dann stell dir vor, morgen passiert etwas, das es dir unmöglich macht, weiterhin deinen Job auszuüben. Hast du mal eben 500 000 oder eine Million Euro auf der hohen Kante? Nein? Wer kommt dann für dich auf? Wer gleicht das Fehlen deines Gehalts wieder aus? Dein Partner oder deine Partnerin? Und wenn deine bessere Hälfte sich irgendwann verabschiedet? Finanzielle Unabhängigkeit sieht anders aus! Die Krankenkasse? Die zahlt wegen derselben Erkrankung innerhalb von drei Jahren in der Regel nur 78 Wochen lang. Danach bekommst du Arbeitslosengeld. Und selbst mit der vollen gesetzlichen Erwerbsminderungsrente kämst du Pi mal Daumen gerade einmal auf die Hälfte deines Nettogehalts. Im Jahr 2021 betrug die Erwerbsminderungsrente je nach Bundesland rund 836 bis 854 Euro, wenn die Betroffenen vorher durchschnittlich verdient und 25 Versicherungsjahre angesammelt haben.[19] Kurzum: Für dein Überleben wäre gesorgt, finanziell hättest du aber den Abstieg zu befürchten.

All diese Szenarien wollen wir natürlich gleich wieder streichen. Und dank der Berufsunfähigkeitsversicherung können wir das glücklicherweise auch. Eine private BU zahlt zusätzlich zu den staatlichen Leistungen eine monatliche Rente.

herMoney-Tipp

Du siehst: Ohne BU geht es meist nicht. Wenn du noch keine solche Versicherung hast, solltest du über den Abschluss einer BU nachdenken. Denn die monatlichen Beiträge werden für dich von Lebensjahr zu Lebensjahr höher.

Eine gute Idee könnte sein, bereits als Schülerin, Studentin, Auszubildende oder Jobeinsteigerin eine Berufsunfähigkeitsversicherung abzuschließen. Denn: In jungen Jahren bist du gesundheitlich wahrscheinlich noch nicht vorbelastet und somit eine interessante Kandidatin für die Versicherer.

Wenn du hingegen später eine Therapie machst oder ein Rückenleiden hast, wird es schwer bis unmöglich, eine BU zu bekommen. Es ist den Versicherungen dann schlicht und ergreifend zu heikel, dich zu versichern. Auch wenn du schon etwas älter bist, wird es schwierig, da du die immer höheren Beitragszahlungen wahrscheinlich kaum stemmen kannst. Teurer werden die Beiträge übrigens deshalb, weil die Versicherer Rücklagen für den Fall deiner Berufsunfähigkeit bilden müssen. Je älter du bist, desto mehr musst du monatlich einzahlen, damit dir im Ernstfall tatsächlich eine BU-Rente gezahlt werden kann. Ein Rechenbeispiel gefällig?! Die 40-jährige Susann, die ihren Job aufgrund eines dauerhaften Rückenleidens aufgeben muss, bekommt 2000 Euro BU-Rente pro Monat. Bei Vertragsabschluss hat sie vereinbart, dass ihr die Berufsunfähigkeitsrente bis zu ihrem 65. Lebensjahr ausgezahlt wird. Susann wird ihre Versicherung bis dahin 600 000 Euro kosten.

Rückenleiden gehören übrigens hierzulande zu den häufigsten Ursachen für eine Berufsunfähigkeit. Ebenso wie psychische Leiden.

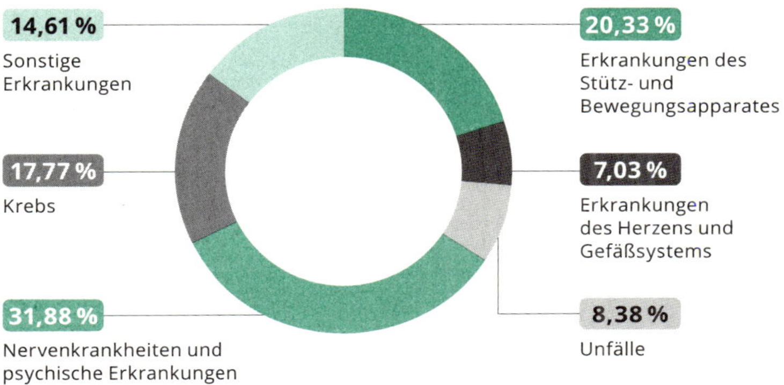

Ursachen für Berufsunfähigkeit: Statista (Stand 2021)

Jede Vierte muss ihren Beruf vor dem Rentenalter über einen längeren Zeitraum oder sogar dauerhaft an den Nagel hängen. Jede Vierte! Grund genug, sich ausführlicher mit dem Thema zu beschäftigen, meinst du nicht auch? Wenn du unsicher bist, welches Produkt sich am ehesten für dich eignet, kannst du dich an eine unabhängige Versicherungsmaklerin wenden.

Achte beim Abschluss darauf, dass deine Versicherung eine »Nachversicherungsgarantie« enthält. Dann kannst du eine Erhöhung deiner Berufsunfähigkeitsrente ohne erneute Gesundheitsprüfung vornehmen. Das ist zum Beispiel bei einer Heirat, der Geburt eines Kindes oder beim Kauf einer selbst genutzten Immobilie möglich. Wenn du deine BU-Rente erhöhen möchtest, solltest du aber wissen, dass deine monatlichen Beiträge ebenfalls steigen werden.

Der Vorteil, wenn frau einmal die richtige Berufsunfähigkeitsversicherung für sich gefunden hat: Du kannst sie in der Regel bis zum Vertragsende behalten, ohne sie – wie zum Beispiel bei der Kfz-Versicherung – aus Kostengründen jährlich freiwillig wechseln zu müssen.

Und was musst du nun monatlich so berappen, wenn du eine Berufsunfähigkeitsversicherung abschließen möchtest? Das kommt auf dein Alter, deinen Beruf, die monatliche BU-Rentenhöhe sowie deine Lebensgewohnheiten an. Dazu zwei Beispiele, für die wir die Beitragsrechner von CosmosDirekt zu Rate gezogen haben:

Christina ist 20 Jahre jung, Nichtraucherin und macht eine Ausbildung zur Krankenschwester. Sie hat eine Berufsunfähigkeitsversicherung mit einer monatlichen BU-Rente in Höhe von 1000 Euro abgeschlossen. Dafür zahlt sie monatlich knapp 80 Euro. Yvonne ist 40 Jahre alt, Nichtraucherin und Ingenieurin. Sie möchte eine Versicherung mit einer Berufsunfähigkeitsrente in Höhe von 2700 Euro im Monat abschließen. Sie erhält, je nach Versicherer, Angebote mit Tarifen ab rund 120 Euro im Monat. Manche Versicherungsgesellschaften verlangen mehr als das Doppelte.

 **Expertinnenrat**

»Eine BU-Rente über 2500 Euro kann bei den meisten Versicherern nur mit einem Arztgutachten abgeschlossen werden. Das kann schwieriger werden. Besser man wählt eine BU-Rente von 2500 Euro plus Dynamik.«

Annika Peters, Geschäftsführerin der FrauenFinanzBeratung Barbara Rojahn & Kolleginnen AG & Co. KG

Übrigens kannst du bereits für deinen Nachwuchs eine Kinderinvaliditätsversicherung abschließen. Sie zahlt im Falle einer Krankheit oder eines Unfalls deines Kindes eine Einmalsumme oder aber eine lebenslange Rente aus. Für Schüler gibt es spezielle Schulunfähigkeitsversicherungen. Sie lassen sich für Kinder ab dem zehnten Lebensjahr abschließen und gehen später in eine Berufsunfähigkeitsversicherung über.

»Ich habe doch Geld angespart und brauche deshalb keine Berufsunfähigkeitsversicherung«, denkst du dir vielleicht. Irrtum. Ein ETF oder ein schöner Batzen Geld auf dem Tagesgeldkonto bieten noch lange keinen Versicherungsschutz. Vor allem wenn du noch jung bist und dein Erspartes überschaubar ist, ist es gefährlich anzunehmen, du könntest damit eine gute BU ersetzen. Was passiert, wenn du bereits in jungen Jahren einen Unfall hast oder ernsthaft erkrankst? Wie lange reichen deine Ersparnisse dann? Kannst du davon leben, bis du 84, 90 oder 100 Jahre alt bist? Wohl eher nicht. Die BU kommt in jedem Alter für dich auf – auch dann, wenn du schon in jungen Jahren berufsunfähig wirst.

Du hast bereits eine Berufsunfähigkeitsversicherung? Dann kannst du prüfen, ob die versicherte Summe noch zu deiner Lebenssituation passt und eine Erhöhung sinnvoll ist.

Was machen Frauen mit ihrer BU, wenn sie Mutter werden, zu Hause bleiben oder nur noch in Teilzeit arbeiten? Mit dieser Frage wird die Finanzexpertin Annika Peters häufig konfrontiert. »Auch Mütter können berufsunfähig werden. Dann braucht es eine Haushaltshilfe und man sieht plötzlich, was die Care-Arbeit tatsächlich wert ist. Der Beitrag zur Berufsunfähigkeitsversicherung beider Eltern sollte in der Familienphase von beiden über ein Gemeinschaftskonto getragen werden.« Ein weiterer Tipp der Finanzexpertin: »Der Tarif sollte eine Teilzeitklausel und eine ›Hausfrauklausel‹ enthalten.« Um ein derart gutes Tarifwerk zu finden, kannst du dich zum Beispiel an eine Versicherungsmaklerin wenden.

Noch mehr Infos zur BU findest du im herMoney Podcast:

Wenn du dich vergeblich um eine BU bemüht hast, gibt es Versicherungen, die du alternativ abschließen kannst. Dazu gehören die Unfall-, die Schwere-Krankheiten- und die Erwerbsunfähigkeitsversicherung. Sie sind günstiger als eine BU, haben aber bei weitem nicht das gleiche Leistungsspektrum. Aber das ist vermutlich immer noch besser, als gar keine Absicherung zu haben. Ab Seite 70 gehen wir ausführlicher auf diese Versicherungen ein.

Warum die private Haftpflichtversicherung so wichtig ist

Auch die private Haftpflichtversicherung gehört zum Basisschutz. Das kleine Wörtchen »Pflicht« in »Haftpflicht« mag dir suggerieren, dass du diese Versicherung gezwungenermaßen sowieso schon irgendwie hast. Doch das stimmt nicht. Sie gehört – anders als zum Beispiel die Kranken- und Rentenversicherung für Angestellte – in Deutschland nicht zu den Pflichtversicherungen. Bei der Haftpflichtversicherung handelt es sich um eine freiwillige Versicherung, zu der dir jede Finanzexpertin raten würde.

Wenn du beispielsweise bei Rot über die Kreuzung läufst, eine Autofahrerin deshalb gegen eine Straßenlaterne fährst und bleibende gesundheitliche Schäden davonträgt, ist die private

Haftpflichtversicherung dein bester Freund. Denn wenn du jemanden schädigst, bist du zum Schadenersatz verpflichtet. Egal, ob es sich um Sach- oder Personenschäden, eine Einmalsumme oder eine lebenslange Rente für die Betroffenen handelt. Wir sprechen hier von vielen, vielen Tausend bis Millionen Euro. Die hast du sicher nicht auf der hohen Kante. Deshalb ist eine private Haftpflichtversicherung wichtig. Sie zahlt den Geschädigten oder die Geschädigte aus, wenn du unachtsam warst.

Noch entscheidender ist die private Haftpflichtversicherung, wenn du Kinder hast. Kinder unter sieben Jahren gelten per Gesetz zwar als deliktunfähig und sind nicht automatisch mitversichert. Doch viele Versicherungsgesellschaften haben ihre Tarife ergänzt. Achte deshalb darauf, dass deine Versicherung auch den Schutz deliktunfähiger Kinder übernimmt. Ohne Versicherungsschutz zahlen Eltern und Kinder unter Umständen lebenslang für die Folgen eines Unfalls.

Anders als die Berufsunfähigkeitsversicherung ist die private Haftpflichtversicherung übrigens durchaus erschwinglich. Singles zahlen dafür gerade mal um die 50 Euro pro Jahr, Familien kriegen solche Policen bereits ab 75 Euro jährlich.

Wahrscheinlich hast du bereits eine private Haftpflichtversicherung. Dann prüf deinen alten Vertrag und schau, ob er im Schadensfall eine Deckungssumme von mindestens 50 Millionen Euro hat. Falls nicht, könntest du dich nach Alternativen umsehen. Häufig haben die neueren Verträge nicht nur eine höhere Deckungssumme als die alten, sondern sind auch noch günstiger!

Übrigens: Ziehst du mit deinem Partner oder deiner Partnerin zusammen oder gehst den Bund der Ehe ein, könnt ihr die jüngere Police kündigen. Derjenige mit der jüngeren Police kann in den älteren Vertrag aufgenommen werden. Euer Nachwuchs lässt sich ebenfalls darüber mitversichern. Solange er in Ausbildung ist – höchstens aber bis zur Vollendung des 25. Lebensjahres – kann er von dem günstigen Familientarif profitieren.

So viel zum Basisschutz. Sehen wir uns jetzt gemeinsam an, welche Versicherungen – je nach Lebenssituation – darüber hinaus sinnvoll sein können.

Wer braucht eine Risikolebensversicherung?

Es ist kein schöner Gedanke: Aber stell dir vor, was passiert, wenn du stirbst und dein Partner oder deine Familie bislang von deinem Einkommen abhängig waren. Damit deine Lieben dann neben ihrer Trauer nicht auch noch mit finanziellen Problemen zu kämpfen haben, kannst du eine Risikolebensversicherung abschließen.

Diese Versicherung funktioniert ganz einfach: Falls du vor dem Ende der Laufzeit stirbst, wird die vorher vereinbarte Versicherungssumme an deine begünstigten Hinterbliebenen ausgezahlt. Lebst du länger, sind deine eingezahlten Beiträge weg. Die Risikolebensversicherung sichert also nur deinen Partner, deine Partnerin oder deine Kinder ab – kapitalbildend ist sie nicht.

Experten und Expertinnen empfehlen, mindestens das Drei- bis Fünffache des eigenen Jahresbruttoverdiensts abzusichern. Falls du Schulden hast, weil beispielsweise deine Immobilie noch nicht abbezahlt ist, kannst du die Summe entsprechend höher ansetzen. Es ist klug, wenn du mindestens so lange versichert bist, bis deine Kinder 25 Jahre alt und deine Schulden beglichen sind.

Und wie viel kostet so eine Versicherung? Das kommt mal wieder auf dein Alter, die Versicherungssumme und deine Lebensumstände an. Die Versicherer kalkulieren anhand der statistischen Lebenserwartung sowie den Informationen aus einem Gesundheitscheck, mit welcher Wahrscheinlichkeit du das Ende des Vertrags erlebst und setzen dementsprechend die Beiträge fest.

Beispiel für die Kosten der Risikolebensversicherung

Pia möchte ihre Familie für den Fall ihres Todes absichern. Die 37-jährige Nichtraucherin zahlt aktuell noch zusammen mit ihrem Lebenspartner den Kredit für eine gemeinsame Eigentumswohnung ab. Sie entscheidet sich für eine Deckungssumme von 250 000 Euro und eine Laufzeit von 30 Jahren. Pia zahlt – laut Vergleichsportalen im Internet – für ihre Risikolebensversicherung rund 30 Euro pro Monat.

Bei welchem Anbieter du die Risikolebensversicherung abschließt, ist übrigens zweitrangig. Der Preis ist das ausschlaggebende Kriterium. Die Leistung (Geld wegen Tod) ist ja immer gleich. Ein Vergleich lohnt sich hier also besonders. Dazu Expertin Annika Peters: »Es gibt ein paar Features, die die Verträge unterscheiden. Zum Beispiel eine Nachversicherung, also Erhöhung der Summe, für den Fall, dass du ein Kind bekommst. Oder aber die Möglichkeit einer Vorabzahlung, wenn deine Lebenserwartung durch eine schwere Erkrankung weniger als zwölf Monate beträgt.«

herMoney-Tipp

Wenn du Single bist und keine Kinder hast, brauchst du die Risikolebensversicherung in der Regel nicht. Abschließen könntest du sie aber spätestens dann, wenn du Nachwuchs planst oder gemeinsam mit deinem Partner oder deiner Partnerin einen Kredit aufnimmst.

Private Unfallversicherung: Alternative zur BU?

Wer keine Berufsunfähigkeitsversicherung bekommt, ist mit der privaten Unfallversicherung unter Umständen gut beraten. Wenn du einen Unfall hast und bleibende Schäden davonträgst, zahlt sie dir einen Einmalbetrag aus. Voraussetzung: Der Gesundheitsschaden bleibt voraussichtlich mindestens drei Jahre bestehen.

Zum Vergleich: Eine Berufsunfähigkeitsrente steht dir bereits dann zu, wenn du deine zuletzt ausgeübte Tätigkeit voraussichtlich mindestens sechs Monate lang nicht ausüben kannst. Dabei ist es auch egal, ob du durch einen Unfall, eine körperliche oder eine psychische Erkrankung berufsunfähig geworden bist. Private Unfallversicherungen bieten also einen geringeren Schutz als eine BU. Außerdem solltest du das Risiko, nach einem Unfall bleibende Schäden davonzutragen, nicht überschätzen. Laut Statistischem Bundesamt sind nur 1 Prozent aller Schwerbehinderungen Folge eines Unfalls oder einer Berufskrankheit. Meistens entstehen sie durch Krankheiten (90 Prozent), die nicht zu den Berufskrankheiten zählen.[20]

Erwerbsunfähigkeitsversicherung: Chancen und Fallstricke

Auch eine private Erwerbsunfähigkeitsrente kann als Plan B dienen, falls du keine BU bekommst. Sie zahlt dir eine monatliche Rente, falls du weniger als drei Stunden am Tag arbeiten kannst.

Achtung! Der Versicherer meint damit nicht, dass du weniger als drei Stunden in deinem *alten* Job arbeiten kannst, sondern in *irgendeinem* Job. Wenn du vorher also Professorin für Mathematik gewesen bist und an einer Hochschule unterrichtet hast, kann der Versicherer mehr oder weniger darauf bestehen, dass du zumindest halbtags bei einer Telefonhotline arbeitest. Zahlen würde er in diesem Fall gar nicht. Zum Vergleich: Eine BU-Rente bekommst du bereits dann gezahlt, wenn du deiner zuletzt ausgeübten Tätigkeit höchstens noch zu 50 Prozent nachgehen kannst.

Was ist eine Schwere-Krankheiten-Versicherung?

Du bekommst keine BU und kannst dich auch mit den Nachteilen einer Erwerbsunfähigkeitsversicherung nicht anfreunden? Dann könntest du über den Abschluss einer Dread-Disease-Versicherung nachdenken. Sie zahlt dir die vorher vereinbarte Summe auf einen Schlag aus, wenn bei dir eine im Versicherungsvertrag genannte schwere Krankheit diagnostiziert werden sollte. Ob du trotz der Erkrankung noch arbeiten kannst oder nicht, ist dabei nicht von Bedeutung.

Achtung! Häufig muss die Krankheit bereits einen bestimmten Schweregrad erreicht haben, bevor der Versicherer zahlt. Burnout, Depressionen, Rückenschmerzen und Co. kannst du gar nicht versichern lassen. Außerdem endet der Vertrag meistens, wenn dir die Schadenssumme einmal ausgezahlt wurde.

Rechtsschutzversicherung: Nice to have

Eine Rechtsschutzversicherung fällt gemeinhin unter die Rubrik »Nice to have«. Ob du eine brauchst, musst du selbst entscheiden. Vielleicht empfindest du es als beruhigend, schnell und unkompliziert eine Anwältin am Apparat zu haben, um kleine Vertragsklauseln oder einen sich anbahnenden Rechtsstreit prüfen zu lassen. Und wenn es hart auf hart kommt, kannst du nachts eventuell auch ruhiger schlafen, wenn du weißt, dass du die vielen Tausend Euro für einen Rechtsstreit nicht aus eigener Tasche zahlen musst. Doch sind wir mal ehrlich: Dein finanzielles Risiko im Falle eines Rechtsstreits ist überschaubar – anders als bei den Schadenshöhen, die Privathaftpflicht- oder Berufsunfähigkeitsversicherungen abdecken.

Die Rechtsschutzversicherung lohnt sich allerdings unter Umständen in Kombination mit einer Berufsunfähigkeitsversicherung. Denn bei der BU geht es für die Versicherer um viel Geld, weshalb es im Ernstfall des Öfteren zu Streitigkeiten vor Gericht kommt. Dann ist es gut, bereits eine Rechtsschutzversicherung abgeschlossen zu haben. Wenn du also vorhast, eine BU abzuschließen, könntest du dich zunächst einmal um das Thema Rechtsschutzversicherung kümmern.

Du kannst dir deine Rechtsschutzversicherung aus den Bausteinen zusammensetzen, die für dich relevant sind. Vielleicht genügt dir der Baustein »Privatrechtsschutz« oder aber du ergänzt ihn mit den Optionen »Berufsrechtsschutz«, »Verkehrsrechtsschutz« und »Wohnrechtsschutz«. Falls du Vermieterin bist vielleicht auch mit dem »Vermieterrechtsschutz«. Ein kleiner Funfact von Expertin Annika Peters: »Es gibt inzwischen Versicherungen, die auch den ›Eherechtsschutz‹ umfassen und die Scheidung bezahlen. Allerdings mit drei Jahren Wartezeit und gegen einen ordentlichen Beitrag.«

herMoney-Tipp

Du weißt selbst am besten, ob und wie oft du voraussichtlich in Rechtsstreitigkeiten verwickelt sein könntest. Somit kannst du auch selbst am besten einschätzen, ob du kleinere Verfahren nicht sogar aus eigener Tasche zahlen könntest. Häufig bieten Anwälte, Mieter- und Grundeigentümervereine, Gewerkschaften, Automobilclubs, Beratungshilfen oder Versicherungsombudsmänner die Möglichkeit einer kostengünstigen rechtlichen Erstberatung.

Hausratversicherung für wenige Euro pro Monat

Hausratversicherungen sind sowohl für Immobilieneigentümerinnen als auch für Mieterinnen interessant. Stell dir vor, deine Wohnung wird auf den Kopf gestellt. Die Versicherung kommt dann – bildlich gesprochen – für alles auf, was dabei herunterfällt. Konkret zahlt sie bei Schäden durch Feuer, Wasser, Sturm, Einbruch, Diebstahl und Vandalismus.

Hausratversicherungen gibt es für wenige Euro im Monat. Sie machen vor allem Sinn, wenn du wertvollen Besitz wie Designermöbel, Antiquitäten, hochpreisigen Schmuck, Kunst, Gold oder teure Technik zu Hause hast. Wenn du ein hochwertiges Fahrrad besitzt, kannst du dieses gegen einen kleinen Aufpreis mitversichern. Achte darauf, dass deine Police auch für Elementarschäden wie Unwetter und Hochwasser aufkommt.

Wenn du glaubst, dass du sämtlichen Hausrat zum Neupreis auch ohne fremde Hilfe anschaffen könntest, dann brauchst du die Hausratversicherung womöglich nicht unbedingt.

Was deckt eine Tierkrankenversicherung ab?

Wenn Katze, Hund oder Pferd krank werden oder einen Unfall erleiden, kann das teuer für dich werden. Falls dein Haustier noch jung und gesund ist, hast du die Möglichkeit, eine Tierkrankenversicherung abzuschließen und dir die hohen Ausgaben somit zumindest teilweise zurückzuholen.

Sehen wir uns als Beispiel die Absicherung von Hunden an. Hier stehen zwei unterschiedliche Versicherungen zur Wahl: die Operationskosten- und die (wesentlich teurere) Krankenvollversicherung. Die Kosten unterscheiden sich bei beiden je nach Rasse, Größe, Alter und teilweise sogar Wohnort des Tiers. Nimm dir Zeit, um die unterschiedlichen Tarife sowie die darin abgedeckten Risiken zu vergleichen. Denn die Leistungen und Preise der Policen sind sehr verschieden. Versicherbar ist dein Hund bei den meisten Versicherungsgesellschaften, wenn er zwischen drei Monate und sieben Jahre alt ist.

Während Tierkrankenversicherungen die Kosten für Behandlungen beim Tierarzt, Operationen, Medikamente, Diagnostik sowie ambulante und stationäre Behandlungen bezuschussen, sind Kastrationen, Sterilisationen, Tätowierungen oder Kennzeichnungen mit einem Chip häufig nicht inkludiert. Bei Abschluss einer reinen OP-Kostenversicherung zahlen die Versicherer tatsächlich nur für notwendige Operationen an deinem Tier. Je nach Police bekommst du lediglich einen Teil der Kosten zurückerstattet.

Achtung! Während der Versicherungsschutz in den meisten Verträgen bei Unfällen sofort greift, gilt bei Krankheiten zumeist eine Wartezeit von drei Monaten ab Vertragsbeginn. Verkaufst du dein Tier oder stirbt es, solltest du das deinem Versicherer schnellstmöglich mitteilen, denn dann endet der Vertrag.

Alternativ zu diesen beiden Versicherungen könntest du monatlich Geld zur Seite legen, das du im Falle eines Unfalls oder einer Krankheit deines Lieblings nutzt.

herMoney-Tipp

Du bist unsicher, ob du die eine oder andere Versicherung wirklich brauchst? Dann stell dir die Frage, ob du den Schaden im Ernstfall auch selbst bezahlen könntest.

Die kannst du dir eventuell sparen: Nonsens-Versicherungen

Die Deutschen lieben Versicherungen. Laut Statistischem Bundesamt haben Privathaushalte hierzulande im Jahr 2019 durchschnittlich etwa 1500 Euro für Versicherungen ausgegeben.[21] Das entspricht rund 3,4 Prozent ihres ausgabefähigen Einkommens. Doch wir geben das Geld nicht nur für die Absicherung existenzieller Risiken aus. Wir sichern auch vermeintliche Gefahren ab, die – wenn man genauer hinschaut – eigentlich gar nicht so bedrohlich sind. Die folgenden Versicherungen kannst du dir also eventuell sparen:

Handyversicherung

Das Handy fällt auf den Boden und nichts geht mehr. Ja, die Dinger werden immer teurer, vielleicht auch immer empfindlicher. Da schließen manche von uns beim Kauf gerne direkt eine Handyversicherung ab. Es klingt ja auch so praktisch: Kann man das Teil nicht mehr reparieren, stellt der Versicherer einem ein gleichwertiges Gerät zur Verfügung. Die Versicherung kommt für Fall-, Bruch- und Flüssigkeitsschäden an deinem Telefon auf. Außerdem für Schäden durch Bedienungsfehler, Kurzschluss, Blitzeinschlag, Brand, Sand, Wasser, Feuchtigkeit, vorsätzliche Beschädigung durch Dritte oder Diebstahl. Im Schadensfall wird der Versicherer jedoch darauf pochen, dass du das Gerät zur Reparatur gibst. Ist die nicht möglich, wird dir der Neu- oder Zeitwert deines Smartphones ersetzt – je nach Police.

Was gegen eine Handyversicherung spricht? Sie ist ziemlich teuer. Du kannst von 10 Prozent des Neupreises pro Jahr ausgehen. Kaufst du dir also ein Smartphone im Wert von 500 Euro, kostet dich die Versicherung mindestens 50 Euro pro Jahr. Der Schutz gegen Diebstahl kommt oft noch dazu. Außerdem kommt eine andere Versicherung in der Regel für den Schaden auf, wenn dein Smartphone aus deiner Wohnung oder deinem Hotelzimmer gestohlen oder durch Brände beziehungsweise Wasserschäden in Mitleidenschaft gezogen wird: die Hausratversicherung.

Für alle anderen Fälle gilt: Der Notgroschen ist dein Freund und Helfer, falls du dein Handy schnell reparieren lassen oder ersetzen musst.

Fernseherversicherung

In den meisten Fällen wohl eine weitere Nonsens-Versicherung. Fernseherversicherungen sind ab etwa 50 Euro pro Jahr zu haben und damit ebenfalls sehr teuer. Sie greifen meist erst drei bis zwölf Monate nach dem Kauf eines Neugerätes und zahlen für Schäden durch Stürze, Wasser, Bedienungsfehler oder Diebstahl.

Dann vielleicht doch lieber der Notgroschen plus eine günstige Hausratversicherung? Die haftet ebenfalls, wenn die geliebte Mattscheibe bei einem Einbruch gestohlen oder durch Feuer, Leitungswasser, Sturm, Hagel und Blitzschlag zerstört wird.

Glasbruchversicherung

Eine Glasbruchversicherung haftet für kaputte Scheiben, Platten, Spiegel, Terrarien und Aquarien, Lichtkuppeln aus Glas oder Kunststoff sowie Scheiben von Sonnenkollektoren. Sie ist ab etwa

2 Euro monatlich erhältlich. Wenn du also im Glashaus sitzt und gerne mit Steinen wirfst – go for it. Alle anderen könnten sich einfach auf ihren Notgroschen verlassen.

Brillenversicherung

Zugegeben: Die gesetzlichen Krankenkassen halten sich mittlerweile mit der Bezuschussung von Sehhilfen stark zurück. Brauchst du eine Brille oder Kontaktlinsen, wirst du für diese in den meisten Fällen selbst aufkommen müssen. Wenn du auf eine Sehhilfe angewiesen bist, hast du dir deshalb vielleicht schon mal die Frage gestellt, ob eine Brillenversicherung sinnvoll für dich wäre.

Das hängt von deinen Wünschen, der Beitragshöhe sowie den Konditionen einer solchen Police ab. Brillenversicherungen sind ab 10 Euro monatlich zu haben. Für einen guten Tarif zahlst du also mindestens 120 Euro, nicht selten 240 Euro im Jahr.

Gehen wir mal davon aus, dass du dir alle drei Jahre ein neues Brillenmodell aussuchen möchtest. In dieser Zeit hättest du in unserem Beispiel 360 bis 720 Euro für die Brillenversicherung gezahlt. Prinzipiell kannst du die monatlichen Beiträge auch auf einem Tagesgeldkonto sparen und dir dann eine Brille davon kaufen. Unter Umständen gibst du dann sogar weniger aus als für die Versicherung.

Du siehst: Auch die Brillenversicherung ist teuer. Existenzsichernd ist sie sowieso nicht. Wäg also gut ab, was dir der Versicherungsschutz für Brille und Co. wert ist.

Reisegepäckversicherung

Wenn du dein Hab und Gut am Urlaubsort versichert wissen möchtest, kommst du vielleicht auf die Idee, eine Reisegepäckversicherung abzuschließen. Schauen wir uns die Produkte einmal genauer an: Die Versicherer zahlen, wenn dir dein Gepäck im Urlaub gestohlen oder wenn es durch Feuer, Überschwemmungen, Sturm und Unfälle beschädigt wird. Ersetzt wird – je nach Vertrag – der Neu- oder der Zeitwert deiner Sachen.

Achtung! Um die Schadenssumme zu erhalten, musst du die Rechnungen der Gegenstände im Original vorlegen können! Und nicht nur das: Auf eine Reisegepäckversicherung solltest du dich besser nicht verlassen, wenn dir unterwegs Bargeld, Kreditkarten, Flugtickets oder Fahrkarten gestohlen werden. Falls dir richtig teure Wertgegenstände – etwa Kamera oder Laptop – geklaut werden, überweist dir der Versicherer oft nur einen Teil des Originalpreises. Verlierst du die Sachen oder lässt du sie zum Beispiel beim Baden im Meer aus den Augen, beruft sich die Versicherungsgesellschaft auf grobe Fahrlässigkeit. In dem Fall gehst du komplett leer aus.

Glücklicherweise gibt es ja Alternativen zur Reisegepäckversicherung. Kommt dein Gepäck im Flieger zu Schaden, haftet die Airline oder der Reiseveranstalter. Werden dir Wertgegenstände aus dem Hotelzimmer geklaut oder dort beschädigt, ist das in der Regel eine Sache für deine Hausratversicherung. Und – wenn du die vorherigen Kapitel aufmerksam gelesen hast, kannst du es dir bestimmt schon denken – im Zweifelsfall greifst du einfach auf deinen Notgroschen zurück.

Wir haben die Expertin Annika Peters in unseren Podcast eingeladen und sie zum Thema Versicherungen gelöchert. Hier kannst du die ganze Folge anhören:

Versicherungen im Check: Welche private Versicherungen in welcher Lebenssituation sinnvoll sein können

Kinder und Schüler

- in Familientarif der privaten Haftpflichtversicherung aufnehmen
- Kinderinvaliditätsversicherung und/oder Schulunfähigkeitsversicherung

Studenten und Auszubildende

- private Haftpflichtversicherung, ggf. Familientarif
- Berufsunfähigkeitsversicherung
- Krankenversicherung: Möchtest du perspektivisch privat versichert sein? Jetzt ist der Wechsel noch günstig!

Single und Festanstellung

- private Haftpflichtversicherung
- Berufsunfähigkeitsversicherung
- private oder gesetzliche Krankenversicherung

Single und selbstständig

- private Haftpflichtversicherung
- Berufsunfähigkeitsversicherung
- private oder gesetzliche Krankenversicherung
- ggf. Krankentagegeldversicherung

Erste gemeinsame Wohnung mit dem Partner oder der Partnerin

- Haftpflichtversicherung, Hausratversicherung und Rechtsschutzversicherung können zusammengelegt werden
- weiterhin eigene Berufsunfähigkeitsversicherung

Eheschließung und Familiengründung

- Risikolebensversicherung

Seniorinnen und Senioren

- private Haftpflichtversicherung
- ggf. Auslandsreisekrankenversicherung
- ggf. Pflegezusatzversicherung
- ggf. private Unfallversicherung
- ggf. Zahnzusatzversicherung
- ggf. Krankenhaus-Zusatzversicherung
- ggf. Hausratversicherung
- ggf. Rechtsschutzversicherung

Eigene Immobilie

- Wohngebäudeversicherung
- ggf. Hausratversicherung
- ggf. Rechtsschutzversicherung

Haustiere

- für Tierhalter: evtl. Tierhaftpflichtversicherung
- ggf. Tierkrankenversicherung, vor allem für Hunde- und Pferdebesitzer wichtig

Testament, Vorsorgevollmacht und Patientenverfügung: komplex, aber wichtig!

Lass uns das Vorsorgethema nun zu Ende denken. »Ende« ist hier wohl das richtige Stichwort. Denn du solltest dir an dieser Stelle einmal gründlich Gedanken darüber machen, wem du nicht nur Leib und Leben anvertraust, sondern auch deine irdischen Güter. Wir kümmern uns jetzt gemeinsam um drei der wohl wichtigsten Schriftstücke, die du jemals aufsetzen wirst: dein Testament, deine Vorsorgevollmacht und deine Patientenverfügung.

Niemand setzt sich gerne mit dem eigenen Tod auseinander. Nun, den Kopf in den Sand zu stecken, bringt bei diesem Thema leider wenig. Irgendwann schlägt für uns alle einmal das letzte Stündlein. Dann ist es beruhigend, die eigenen Angelegenheiten geklärt zu wissen. Denn keine von uns möchte in ihren letzten Minuten wissen, dass ungeklärte Erbangelegenheiten für Stress, Stunk und Unruhe in der Verwandtschaft sorgen. Zwar regelt der Gesetzgeber die Erbfolge, wenn du kein Testament aufsetzt. Aber die 08/15-Regelungen sind womöglich nicht in deinem Sinne. Ein Testament gewährt dir die Freiheit, selbst zu entscheiden, was mit deinen Unternehmensanteilen, den antiken Esszimmerstühlen und Omas Perlenkette passieren soll, wenn du einmal nicht mehr bist. Mit einem Testament vermeidest du, dass dein Vermögen auf die – in deinen Augen – falschen Menschen übergeht.

Du kannst frei entscheiden, was mit deinem Vermögen passieren soll. Mehr noch: Du kannst deine Erbinnen und Erben selbst bestimmen. Ein Testament offenbart dir so die Möglichkeit, einzelne Personen gegenüber dem gesetzlichen Erbanteil zu bevorzugen oder auch zu benachteiligen.

Dein Nachlass geht zwar nach deinem Tod vorerst als Gesamtpaket auf deine Erben über. Du darfst aber in deinem Testament deinen Lieblingsmenschen bestimmte Vermögensgegenstände zuweisen. Das nennt man »Vermächtnis«. Wenn du also bestimmst, dass der schöne Diamantring an deine beste Freundin und deine Aktien an dein Patenkind gehen sollen, müssen die Erben alles entsprechend übergeben. »Das geht aber nur soweit, als dass dadurch nicht die Pflichtteilsansprüche der gesetzlichen Erben eingeschränkt werden«, so Rechtsanwältin Christiane Warnke.[22]

Du brauchst nicht unbedingt eine Notarin oder eine Anwältin, um ein Testament aufzusetzen. Vor allem dann, wenn du Single und kinderlos bist oder nicht viel zu vererben hast, wäre es eine Überlegung wert, das Testament selbst zu verfassen. Doch damit es rechtswirksam ist, musst du strenge Vorgaben beachten. Das Testament muss handschriftlich verfasst und mit Datum und Unterschrift versehen sein. Möchtest du es eines Tages ändern, ist das kein Problem. Willst du etwas ergänzen, dann bezeichne das Schriftstück auch als Ergänzung – zum Beispiel: »Ergänzung zu meinem Testament vom ... « Dazu Christiane Warnke: »Dadurch stellst du klar, dass das vorherige Testament nicht insgesamt unwirksam sein soll. Auch hier gilt: Datum, Ort und Unterschrift nicht vergessen! Änderungen können dagegen dazu führen, dass dein Letzter Wille nicht mehr eindeutig ist – dann lieber neu schreiben!«

Wenn du auf Nummer sicher gehen möchtest, kannst du dich an eine Anwältin oder Notarin wenden. Sie setzt auf deinen Wunsch hin auch einen rechtssicheren Testamentsentwurf auf, den du dann abschreibst.

Die Kosten für ein notarielles Testament richten sich nach dem Gerichts- und Notarkostengesetz und orientieren sich an deinem Vermögen. Bist du Eigentümerin einer Immobilie, ist das notarielle Testament sinnvoll, da die Erben dann keinen Erbschein beantragen müssen. Für den fallen sonst nämlich Gerichtskosten an.

Du kannst dein Testament zu Hause aufbewahren. Dann besteht jedoch das Risiko, dass es nicht gefunden wird, verloren geht oder gar vernichtet wird – etwa von Personen, die übergangen wurden. Daher ist es ratsam, das Testament beim Nachlassgericht zu hinterlegen. Das kostet einheitlich 75 Euro. Es ist sinnvoll, zu Hause oder in deinem Bankschließfach eine Kopie deines Testaments aufzubewahren. Beurkundet ein Notar oder eine Notarin den letzten Willen, wird er automatisch im zentralen Register der Bundesnotarkammer hinterlegt.

Im Fall der Fälle stellen die Erben beim Nachlassgericht einen Antrag auf Erhalt des Erbscheins. Wenn das Testament zu Hause aufbewahrt wird, schicken es die Erben ans Nachlassgericht, um ihr Erbe antreten zu können.

Was lässt sich vererben?

Immobilien, Aktien, Familienschmuck, Kücheneinrichtung oder Firmenanteile: Grundsätzlich gehört das gesamte Vermögen zum Erbe. Auch Schulden! Der Nachlass geht dabei immer als Ganzes auf den oder die Erben über. Sie haben aber das Recht, das Erbe auszuschlagen. Dazu haben sie sechs Wochen Zeit. Diese Frist beginnt mit dem Zeitpunkt, an dem sie vom Nachlassgericht über den Erbfall informiert wurden. Es gibt allerdings eine Ausnahme: Wenn der oder die Verstorbene den Wohnsitz im Ausland hatte oder die Erben zu Beginn der Frist im Ausland waren, verlängert sie sich auf sechs Monate.

 **Expertinnenrat**

»Während der Sechswochenfrist bekommen die Erben keine Auskünfte zum Vermögen der oder des Verstorbenen, zum Beispiel von der Bank. Dafür benötigen sie den Erbschein. Wer also nicht sicher ist, was geerbt wird, sollte lieber ausschlagen.«

Christiane Warnke, Rechtsanwältin

Wenn du Schulden hast, solltest du mit deinen Lieben darüber sprechen. So wissen sie Bescheid für den Fall, dass dir etwas passiert und ihnen das Erbe angeboten wird. Nur Vermögen zu erben und ausschließlich die Schulden auszuschlagen, ist nach deutschem Recht nicht möglich. Wenn deine Angehörigen also wissen, dass du ihnen Schulden hinterlässt, können sie das Erbe direkt von sich weisen. Darüber hinaus gibt es die Möglichkeit des sogenannten Erbverzichts. Nehmen wir an, du bist bereits im höheren Alter und verschuldet. Dann bietet es sich an, noch zu Lebzeiten mit deinen Lieben eine Vereinbarung aufzusetzen, die besagt, dass sie auf das Erbe verzichten. Das geht allerdings nur notariell.

Manche Erben haben allerdings keine Informationen über die finanziellen Verhältnisse der oder des Verstorbenen. Soll das Erbe in einem solchen Fall ausgeschlagen werden, können sie sich an das Nachlassgericht des eigenen Wohnorts oder des letzten Wohnsitzes der oder des Verstorbenen wenden.

Als Erbe lassen sich natürliche Personen genauso einsetzen wie Vereine, Stiftungen, Kirchen und so weiter. Das eigene Pflegeheim kann ebenfalls zum Erben werden, wenn die Heimleitung bis zum Eintritt des Erbfalls keine Kenntnis darüber hat.

Wenn es kein Testament gibt, gilt die gesetzliche Erbfolge. Danach werden zuerst die nächsten Verwandten bedacht. Dazu zählen die Ehefrau oder der Ehemann beziehungsweise eingetragene Lebenspartner, Kinder und Eltern. Bist du vergeben, aber nicht verheiratet, geht dein Partner leer aus – selbst wenn ihr bereits seit 50 Jahren Tisch und Bett miteinander teilt.

Stirbt ein Ehepartner und es existieren gemeinsame Kinder, entsteht automatisch eine Erbengemeinschaft. Dann können *alle* Erben mitbestimmen, was mit dem Vermögen passiert. In so einem Fall dürfte eine Einigung schwierig werden …

Beispiel: Vererbung eines Eigenheimes

Ein Ehepaar wohnt im eigenen Haus, das beiden zu gleichen Teilen gehört. Stirbt ein Partner ohne Testament, geht seine Haushälfte automatisch zu gleichen Teilen an seinen Ehepartner sowie die Kinder. Im Grundbuch werden dann die neuen Eigentumsverhältnisse eingetragen. Die überlebende Partnerin beziehungsweise der überlebende Partner hatte bereits 50 Prozent des Hauses und erhält nun mit der Hälfte des Erbes weitere 25 Prozent. Die Kinder erben zusammen die restlichen 25 Prozent. Sie könnten nun mitbestimmen, was mit dem Haus passiert, in dem die Mutter oder der Vater alleine lebt. Das geht so weit, dass sie sogar den Verkauf gegen den Willen des hinterbliebenen Elternteils durch eine Teilungsversteigerung vor Gericht durchboxen könnten.

Vor allem für Ehepaare oder eingetragene Lebenspartner mit Kindern ist das Berliner Testament eine attraktive Möglichkeit zur Absicherung des hinterbliebenen Ehemanns beziehungsweise der hinterbliebenen Ehefrau. Beide ernennen sich dabei gegenseitig zum Vollerben des anderen. Kinder werden zu Schlusserben. Sie erben somit erst dann, wenn beide Eheleute verstorben sind, werden also im Vergleich zur gesetzlichen Erbfolge benachteiligt.

Das Berliner Testament enthält darüber hinaus meistens eine Strafklausel. Die Strafklausel besagt: Wer nach dem Tod des erstversterbenden Elternteils den Pflichtteil geltend macht, bekommt auch beim Tod des zweiten Elternteils nur den Pflichtteil. Die Kinder haben beim Berliner Testament die Wahl zwischen dem Pflichtteil beim Tod des ersten und des zweiten Elternteils oder dem Schlusserbe beim Tod des zweiten Elternteils.

Manchmal kann die Entscheidung für den Pflichtteil die bessere Lösung sein. Im Regelfall ist es aber günstiger, den Tod des zweiten Elternteils abzuwarten, als zweimal den Pflichtteil zu beanspruchen. Genau das ist mit dem Berliner Testament und der Schlussklausel gewollt: Der überlebende Ehegatte beziehungsweise die überlebende Ehegattin soll abgesichert sein und nicht in finanzielle Bedrängnis gebracht werden, weil er oder sie die restlichen Erben auszahlen muss. Zudem verhindert das Berliner Testament eine Erbengemeinschaft. Denn die kann bei der gesetzlichen Erbfolge vieles verkomplizieren.

Expertinnenrat

»Wer ein größeres Vermögen zu vererben und/oder nur ein Kind hat, tut gut daran, sich beraten zu lassen, ob in diesem Fall das Berliner Testament auch das Richtige ist. Unter Umständen wird dadurch nämlich ein und dieselbe Erbmasse zweimal versteuert – erst durch den überlebenden Ehepartner, dann durch das Kind als Schlusserbe, da die Freibeträge überschritten werden.«

Christiane Warnke, Rechtsanwältin

Wenn du ohne Trauschein mit deinem Partner oder deiner Partnerin zusammenlebst oder du in zweiter oder dritter Ehe verheiratet bist, ist ein Testament mehr als sinnvoll. Das gilt auch, wenn ihr beide Kinder aus früheren Beziehungen und vielleicht sogar noch gemeinsame Kinder habt. Nur so stellst du sicher, dass alle Mitglieder eurer Großfamilie in deinem Sinne bedacht werden, wenn du das Zeitliche segnest.

Ihr müsst euch entscheiden: Sollen alle Kinder – ob deine, die deines Partners oder eure – zu gleichen Teilen erben? Soll in erster Linie der überlebende (Ehe-)Partner erben? Oder soll dein Vermögen nur an deine leiblichen Kinder vererbt werden? Hier ist guter Rat nie zu teuer, denn die Reihenfolge des Todes der Ehepartner bestimmt darüber, welche Kinder was erben: Stirbst du vor deinem Ehepartner, erbt er die eine Hälfte deines Vermögens, die andere Hälfte geht an deine leiblichen Kinder. Stirbt dann dein Ehepartner, haben nur dessen Kinder Anspruch auf dessen Nachlass, also auch auf die Hälfte deines Ursprungsvermögens.

Expertinnenrat

»Dazu kommt es, da sich die gesetzliche Erbfolge nach dem Abstammungsprinzip richtet. Zwischen Stiefeltern und Stiefkindern besteht aber kein solches! Mit einem eigenen Testament lässt sich dieses Prinzip – abgesehen vom Pflichtteil – zumindest teilweise umgehen.«

Christiane Warnke, Rechtsanwältin

Falls du im Clinch mit deinem Sohn oder deiner Tochter liegst: Prinzipiell ist es möglich, Familienmitglieder zu enterben. Gesetzlich Erbberechtigte haben jedoch grundsätzlich Anspruch auf den

Pflichtteil. Er ist halb so hoch wie der gesetzliche Erbteil und muss von den »enterbten« Familienmitgliedern geltend gemacht werden. Die im Testament begünstigten Erben sind dann verpflichtet, den Pflichtteil auszuzahlen.

Pflichtteilsberechtigt sind folgende Angehörige der oder des Verstorbenen:

- Ehepartner
- Kinder, Enkel und Urenkel des Erblassers
- Eltern

Alle anderen Personengruppen haben kein Anrecht auf den Pflichtteil. Auch Geschwister, Lebensgefährten, Onkel, Tanten, Neffen, Nichten und Großeltern nicht. Sie können somit durch ein Testament sogar vollständig enterbt werden.

Du möchtest verhindern, dass ein Familienmitglied seinen Pflichtteil erbt? Das ist nur in Ausnahmefällen möglich. Laut Paragraph 2333 des Bürgerlichen Gesetzbuchs (»Entziehung des Pflichtteils«) führen bestimmte Gründe dazu, dass der Erblasser einem Abkömmling den Pflichtteil entziehen kann.[23] Nämlich:

- Der Abkömmling trachtet dem Erblasser, dessen Ehegatten, einem anderen Abkömmling oder einer dem Erblasser ähnlich nahestehenden Person nach dem Leben.
- Der Abkömmling macht sich eines Verbrechens oder eines schweren vorsätzlichen Vergehens gegen die in Punkt 1 genannten Personen schuldig.
- Der Abkömmling hat seine gesetzlich obliegende Unterhaltspflicht dem Erblasser gegenüber böswillig verletzt.
- Der Abkömmling wurde wegen einer vorsätzlichen Straftat zu einer Freiheitsstrafe von mindestens einem Jahr ohne Bewährung rechtskräftig verurteilt. Gleiches gilt, wenn die

Unterbringung des Abkömmlings in einem psychiatrischen Krankenhaus oder einer Entziehungsanstalt wegen einer ähnlich schwerwiegenden vorsätzlichen Tat rechtskräftig angeordnet wird.

Der Pflichtteil ist halb so hoch wie der gesetzliche Erbteil. Zunächst ist also festzustellen, wie hoch der gesetzliche Erbteil wäre, also zu welcher Quote man erbt. Einen ersten Anhaltspunkt für die Erbquote liefern Erbrechner aus dem Internet.

Für die Berechnung des Pflichtteils entscheidend ist, in welchem Güterstand die Eltern leben. Im gesetzlichen Güterstand (Zugewinngemeinschaft) erbt der überlebende Ehegatte beziehungsweise die überlebende Ehegattin die eine, das Kind oder die Kinder zusammen die andere Hälfte. Wird in einer Familie mit einem Kind dieses Kind enterbt, beträgt dessen Pflichtteil also statt 50 nur noch 25 Prozent.

Die genaue Höhe des Nachlasses in Erfahrung zu bringen, ist für Pflichtteilsberechtigte nicht ganz einfach. Oft lagen sie ja im Clinch mit dem verstorbenen Erblasser. Meist ist zudem auch das Verhältnis zu den anderen Erben getrübt. Damit Pflichtteilsberechtigte in Erfahrung bringen können, was genau an Bargeld, Wertpapieren, Immobilien, weiteren Vermögensgegenständen sowie vielleicht auch an Schulden da ist, haben sie einen gesetzlichen Auskunftsanspruch gegenüber den Erben. Das heißt: Die Erben müssen eine Aufstellung der Vermögensgegenstände und etwaiger Schulden erstellen – das sogenannte Nachlassverzeichnis. Hier müssen auch Schenkungen der vergangenen zehn Jahre aufgelistet werden. Schließlich ist denkbar, dass der Erblasser, der sein Kind enterben wollte, noch zu Lebzeiten großzügige Schenkungen tätigte, um absichtlich das Erbe der Pflichtteilsberechtigten zu schmälern. Solche Schenkungen werden bei der Berechnung des Pflichtteils unter

Umständen zugunsten des Pflichtteilsberechtigten berücksichtigt. Die Pflichtteilsberechtigten können also Auskunft von den Erben verlangen, was an Nachlass da ist. Sie dürfen sogar bei der Erstellung der Auskunft dabei sein. Darüber hinaus haben sie die Möglichkeit, die Erstellung des Verzeichnisses durch einen Notar zu fordern. Selbst wenn die Erben und Erbinnen bereit sind, den Pflichtteilsberechtigten Auskunft zu erteilen, sind sie mit der Anfertigung eines Nachlassverzeichnisses häufig überfordert. Erspart bleibt es ihnen jedoch nicht. So ein Nachlassverzeichnis brauchen Erben nämlich auch, um ihre Erbschaftssteuererklärung zu erstellen.

Die Patientenverfügung

Stell dir vor, du hast einen Unfall und liegst im Krankenhaus. Du bist zwar nicht tödlich verletzt, aber selbst mitteilen kannst du dich nicht mehr. Wäre es für dich in Ordnung, wenn fremde Ärzte oder Ärztinnen entscheiden, welche medizinischen Maßnahmen ergriffen werden? Wärst du damit einverstanden, längere Zeit durch Geräte am Leben gehalten zu werden? Und was wäre, wenn die Geräte einfach abgeschaltet werden sollen? Würdest du dem zustimmen?

Wer keine Patientenverfügung aufgesetzt hat, überlässt die Entscheidung über medizinische Behandlungen anderen, wenn mit an Sicherheit grenzender Wahrscheinlichkeit keine Aussicht auf Heilung mehr besteht. Das kann im Ernstfall sogar ein vom Betreuungsgericht bestellter sogenannter gesetzlicher Vertreter sein, den du noch nie zuvor getroffen hast. Willst du das? Wohl kaum.

Und um auch deine liebsten Angehörigen – Eltern, Partner, Kinder – nicht mit Entscheidungen solcher Tragweite zu belasten, solltest du vorsorgen. Eine Patientenverfügung ist ein Schriftstück, das dafür sorgt, dass dein Wille auch dann berücksichtigt wird, wenn du dich nicht mehr selbst ausdrücken kannst. Darin hältst du vorsorglich schriftlich fest, welche medizinischen Maßnahmen durchzuführen oder zu unterlassen sind. Tritt die in der Patientenverfügung beschriebene Situation tatsächlich ein, ist das medizinische Personal an deine Festlegungen gebunden.

Diese Angaben gehören in deine Patientenverfügung:

- ☐ Vor- und Nachname
- ☐ Geburtsdatum
- ☐ Anschrift
- ☐ Datum
- ☐ Unterschrift
- ☐ konkrete Anwendungssituation
- ☐ Verfügung medizinischer Maßnahmen
- ☐ Vertrauenspersonen, die für die Durchsetzung sorgen sollen
- ☐ weitere Angaben wie: bevorzugter Ort der Versorgung, Präferenzen zu den Themen künstliche Ernährung sowie Organspende, Entbindung der Schweigepflicht …

herMoney-Tipp

Verfassen kannst du deine Patientenverfügung, sobald du 18 Jahre alt bist. Nutzen kannst du dafür zum Beispiel das Onlinetool »Patientenverfügung«, das die Verbraucherzentralen in Zusammenarbeit mit dem Bundesministerium der Justiz erstellt haben. Es gibt auch offizielle Vorlagen des Bundesjustizministeriums. Denk daran: Ein selbstverfasster Text hat im Zweifel keine Gültigkeit, wenn er den aktuellen gesetzlichen Vorgaben nicht entspricht. Sinnvoll kann es daher sein, sich fachkundigen Rat einer Ärztin oder einer anderen Expertin zu holen.

Patientenverfügung und Vorsorgevollmacht: Nur gut im Kombipack

Wer entscheidet für dich, wenn du dazu nicht mehr in der Lage bist? Wer setzt deine Patientenverfügung durch? Diese Frage betrifft nicht nur medizinische Maßnahmen, wenn du einen schweren Unfall erleidest, unheilbar erkrankst oder eine andere Extremsituation eintritt. Auch andere Dinge – wie deine Immobilie oder Mietwohnung, deine Betreuung durch Pflegepersonal, deine Versicherungen und dein Vermögen – müssen von jemandem verwaltet werden, wenn du nicht mehr dazu in der Lage bist. Für alle diese Angelegenheiten kannst du eine Person benennen, die für dich und in deinem Sinne handelt, wenn es dir vorübergehend oder dauerhaft nicht mehr möglich ist. Eine mündliche Übereinkunft reicht dann jedoch nicht. Dazu brauchst du – zusätzlich zur Patientenverfügung – eine sogenannte Vorsorgevollmacht. Wenn du keine Vorsorgevollmacht hast und dir etwas passiert, bestellt das Gericht einen amtlichen Betreuer. Das kann jemand aus der Verwandtschaft sein, aber ebenso gut ein völlig fremder Mensch. Der darf dann nicht nur über medizinische Maßnahmen entscheiden, sondern auch Bankgeschäfte erledigen und Behördengänge übernehmen – allerdings unter regelmäßiger gerichtlicher Kontrolle. Da wir davon ausgehen, dass das nicht in deinem Sinne ist, schauen wir uns jetzt an, was du gegen diese Fremdbestimmung tun kannst.

Deine Angehörigen sind nicht automatisch bevollmächtigt. Nicht mal dein Ehepartner darf ohne Vollmacht für dich entscheiden, wenn du zum Beispiel im Koma liegst. Einzig Eltern haben gegenüber ihren minderjährigen Kindern umfassende Entscheidungsbefugnisse. Sie können ihren Nachwuchs in allen Angelegenheiten vertreten. Sobald das Kind jedoch 18 Jahre alt wird, sind Mütter und Väter quasi raus. Für Volljährige können Angehörige nur dann entscheiden, wenn sie eine rechtskräftige Vollmacht haben oder wenn sie gerichtlich zum Betreuer oder zur Betreuerin ernannt wurden.

Die Vorsorgevollmacht kannst du im Prinzip selbst erstellen. Wichtig ist jedoch, dass sie die korrekten Formulierungen enthält, um vor Gericht auch Bestand zu haben. Du kannst die Vorsorgevollmacht handschriftlich oder am Computer erstellen. Zudem ist es möglich, Vordrucke zu verwenden oder die Vorsorgevollmacht von einer anderen Person schreiben zu lassen. Außerdem ist es unbedingt notwendig, dass du das Schriftstück selbst unterschreibst sowie mit Ort und Datum versiehst.

Wenn du dir das Verfassen dieses wichtigen Schriftstücks nicht zutraust, kannst du dir Hilfe bei Experten suchen. Hast du dich nicht klar ausgedrückt, wichtige Bereiche übersehen oder einen Vordruck verwendet, bei dem du einzelne Punkte nur angekreuzt hast, kann es problematisch werden, weiß Rechtsanwältin Christiane Warnke. Besonders Hausbesitzerinnen müssen genau hinschauen.

herMoney-Tipp

Wenn du eine eigene Immobilie hast, ist eine öffentliche Beglaubigung deiner Unterschrift besonders wichtig. Sonst darf die von dir bevollmächtigte Person keine Grundstücksgeschäfte gegenüber dem Grundbuchamt vornehmen.

Du kannst die Vorsorgevollmacht zum Beispiel in deinem Notfallordner oder deiner Schreibtischschublade aufbewahren. Wichtig ist, dass die von dir bevollmächtigte Person weiß, wo sie zu finden ist, wenn du sie ihr nicht sofort persönlich aushändigen willst. Dafür ist es natürlich unerlässlich, dass ihr ein uneingeschränktes Vertrauensverhältnis zueinander habt. Zudem muss der oder die Bevollmächtigte unbedingt Zugriff auf das Original haben. Eine Kopie genügt nicht. Denn nur mit dem Original wird die Vertretungsmacht über deine Angelegenheiten anerkannt.

Sinnvoll ist es außerdem, Vorsorgedokumente und die Patientenverfügung im Zentralen Vorsorgeregister der Bundesnotarkammer registrieren zu lassen. Diese Registrierung kostet einmalig 20 bis 30 Euro. Achtung: Hier werden nur die Daten registriert, nicht aber der Inhalt von Vorsorgevollmacht und Patientenverfügung! So können die Bevollmächtigten leicht ausfindig gemacht werden.

Du kannst auch mehrere Personen zu Bevollmächtigen bestimmen. Das ist sogar eine gute Idee. Stell dir vor, du hast einen Unfall gemeinsam mit der von dir bevollmächtigten Person. Dann brauchst du – pardon für diese Formulierung – Ersatz. Alle Bevollmächtigten müssen wissen, wo die jeweilige Ausfertigung der Vorsorgevollmacht zu finden ist. Jeder und jede bekommt also ein »Original«. Sprecht unbedingt auch untereinander ab, in welcher Reihenfolge die Bevollmächtigten im Fall der Fälle eingesetzt werden sollen: Wer ist die Nummer Eins und wer ist Ersatzbevollmächtigter? Letzterer springt nur ein, wenn der Hauptbevollmächtigte aus irgendeinem Grund verhindert sein sollte, wenn es hart auf hart kommt. Falls du vorhast, mehrere Personen zu bevollmächtigen, tust du gut daran, eine Expertin zu Rate zu ziehen.

»Trotz einstimmiger Rechtsprechung verweigern noch immer einige Banken die Annahme der Vorsorgevollmacht«, so Christiane Warnke. Es kann daher nicht schaden, deiner bevollmächtigten Person auch eine gesonderte Konto- und Depotvollmacht zu erteilen. Das geht direkt in den Filialen der Banken und Sparkassen sowie häufig auch online.

Die Vorsorgevollmacht ist übrigens nicht dasselbe wie eine Betreuungsverfügung. Dazu Rechtsanwältin Christiane Warnke: »Eine Betreuungsverfügung machen Alleinstehende, die niemanden persönlich als Vertreter benennen können, aber zum Beispiel einen bestimmten Verein auswählen wollen, aus dessen Kreis der Betreuer kommen soll.« Eine Alternative ist ein Zusatz in der Vorsorgevollmacht. Er soll deutlich machen, dass der Vorsorgebevollmächtigte auch als Betreuer fungieren soll, falls für eine Behandlung eine gerichtliche Zustimmung erforderlich ist.

Die bevollmächtigte Person kann sich theoretisch auch um deine Onlinegeschäfte kümmern, praktisch ist es aber schwierig, alles ohne deine Passwörter zu regeln. Du könntest eine Liste deiner Zugangsdaten sicher in einer verschlüsselten Passwortdatenbank aufbewahren und deiner bevollmächtigten Person sagen, wo sie ist. Vergiss nicht, die Liste regelmäßig zu aktualisieren, solltest du deine Passwörter häufig wechseln!

Es bietet sich auch an, die Patientenverfügung sowie die Vorsorgevollmacht alle paar Jahre auf ihre Aktualität zu überprüfen. Du kannst dir dafür eine Erinnerung in deinen Kalender setzen. Immerhin ändern sich Lebensumstände, Wertevorstellungen und zwischenmenschliche Beziehungen im Laufe der Zeit. Du kannst die beiden Schriftstücke jederzeit ändern, widerrufen oder komplett neu aufsetzen. Allerdings solltest du bedenken, dass Änderungen die Gefahr bergen, dass das Dokument ungültig wird.

Vergiss nicht, dem neuen Bevollmächtigen ein Original auszuhändigen oder ihm den Ort mitzuteilen, an dem er die Vollmacht finden kann. Und: Lass dir von der ehemaligen bevollmächtigen Person das Original zurückgeben.

Es macht keinen Spaß, sich zu überlegen, ob du per Sonde ernährt werden möchtest oder wer sich um die Auflösung deiner Wohnung kümmert, wenn du im Koma liegst. Es ist trotzdem gut, sich diesen Themen zu stellen. Die Alternative ist, dass nichts geregelt ist und deine Lieben in der Luft hängen. Und das ist ganz sicher nicht in deinem Sinne.

3. Teil: Altersvorsorge optimieren

»Was wir heute tun, entscheidet darüber, wie die Welt morgen aussieht.«

Marie von Ebner-Eschenbach,
Schriftstellerin

Berechne deine Rentenlücke!

Mit den richtigen Versicherungen, einer Patientenverfügung und einem Testament hast du bereits wichtige Meilensteine erreicht. Aber zur Vorsorge gehört noch etwas ganz Wesentliches: die Altersvorsorge. Schließlich möchtest du auch im Ruhestand gut leben. Vielleicht denkst du jetzt: »Dafür zahl ich doch in die Rentenkasse ein!« In diesem Fall müssen wir dich leider enttäuschen. Das wird womöglich hinten und vorne nicht reichen. Grund genug also, sich das Thema Altersvorsorge vorzuknöpfen. Legen wir los!

Frauen haben im Schnitt weniger Geld als Männer, brauchen aber mehr. Hier geht es nicht darum, dass eine Damenbluse mehr kostet als ein Herrenhemd oder Frauen beim Frisör mehr zahlen als Männer. Entscheidender ist, dass wir Frauen im Schnitt älter werden als Männer und unser Altersruhegeld daher auch länger ausreichen muss.

Deutsche Männer werden durchschnittlich 78,6 Jahre alt und deutsche Frauen 83,4. Im Jahr 1950 sind die Menschen noch deutlich früher gestorben: Damals wurden Männer im Schnitt 64,6 Jahre alt und Frauen 68,5. Heute geborene Mädchen sollen im Schnitt sogar 93 Jahre alt werden und heute geborene Jungs gut 90 Jahre. Und wer gerne runde Geburtstage feiert: Von 100 heute geborenen Mädchen erreichen statistisch gesehen 28 ihren 100. Geburtstag; von den heute geborenen Jungs sind es 7.[24]

Auf der einen Seite ist es toll, dass wir eine deutlich höhere Lebenserwartung haben als noch unsere Großeltern. Auf der anderen Seite müssen wir die längere Zeit im Ruhestand natürlich auch finanzieren. Fakt ist: Frauen werden heutzutage vier bis fünf

Jahre älter als Männer. Deshalb brauchen wir Frauen im Alter mehr Geld.

Das Versprechen der doppelten Haltelinie

Politiker und Politikerinnen wecken die Hoffnung, dass man mit der gesetzlichen Rente alles bestens im Griff hätte. Doch Zweifel sind angebracht. Ein Beispiel für die vielen Beruhigungspillen ist die »doppelte Haltelinie«. Sie besagt: Das Niveau der gesetzlichen Rente soll nicht unter die Grenze von 48 Prozent des Durchschnittslohns sinken und die Beiträge sollen auf maximal 20 Prozent des Bruttolohns gedeckelt sein. Das klingt gut, gilt aber nur bis zum Jahr 2025. Das ist schon bald!

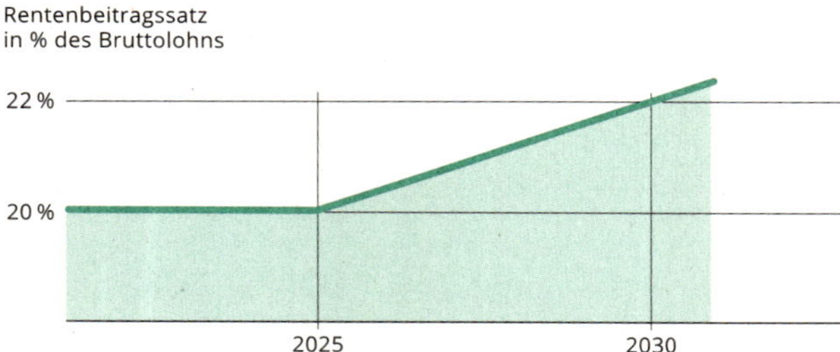

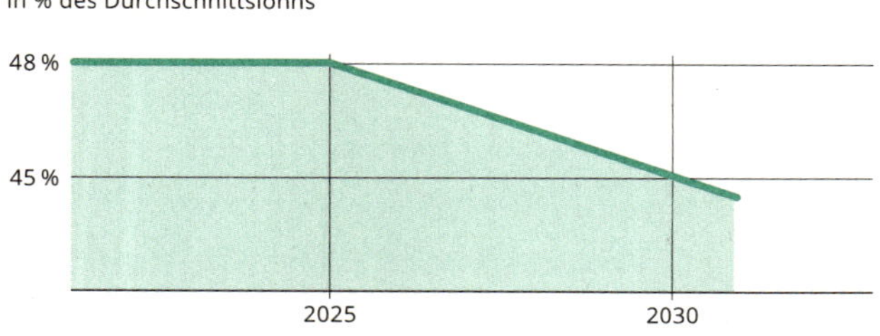

Doppelte Haltelinie: Deutsche Rentenversicherung (Stand 2022)

Und danach? Wie es dann aussieht, bestimmt die Demografie, also die Bevölkerungsstruktur. Die liefert handfeste Daten, in denen leider Zündstoff steckt. Die Demografie ist nämlich eine ziemlich präzise Wissenschaft. So wehrt sich der bekannte Demograf Bernd Raffelhüschen dagegen, dass es sich bei demografischen Trends um »Bevölkerungsprognosen« handelt. »Wir Demografen arbeiten nicht mit Prognosen, weil alles, was wir betrachten, schon da ist. Diejenigen, die in 20 Jahren 80 werden, sind heute schon auf der Welt«, argumentiert er.[25] Wenn wir die Demografie betrachten, handelt es sich also nicht um ominöse Prognosen, die am Ende vielleicht doch nicht eintreffen, sondern um handfeste Tatsachen. Sehen wir uns die Bevölkerungsstruktur in unserem Land an, wird deutlich: Es ist eine gute Idee, früher als später selbst fürs eigene Alter vorzusorgen. Der Grund: Das Verhältnis zwischen Rentnern und Beitragszahlern verschlechtert sich kontinuierlich.

Du kennst vermutlich die grafische Darstellung der Bevölkerungsstruktur. Wünschenswert für die Altersvorsorge wäre eine Pyramide, aber die Altersstruktur der Bevölkerung Deutschlands hat eher die Form eines Dönerspießes.

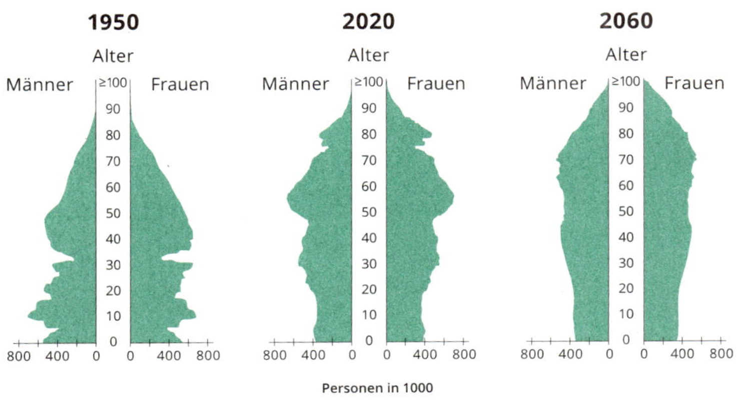

Demografischer Wandel: Statistisches Bundesamt (Stand 2021)

Die Alterung der Bevölkerung zeigt sich an zwei Entwicklungen: an der zunehmenden Zahl an Menschen im Rentenalter und an ihrem steigenden Anteil an der Gesamtbevölkerung. Beispielsweise ist der Anteil der unter 20-Jährigen zwischen 1950 und 2020 von 30 auf 18 Prozent zurückgegangen. Gleichzeitig steigt der Anteil der Hochbetagten in Deutschland immer weiter: Noch 1950 war nur jeder hundertste Einwohner 80 Jahre und älter. Heute ist es bereits jeder Vierzehnte. Ab etwa 2040 könnte es sogar mehr als jeder Zehnte sein.

In Bezug auf unsere Renten bedeutet das: In den 1980er-Jahren haben in Europa noch vier Beitragszahler einen Rentner finanziert. In den USA kamen sogar fünf Einzahlende auf einen Rentner und in Japan sieben. Damals war es für die aktiv Beschäftigten leicht, die Rentner ihres Landes finanziell zu versorgen. Denn die Last verteilte sich auf viele Schultern. Doch schon im Jahr 2020 waren es in Europa nur noch etwas mehr als zwei Beitragszahler, die auf einen Rentner kamen. Im Jahr 2050 werden es sogar weniger als zwei sein.[26] [27] Du kannst dir ja schon mal überlegen, welche zwei Teenager aus deinem Umfeld später deine Rente wuppen sollen!

Dieser Trend ist in fast allen Regionen der Welt ähnlich: in Japan etwas stärker als in Europa und in den USA etwas schwächer. Aber die Tendenz ist überall gleich. Die Verteilungsdiskussionen zwischen Jungen und Alten werden sich also verschärfen, das steht fest. Die Alten werden argumentieren, dass sie auskömmliche Renten brauchen und auf die Arbeit und die Beiträge verweisen, die sie in ihrer aktiven Zeit geleistet haben. Die Jungen werden sich verständlicher Weise dagegen wehren, dass ihnen zu viel von ihrem Arbeitseinkommen weggenommen wird. Dass das Konfliktpotenzial birgt, liegt auf der Hand.

Zur ungünstigen Altersstruktur der Bevölkerung kommt leider noch ein Phänomen hinzu: Die Schulden steigen. Reinhard Panse, Co-Gründer des Multi-Family-Offices Finvia, verweist auf die Tatsache, dass die Staatsschulden die künftige Last der Steuerzahler noch weiter vergrößern: »Angesichts der demografischen Entwicklung auf einen populistischen Aufbau von Staatsschulden zu setzen, war der größte Fehler, den die Regierungen der Industrieländer in den vergangenen Jahrzehnten gemacht haben«, findet Panse.[28]

Aber nicht nur die Staatsschulden steigen, sondern auch die privaten Schulden erreichen Rekordstände. Da muss man sich fast schon die Frage stellen, ob noch jemand davon ausgeht, dass Schulden irgendwann einmal zurückgezahlt werden müssen. »Wie die Industriestaaten ihre Staatsschuldenberge bedienen möchten, entzieht sich meiner Kenntnis. Das wird schlichtweg nicht gehen – weder in Japan noch in Europa noch in den USA«, gibt Panse zu bedenken.

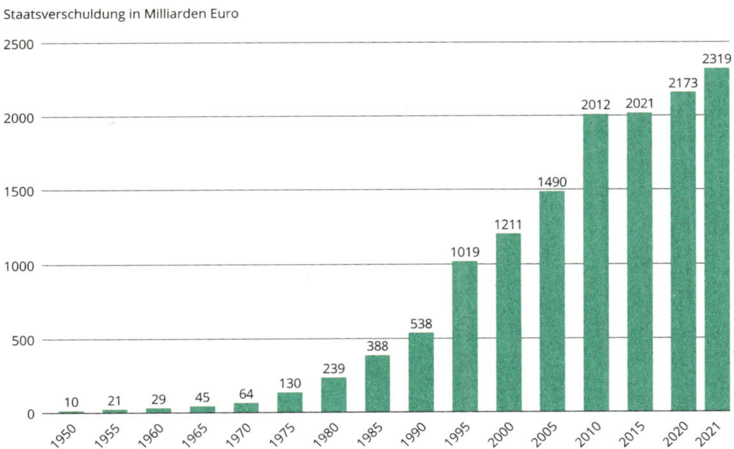

Deutsche Staatsverschuldung: Statista (Stand 2022)

Letztendlich müssen die Steuerzahler im Jahr 2050 nicht nur relativ viele Rentner finanziell versorgen, sondern auch ziemlich hohe Schulden bedienen. Nach langen Jahren absoluter Niedrigzinsen steigen die Zinssätze mittlerweile wieder. Das bedeutet: Einerseits sind die Schulden gestiegen. Andererseits werden auch die prozentualen Zinszahlungen auf die Schulden ansteigen. Wir wollen dir in diesem Buch keine Angst machen, aber so viel sei gesagt: Es wäre nicht erstaunlich, wenn es künftig mehr finanziellen Druck geben wird.

Welche Konsequenz wir daraus ziehen sollten? Angesichts der eben beschriebenen Entwicklungen ist keineswegs sicher, dass das schöne Politikerversprechen der doppelten Haltelinie noch lange Bestand haben wird. Daher ist es eine gute Idee, neben der gesetzlichen Rente auch privat vorzusorgen. Die Gefahr, dass du im Rentenalter zu viel Geld haben wirst, dürfte denkbar gering sein! Und falls doch, dann wird dir schon was einfallen, wie du dein Geld später auf angenehme Art und Weise ausgeben kannst.

Wie du deine Rentenlücke berechnest

»Rentenlücke« hört sich ziemlich ominös an. Dabei ist es gar nicht so schwer, deine eigene Rentenlücke zu berechnen. Du solltest dir dafür vielleicht einen halben Tag Zeit nehmen, denn dazu musst du einige Unterlagen zusammentragen und ein wenig überlegen. Also, los geht's!

Beginnen wir mit dem Soll-Ist-Vergleich. Wie viel Altersrente wirst du erhalten, wenn es soweit ist, und wie viel benötigst du?

Um deine erwartete Altersrente zu ermitteln, zählst du alle Rentenbausteine zusammen, die du erwartest: die gesetzliche Rente, eine mögliche Betriebsrente (oder sogar mehrere) und vielleicht erhältst du ja auch noch eine Rente von deinem (Ex-)Mann.

Die Bundesregierung plant die Einführung einer digitalen Rentenübersicht, in der verschiedene Renten einer Person übersichtlich aufbereitet werden. Dieses große politische Vorhaben soll Ende 2023 in den Regelbetrieb gehen. Du kannst dir aber auch selbst einen Überblick verschaffen.

Um zu erfahren, wie viel gesetzliche Rente du später erhalten wirst, schau einfach in deine letzte Renteninformation. Die Deutsche Rentenversicherung verschickt sie jedes Jahr automatisch an jeden, der mindestens 27 Jahre alt ist und wenigstens fünf Jahre lang Rentenbeiträge eingezahlt hat. Wenn du nicht vorhast, sofort deinen Job aufzugeben und danach nicht mehr zu arbeiten, nimm den dritten Wert, der dort aufgeführt ist: die »Regelaltersrente bei weiterer Einzahlung bis Rentenbeginn«.

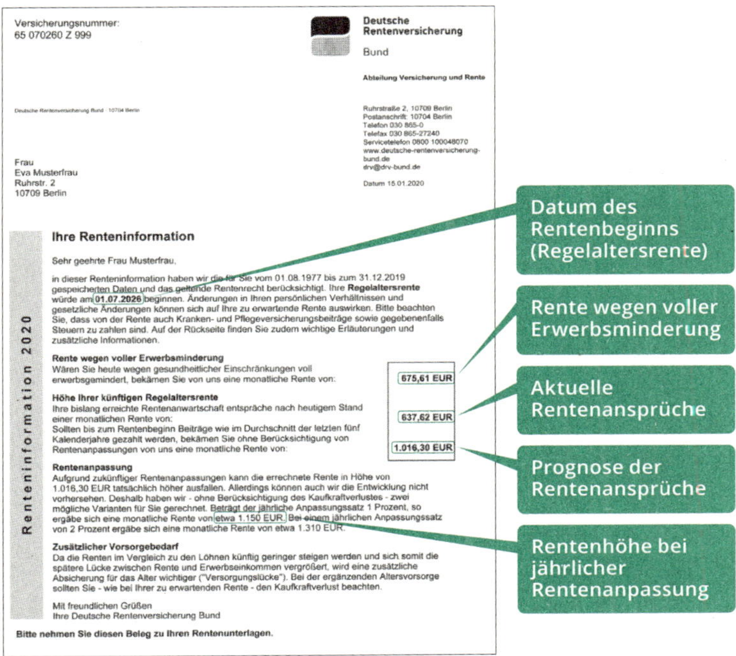

Versicherungsnummer:
65 070260 Z 999

Deutsche Rentenversicherung
Bund

Abteilung Versicherung und Rente

Deutsche Rentenversicherung Bund · 10704 Berlin

Ruhrstraße 2, 10709 Berlin
Postanschrift: 10704 Berlin
Telefon 030 865-0
Telefax 030 865-27240
Servicetelefon 0800 100048070
www.deutsche-rentenversicherung-bund.de
drv@drv-bund.de

Frau
Eva Musterfrau
Ruhrstr. 2
10709 Berlin

Datum 15.01.2020

Renteninformation 2020

Ihre Renteninformation

Sehr geehrte Frau Musterfrau,

in dieser Renteninformation haben wir die für Sie vom 01.08.1977 bis zum 31.12.2019 gespeicherten Daten und das geltende Rentenrecht berücksichtigt. Ihre **Regelaltersrente** würde am **01.07.2026** beginnen. Änderungen in Ihren persönlichen Verhältnissen und gesetzliche Änderungen können sich auf Ihre zu erwartende Rente auswirken. Bitte beachten Sie, dass von der Rente auch Kranken- und Pflegeversicherungsbeiträge sowie gegebenenfalls Steuern zu zahlen sind. Auf der Rückseite finden Sie zudem wichtige Erläuterungen und zusätzliche Informationen.

Rente wegen voller Erwerbsminderung
Wären Sie heute wegen gesundheitlicher Einschränkungen voll erwerbsgemindert, bekämen Sie von uns eine monatliche Rente von: **675,61 EUR**

Höhe Ihrer künftigen Regelaltersrente
Ihre bislang erreichte Rentenanwartschaft entspräche nach heutigem Stand einer monatlichen Rente von: **637,62 EUR**
Sollten bis zum Rentenbeginn Beiträge wie im Durchschnitt der letzten fünf Kalenderjahre gezahlt werden, bekämen Sie ohne Berücksichtigung von Rentenanpassungen von uns eine monatliche Rente von: **1.016,30 EUR**

Rentenanpassung
Aufgrund zukünftiger Rentenanpassungen kann die errechnete Rente in Höhe von 1.016,30 EUR tatsächlich höher ausfallen. Allerdings können auch wir die Entwicklung nicht vorhersehen. Deshalb haben wir - ohne Berücksichtigung des Kaufkraftverlustes - zwei mögliche Varianten für Sie gerechnet. Beträgt der jährliche Anpassungssatz 1 Prozent, so ergäbe sich eine monatliche Rente von etwa 1.150 EUR. Bei einem jährlichen Anpassungssatz von 2 Prozent ergäbe sich eine monatliche Rente von etwa 1.310 EUR.

Zusätzlicher Vorsorgebedarf
Da die Renten im Vergleich zu den Löhnen künftig geringer steigen werden und sich somit die spätere Lücke zwischen Rente und Erwerbseinkommen vergrößert, wird eine zusätzliche Absicherung für das Alter wichtiger ("Versorgungslücke"). Bei der ergänzenden Altersvorsorge sollten Sie - wie bei Ihrer zu erwartenden Rente - den Kaufkraftverlust beachten.

Mit freundlichen Grüßen
Ihre Deutsche Rentenversicherung Bund

Bitte nehmen Sie diesen Beleg zu Ihren Rentenunterlagen.

Fiktives Beispiel für eine Renteninformation: Deutsche Rentenversicherung (Stand 2020)

Dieser Wert gibt an, welche monatliche Rente du erhalten würdest, wenn du bis zu deiner Regelaltersgrenze Beiträge wie im Durchschnitt der letzten fünf Kalenderjahre einzahlst. Die beiden anderen Werte in der Renteninformation zeigen dir, wie viel Altersrente du auf Basis deiner bisherigen Einzahlungen erhalten würdest und wie hoch eine eventuelle Erwerbsminderungsrente in deinem Fall wäre.

Mehr Details zur Renteninformation erfährst du hier:

Die durchschnittliche Höhe der gesetzlichen Altersrente, die Frauen für ihre eigenen Rentenversicherungsbeiträge 2020 erhielten, liegt bei 730 Euro in den alten Bundesländern und bei 1075 Euro in den neuen Bundesländern. Männer bekamen 2020 im Schnitt eine Altersrente von 1210 Euro in den alten Bundesländern und 1200 Euro in den neuen Bundesländern.[29]

Etwa 60 Prozent der Arbeitnehmer und Arbeitnehmerinnen in Deutschland erhalten zusätzlich zur gesetzlichen Rente eine Betriebsrente. Falls du zu diesen 60 Prozent gehörst, nimm die letzte Information dazu zur Hand und sieh nach, wie hoch deine betriebliche Rente sein wird. Wenn du die Information nicht findest, schau ins Intranet deines Betriebs oder frag bei der Personalabteilung nach. Falls du deinen Arbeitgeber gewechselt hast und auch bei deinem Ex-Arbeitgeber unverfallbare Ansprüche aufgebaut hast, bekommst du sogar mehrere Betriebsrenten. Berücksichtige in deiner Aufstellung unbedingt alle Renten, die du erwartest!

Wenn du verheiratet bist oder warst, kann es sein, dass du später auch Witwenrente oder Rentenanteile deines (Ex-)Manns erhältst – sowohl aus der gesetzlichen Rente als auch aus seiner Betriebsrente.

Anspruch auf Witwenrente aus der gesetzlichen Rentenversicherung hast du, wenn folgende Punkte zutreffen:

- die Ehe bestand mindestens ein Jahr.
- der verstorbene Ehepartner hat bereits Rente bezogen.
- der verstorbene Ehepartner hat mindestens 5 Jahre in die gesetzliche Rentenversicherung eingezahlt.

Allerdings gibt es verschiedene Freibeträge, Anrechnungen und Ausnahmen. Erkundige dich gegebenenfalls beim jeweiligen Rentenversicherungsträger. Denn die Sache ist nicht ganz einfach. Bei der Berechnung der Witwenrente wird nämlich dein Einkommen angerechnet – auch dein eigenes Renteneinkommen oder Einkünfte aus Kapitalvermögen.

Ohnehin reicht eine Witwenrente selten aus, um sich finanziell über Wasser zu halten. In den alten Bundesländern erhalten nur rund 0,5 Prozent der Witwen eine Witwenrente über 1500 Euro. Im Schnitt lag die Witwenrente, die Frauen 2021 von der Deutschen Rentenversicherung bekamen, bei 686 Euro.[30]

Mehr über die Witwenrente erfährst du hier:

Wenn du alle Bausteine zusammenzählst, weißt du, wie viel Rente du später ungefähr erhalten wirst. Zu einer Punktlandung kannst du zum jetzigen Zeitpunkt noch nicht kommen: Die Rentenhöhen können sich noch ein wenig ändern – je nachdem, wie viel du künftig verdienst und wie lange du noch einzahlen wirst. Aber so hast du schon mal eine grobe Vorstellung über die Größenordnung, die du erwarten kannst.

Höchstwahrscheinlich wirst du enttäuscht sein, weil der Betrag so niedrig ist. Das ist nicht erfreulich. Aber es ist der Grund, weshalb wir einen solchen »Renten-Kassensturz« sinnvoll finden. Es bringt dich schließlich nicht weiter, wenn du heute von einer deutlich höheren Rente ausgehst, als du vermutlich erhalten wirst. Wenn du dir aber bewusst machst, wie niedrig deine Rente später einmal sein wird, fällt es dir viel leichter, privat etwas dafür zu tun, dass sie höher wird.

Beispiel für die Ermittlung der Summe verschiedener Altersrenten*

Rentenbaustein	Erwarteter Betrag
Deine gesetzliche Rente	1000,00 €
Deine Betriebsrente (jetziger Betrieb)	250,00 €
Deine Betriebsrente (aus deinem früheren Arbeitsverhältnis)	80,00 €
Rentenanwartschaft von deinem Ex-Mann (für die Zeit deiner Ehe)	100,00 €
Summe deiner Altersrenten (brutto)	**1430,00 €**
Abzüglich Kranken- und Pflegeversicherungsbeiträge	160,00 €
Abzüglich Einkommensteuer	150,00 €
Summe deiner Altersrenten (netto)	**1120,00 €**

* *Kleiner Hinweis: Dieses Beispiel enthält eher überdurchschnittliche Renten!*

Übrigens: Auch bei der Rente gibt es einen Unterschied zwischen brutto und netto. Rentenzahlungen sind – zumindest teilweise – zu versteuern.

Wenn du gesetzlich krankenversichert bist, musst du auf deine Rentenbezüge auch Beiträge zur Kranken- und Pflegeversicherung zahlen. Die Beiträge zur Pflegeversicherung trägst du allein, die zur Krankenversicherung nur zur Hälfte. Der Rentenversicherungsträger übernimmt den anderen Teil. Das gilt allerdings nicht für die Betriebsrente. Dort sind Renten über 159,25 Euro monatlich voll krankenversicherungsbeitragspflichtig – ohne Arbeitgeberanteil. Im Zweifel erkundige dich bei deiner Steuerberaterin oder deiner Krankenkasse. Die können dir genau Auskunft geben. Natürlich müssen auch privat Versicherte für ihre Krankenkasse aufkommen. Hier richtet sich der Beitragssatz allerdings nach anderen Kriterien, zum Beispiel nach dem Alter und dem gewählten Tarif.

Wie viel Geld werde ich im Alter benötigen?

Geschafft, das war der erste Teil der Betrachtung! Jetzt weißt du, wie viel du im Alter bekommen wirst. Nun musst du noch wissen, wie viel Geld du später einmal brauchen wirst.

Um das herauszufinden, kannst du eine Tabelle mit deinen Ausgaben aufstellen. Keine Angst, du musst nicht jeden Cent aufführen. Schätz einfach grob die verschiedenen Ausgaben ab, die du später haben wirst.

Wenn du schon einmal ein Haushaltsbuch geführt hast, fällt dir das leichter. Vielleicht nimmst du die Planung deiner Altersvorsorge auch gleich zum Anlass, deine Ausgaben näher zu durchleuchten. So kannst du dir einen wesentlich besseren Überblick verschaffen. Eine Vorlage haben wir auf Seite 40 hinterlegt.

Bitte beachte: Deine Ausgaben verändern sich womöglich im Lauf der Zeit. Denn jetzt bist du fitter und gehst noch zur Arbeit. Das heißt allerdings nicht, dass du im Rentenalter zwangsweise mehr oder weniger ausgeben wirst. Es bedeutet, dass du dein Geld später anders ausgeben wirst. Womöglich kannst du dann weniger für Kleidung veranschlagen, weil du kein Büro-Outfit mehr brauchst. Wenn du mit einem Partner oder einer Partnerin zusammenlebst, braucht ihr im Rentenalter vielleicht nur noch ein Auto anstatt zwei. Auf der anderen Seite willst du dann vielleicht endlich deine Reiseträume verwirklichen. Dann brauchst du dafür mehr Geld. Womöglich gibst du auch mehr für Dienstleistungen aus – beispielsweise fürs Putzen, eine tatkräftige Hilfe im Garten oder kleine Botengänge. Vielleicht steigen auch deine Beauty-Ausgaben oder die Kosten für Gesundheitsvorsorge.

So könnte das Ausgabeverhalten einer sparsamen Rentnerin aussehen

Posten	Geplanter Betrag
Wohnen (inkl. Nebenkosten und Strom)	650,00 €
Öffentliche Verkehrsmittel	40,00 €
Supermarkt (Lebensmittel, Haushaltsartikel, Kosmetik)	320,00 €
Shopping (Kleidung, Deko, Geschenke …)	50,00 €
Versicherungen (Haftpflicht, Hausrat …), Vereine, Mitgliedschaften	30,00 €
Ausgehen, Kultur, Essengehen, Blumen, Grabpflege	30,00 €
Festnetztelefon, Handy, Fernsehen	30,00 €
Frisör, Kosmetikerin, Massagen, Fußpflege, Apotheke …	25,00 €
Urlaub, Verwandtenbesuche	50,00 €
Summe deiner monatlichen Ausgaben	**1225,00 €**

Vielleicht kannst du dir nicht vorstellen, dich so stark einschränken zu müssen, und planst höhere Ausgaben? Dann könnten folgende Ausgaben anfallen:

Posten	Geplanter Betrag
Wohnen (inkl. Nebenkosten + Strom)	850,00 €
Auto (inkl. Stellplatz, Werkstatt, Tanken, Versicherung, Steuern, Leasing)	350,00 €
Supermarkt (Lebensmittel, Haushaltsartikel, Kosmetik)	300,00 €
Shopping (Kleidung, Deko, Geschenke …)	150,00 €
Versicherungen (Haftpflicht, Hausrat …), Vereine, Mitgliedschaften	80,00 €
Ausgehen, Kultur, Essengehen, Blumen, Grabpflege	80,00 €
Festnetztelefon, Handy, Fernsehen, Tageszeitung	80,00 €
Frisör, Kosmetikerin, Massagen, Fußpflege, Apotheke …	100,00 €
Sonstige Dienstleister (Hilfe in Haushalt oder Garten, Tierarzt, Handwerker …)	100,00 €
Fitness-Studio	50,00 €
Urlaub, Verwandtenbesuche	400,00 €
Summe deiner monatlichen Ausgaben	**2540,00 €**

Eine solch großzügige Ausgabenplanung ist ohne Ergänzung durch Mieteinnahmen, den Zugriff auf ein Wertpapierdepot oder eine sonstige private Vorsorge vermutlich nicht zu bewerkstelligen.

Wie groß ist die Lücke?

Der Begriff »Rentenlücke« ist nicht einheitlich geklärt. Manche verstehen darunter die monatliche Summe, die im Alter fehlt, wenn du deine Rente mit deinem letzten Nettoeinkommen vergleichst. Wir verstehen darunter die Differenz zwischen dem Betrag, den du monatlich haben möchtest, und dem Betrag, den du monatlich zur Verfügung hast.

Nach unserer Definition berechnest du die monatliche Rentenlücke so:

Voraussichtliche Renten minus benötigtes Geld = persönliche Rentenlücke

Zum Spaß kannst du auch ausrechnen, auf welche Summe sich deine persönliche Rentenlücke insgesamt belaufen wird. Das geht allerdings nur ganz grob. Schließlich weißt du nicht, wie alt du wirst. Sagen wir, deine monatliche Lücke beträgt 350 Euro und du hast vor, mit 65 Jahren in Rente zu gehen. Nehmen wir weiter an, dass du eine robuste Gesundheit hast und damit rechnen kannst, womöglich 95 Jahre alt zu werden. Dann bräuchtest du 30 Jahre lang jeden Monat 350 Euro. Wie groß ist dann die Lücke?

350 Euro × 12 Monate × 30 Jahre = 126 000 Euro.

Hier ist die Inflation noch gar nicht eingerechnet, die über einen so langen Zeitraum wie 30 Jahre natürlich auch noch zum Tragen kommt. So oder so: Die »Rentenlücke« ist nur ein grober Pi-mal-Daumen-Wert, aber immerhin ein Anhaltspunkt. Auf jeden Fall musst du sie mit privater Vorsorge ausgleichen – also mit Geld, das du nicht aus der gesetzlichen oder der betrieblichen Rente beziehst. Deshalb ist es wichtig, dass du weißt, wie hoch deine persönliche Rentenlücke ist. Nur so kannst du abschätzen, wie hoch deine private Altersvorsorge sein muss, damit du die Lücke schließen kannst.

Früher in Rente?

Dazu kommt, dass du vielleicht früher in Rente gehen möchtest. Ab dem Jahr 2029, also für Geburtenjahrgänge ab 1964, liegt die Regelaltersgrenze bei 67 Jahren. Sie gilt für Männer und Frauen gleichermaßen. Es gab auch Zeiten, in denen Frauen früher in Rente gehen durften als Männer. Eigentlich unverständlich, weil

Frauen im Schnitt länger leben als Männer. Egal, bald sind 67 Jahre die Grenze für eine abschlagfreie Altersrente.

Du kannst aber auch schon eher in Rente gehen – und zwar frühestens mit 63 Jahren. Allerdings musst du dann Abschläge bei der Rentenhöhe in Kauf nehmen. Das musst du bei der Berechnung deiner Rentenlücke natürlich berücksichtigen. Wenn du vor deinem 63. Geburtstag aufhören willst zu arbeiten, kommt noch mehr auf dich zu. Denn dann musst du die Zeit mit privaten Geldmitteln überbrücken, bis du ab 63 Jahren Rente beziehen kannst.

Dein Notgroschen fürs Alter

Noch etwas ist wichtig: Wir haben bei diesen Berechnungen lediglich die vorhersehbaren Ausgaben berücksichtigt, also die Kosten für Miete, Supermarkteinkäufe, Auto und so weiter. Genauso wie es heute bei dir zu Ausgaben außer der Reihe kommen kann, ist das natürlich auch im Alter der Fall. Bei den berechneten Ausgaben ist das Einsparpotenzial begrenzt, da viele der Ausgaben fix oder einfach unvermeidbar sind. Daher brauchst du für unvorhergesehene größere Ausgaben ein Finanzpolster, auf das du zugreifen kannst. Beispielsweise wird mal eine längere Taxifahrt nötig, eine neue Waschmaschine wird fällig, dein Auto braucht eine größere Reparatur oder du möchtest deinen runden Geburtstag feiern.

Bedenke, dass im Alter auch größere Ausgaben auf dich zukommen können, die du als junge Frau vielleicht weniger auf dem Schirm hast: Ein Zahnimplantat ist zu bezahlen, du brauchst eine neue Brille oder du möchtest deinem Enkelkind den Führerschein bezahlen. Für solche Fälle ist es eine unglaubliche Beruhigung, wenn du auf ein Finanzpolster zurückgreifen kannst. Damit es im Notfall schnell zur Verfügung steht, muss dieses Polster jederzeit liquide sein.

Wie viel solltest du auf der hohen Kante haben? Natürlich möglichst viel. Aber dein Notgroschen im Alter hängt sehr von deinen finanziellen Möglichkeiten, deiner Spontaneität und deinem Konsumverhalten ab. Wie würde es sich anfühlen, wenn du pro Quartal, das du noch lebst, zusätzlich 500 Euro Polster für »Unvorhergesehenes« hättest? Rechne aus, wie hoch dann dein Notgroschen sein müsste, wenn er für 30 Jahre reichen soll:

500 Euro × 4 Quartale × 30 Jahre = 60 000 Euro

Dieser Betrag erscheint dir zu hoch? Mag sein. Aber so hast du eine Vorstellung, was du anstreben und wie viel Unvorhergesehenes du später verkraften kannst.

Und was ist mit der Inflation?

Die Inflation hat bei Berechnungen, die weit in die Zukunft reichen, einen großen Einfluss. Je nachdem, wie weit dein Rentenbeginn noch entfernt ist, nagt die Inflation mehr oder minder an deinen Ersparnissen oder bläht deine Ausgaben auf. Rechne also deine Ausgaben mit einem Inflationsrechner groß und deine Ersparnisse klein.

Das geht zum Beispiel mit diesem Rechner:

Welche Inflationsrate solltest du zugrunde legen? Hier müssen wir wieder mit Annahmen arbeiten, denn niemand kennt die künftige Inflation. Schauen wir also nach, wie es in der Vergangenheit ausgesehen hat: »Die Inflationsrate für Konsumgüter in Deutschland bewegte sich in den letzten 61 Jahren zwischen – 0,1 Prozent und 7,0 Prozent. Für das Jahr 2021 wurde eine Inflation von 3,1 Prozent errechnet. Im Beobachtungszeitraum von 1960 bis 2021 lag die durchschnittliche Inflationsrate bei 2,6 Prozent pro Jahr. Insgesamt betrug die Preissteigerung in diesem Zeitraum 381,98 Prozent«, heißt es in einem Länderdaten-Überblick.[31]

Lohnen sich Riester und Rürup heute noch?

Jetzt weißt du, wie hoch deine Rentenlücke ungefähr ist. Fragt sich nur: Wie kannst du sie schließen? Hier gibt es mehrere Möglichkeiten. Eine ist die staatliche Förderung durch die Riester- oder Rürup-Rente. Aber lohnen sich die Vorsorgemöglichkeiten wirklich, die der Staat unterstützt? Und wenn ja: Welcher Vertrag passt zu wem?

Es klingt ganz simpel: Einen Riester-Vertrag abschließen und Zulagen oder Steuervergünstigungen vom Staat kassieren. Doch wer sich mit dem Thema beschäftigt, merkt schnell: Ganz so simpel ist es nicht. Riester-Verträge sind umstritten: »Zu teuer, zu kompliziert und an zu viele Bedingungen geknüpft!«, sagen kritische Stimmen. Darüber hinaus gibt es nicht den einen Vertrag, sondern gleich fünf verschiedene Produktvarianten, die sich deutlich voneinander unterscheiden. So kannst du per Banksparplan, per klassischer- oder fondsgebundener Rentenversicherung, per Fondssparplan oder aber per Bausparvertrag von Steuervorteilen profitieren. Ob die geförderte Altersvorsorge zu dir passt und welche Variante du wählst, ist abhängig von deiner Risikoneigung und auch davon, wie du sonst in Sachen Altersvorsorge aufgestellt bist.

Warum Riester-Verträge eingeführt wurden

Mit der Rentenreform von 2001 wurde die Besteuerung der gesetzlichen Rente beschlossen. Als Ausgleich dafür wurde die staatlich geförderte Riester-Rente eingeführt. Damals dachte man, das sei der große Wurf. Aber es kam anders als gedacht: Die Zinsen begaben sich auf Talfahrt und landeten für ganz sichere Staatspapiere sogar im negativen Bereich. Deshalb ist davon auszugehen, dass die Rendite vieler Riester-Verträge nicht besser ist als ein Sparstrumpf. Zumindest prognostizierten das die Ökonomen des Deutschen Instituts für Wirtschaftsforschung (DIW).[32] Wegen der vielen negativen Stimmen gab es nach anfänglichem Run auf die Policen zuletzt mehr Kündigungen als Neuverträge. Seit 2017 ist die Anzahl der bestehenden Riester-Verträge rückläufig. Viele existieren zwar noch, werden aber nicht mehr bedient. Lohnt sich Riestern also gar nicht mehr?

Mechthild Upgang, die nicht ausschließlich, aber mehrheitlich Frauen in Sachen Finanzen berät, kann die generelle Schelte nicht verstehen. »Besser einen Spatz in der Hand als gar nichts«, urteilt die Finanzexpertin. Zwar sei mit Aktiensparplänen unter Umständen eine höhere Rendite möglich, aber, so ihre Erfahrung, hielten viele Frauen diese Form des Sparens nicht über Jahrzehnte durch – und gingen deshalb am Ende oft leer aus. Ein günstiger Riester-Vertrag, der über 30 Jahre angespart wird, sei dann vielfach die bessere Lösung.[33]

»Für Familien und gut verdienende Singles war die Riester-Rente eine sehr gute Entscheidung, aber bei den neuen Verträgen sieht es ganz anders aus. Sie müssen mit einem spitzen Bleistift rechnen. Außerdem müssen Sie den Vertrag immer bei wechselnden Lebens- und Einkommensverhältnissen neu prüfen«, empfehlen Verbraucherschützer.[34]

Was du auch im Hinterkopf behalten solltest: Die Rentenzahlungen, die du später aus deinem Riester-Vertrag erhältst, sind steuerpflichtig. Im Fachjargon spricht man hier von »nachgelagerter Besteuerung«: Vorne sind die Einzahlungen steuerfrei und der Staat fördert den Riester-Vertrag durch seine Zulagen, hinten wird besteuert.

Was ist Riestern und wie funktioniert's?

Beim Abschluss hast du die Qual der Wahl. Was bringt Wohn-Riester? Solltest du lieber auf eine klassische Riester-Rentenversicherung setzen? Bevor du dich langfristig festlegst oder gar deinen Vertrag wechselst, solltest du dir über deine Ziele im Klaren sein und die Besonderheiten der unterschiedlichen Sparformen kennen. Eins haben alle Riester-Varianten gemeinsam: Sie geben die Garantie, dass zumindest alle Einzahlungen und Zulagen zu Beginn der Rente zur Verfügung stehen. Diese Garantie ist jetzt allerdings auch das Problem. Ganz sichere Anlagen bringen kaum noch Rendite – und ohne Rendite machen selbst geförderte Kapitalanlagen keinen rechten Spaß.

Die genaue Höhe ihrer Riester-Rente erfahren Sparer oft erst kurz vor Rentenbeginn. Dabei hängt die zugesagte Rentenhöhe unter anderem von folgenden Faktoren ab:

- wie lange du eingezahlt hast
- wie hoch deine Einzahlungen waren
- welche Zulagen hinzukamen
- wie die Rendite der Kapitalanlage war
- wie hoch die Kosten des Vertrags sind

herMoney-Tipp

Erwarte nicht zu viel von einem Riester-Vertrag. Das Deutsche Institut für Wirtschaftsforschung (DIW) Berlin hat eine Riester-Studie durchgeführt, die auf Umfragedaten des Sozio-ökonomischen Panels (SOEP) von 2004 bis 2020 beruht. Demnach bezogen im Jahr 2020 rund 300 000 Personen eine Rente aus einem Riester-Vertrag. Durchschnittlich bekamen sie 83 Euro (brutto). Männer erhielten mit rund 100 Euro annähernd doppelt so hohe Riester-Renten wie Frauen (55 Euro).[35]

Bei Rentenbeginn hast du ein Wahlrecht: Du kannst dir 30 Prozent des Riester-Kapitals sofort auszahlen und nur den restlichen Betrag verrenten lassen. Da die 30 Prozent aber sofort zu versteuern sind, ist es geschickter, sie im ersten vollen Rentenjahr auszahlen lassen. Dann ist der Steuersatz wahrscheinlich niedriger.

Die verschiedenen Gattungen der Riester-Verträge haben spezifische Vor- und Nachteile. Hier kommt ein kurzer Überblick:

Versicherungspolice: die Standardlösung

Du kannst einen Riester-Vertrag als klassische Rentenversicherung wählen. Unter allen Verträgen ist diese Variante am häufigsten vertreten. Trotz mittlerweile wieder höherer Zinsen sind die Renditeaussichten allerdings gering: Viel mehr als die beim Vertragsabschluss garantierte Rente können Riester-Sparer deshalb nicht erwarten. Die Mindestverzinsung bei Neuverträgen liegt seit Anfang 2022 bei 0,25 Prozent, davor lag sie bei 0,9 Prozent. Ältere Verträge können auch einen höheren garantierten Zins haben. Sind die Zinsen sehr mager, musst du schon sehr alt werden und viele Jahre Rentenzahlungen kassieren, damit sich die Kosten des Vertragsabschlusses lohnen.

Höhere Gewinne sind mit fondsgebundenen Rentenversicherungen möglich. Sie eignen sich in erster Linie für jüngere Anlegerinnen, die Aktienmarktrisiken durch einen langen Anlagehorizont reduzieren können. Eine Mindestverzinsung gibt es bei dieser Produktvariante allerdings nicht.

Bei beiden Versicherungslösungen solltest du ein Augenmerk auf die Kosten legen. Sie variieren von Anbieter zu Anbieter enorm – und hohe Kosten reduzieren deine Rendite. Daher ist ein Vergleich so wichtig. Einen Überblick geben Vergleichsportale oder auch die Zeitschrift *Finanztest* der Stiftung Warentest.

Bedauerlich ist: Die niedrigen Zinsen haben dazu geführt, dass die Versicherer Schwierigkeiten haben, die Garantie zu erfüllen. Weitere regulatorische Anforderungen wie die Erstellung von Produktinformationsblättern machen es den Versicherungen auch nicht gerade leichter. Daher haben viele Häuser ihr Riester-Neugeschäft eingestellt. Die bereits laufenden Riester-Verträge verwalten sie natürlich auch weiterhin.

Banksparplan: Flexibel, aber kaum Rendite

Noch sicherheitsorientierter als klassische Rentenversicherungen sind Banksparpläne. Die funktionieren ähnlich wie Sparkonten: Du zahlst regelmäßig Geld ein, das verzinst wird. Die Verzinsung dieser einfach strukturierten Produkte orientiert sich am aktuellen Zinsniveau. Mit dem steigenden Zinsniveau gibt es mittlerweile auch wieder ein paar Prozent Rendite.

Der Vorteil von Banksparplänen: Sie sind sehr flexibel. Wer frühzeitig ans Geld muss, macht auch bei vorzeitiger Auflösung des Riester-Vertrags keine Verluste, weil es bei Banksparplänen keine Abschlussgebühren gibt. Nur die Zulagen und Steuerersparnisse müssen – wie bei vorzeitiger Auflösung aller Riester-Verträge – zurückgezahlt werden. Nach Einschätzung des Verbraucherschutzes sind Banksparlösungen vor allem für ältere Riester-Sparer mit hohem Sicherheitsbedürfnis eine überlegenswerte Alternative. Allerdings bieten heute kaum Sparkassen und Genossenschaftsbanken Riester-Banksparpläne an. Viele führen nur noch die laufenden Verträge fort.

Fondssparplan: Renditeorientierte Variante im Würgegriff

Wenn du per Fondssparplan riesterst, kannst du höhere Renditen erzielen. Solche Sparpläne werden vor allem von großen deutschen Investmentgesellschaften wie Union, DWS und Deka angeboten. Anders als bei Fondssparplänen ohne Riester sind die eingezahlten Beiträge und Zulagen garantiert. Das hat jedoch einen Preis: Um die Garantie zu gewähren, bist du nicht zu 100 Prozent in Aktien investiert. Daher kannst du nur zu einem gewissen Teil von den Chancen des Aktienmarkts profitieren.

Im Wesentlichen kannst du zwischen zwei Riester-Fondstypen wählen: Beim sogenannten Lebenszyklusmodell werden zunächst vor allem Aktienanlagen gekauft, mit zunehmendem Alter geht der Trend dann zu sicheren Rentenfonds. Bei dynamischen Modellen dagegen passen die Anbieter den Aktien- und Rentenanteil flexibel an – je nachdem, was angesichts der Entwicklung an den Märkten die höchsten Renditen verspricht.

Doch die Marktentwicklung macht auch dieser Riester-Variante zu schaffen: Die lange Zeit niedrigen Zinsen auf der einen Seite und die Garantie-Pflicht auf der anderen Seite wirken so, als würde man die Vermögensverwaltungen in den Schwitzkasten nehmen. Daher stellen viele den Verkauf neuer Riester-Verträge ein und führen nur noch die bestehenden Verträge wie vereinbart weiter.

Was bringt Wohn-Riester?

Staatliche Zulagen per Riester kannst du auch für die Finanzierung der eigenen vier Wände nutzen. Nach der Abschaffung der Eigenheimzulage 2006 gab es für den Immobilienerwerb zunächst keine staatlichen Förderungen mehr. Deshalb wurde 2008 die sogenannte Eigenheimrente eingeführt, auch »Wohn-Riester« genannt.

Du kannst beim Wohn-Riester entweder ein Riester-Darlehen mit laufenden Beiträgen tilgen oder bereits angespartes Guthaben aus einem Riester-Vertrag entnehmen.

Anders als bei den anderen Riester-Produkten kannst du beim Riester-Darlehen Sparraten und Zulagen direkt in die Finanzierung einer selbst genutzten Immobilie fließen lassen – als Eigenkapital beziehungsweise für die Tilgung eines Immobilienkredits. Als Wohn-Riester beworbene Verträge gibt es von Banken und Bausparkassen. Ein Bausparvertrag verspricht zwar kaum Zinsen. Allerdings bietet er den Vorteil, dass du dir damit die Zinsen für einen zukünftigen Immobilienerwerb sichern kannst. In der aktuellen Marktphase, in der die Bauzinsen gestiegen sind, könnte das ein Vorteil sein, wenn du den Kauf einer Immobilie erst in ein paar Jahren planst.

Aber Vorsicht: Bevor du Wohn-Riester für deine Immobilie nutzt, solltest du auch die Nachteile kennen. Denn du musst die Voraussetzungen für die Riester-Förderung auch langfristig erfüllen und nach Rentenbeginn Steuern auf das Kapital für die Immobilie bezahlen. Daher rät Annika Peters, Geschäftsführerin der FrauenFinanzBeratung Barbara Rojahn & Kolleginnen AG & Co. KG von Wohn-Riester-Verträgen ab. »Zu unflexibel«, meint sie.

Riester-Checkliste

Hast du Anspruch auf Förderung?

Bist du rentenversicherungspflichtig beschäftigt oder verbeamtet? Dann profitierst du per Riester-Vertrag von Zulagen vom Staat und Steuervergünstigungen. Auch Partner von Anspruchsberechtigten, Auszubildende und Arbeitslose können riestern. Wenn du unter 25 bist, erhältst du einmalig 200 Euro als Berufseinsteigerbonus, darauf weisen die

Verbraucherzentralen hin. Um die vollen Zulagen zu erhalten, musst du 4 Prozent deines sozialversicherungspflichtigen Jahreseinkommens (maximal 2100 Euro inklusive Zulagen) ansparen.

Hast du Kinder unter 25?

Vorsorge per Riester-Vertrag wird vom Staat gefördert – mit Zulagen von jährlich 175 Euro. Das ist die Grundzulage. Besonders stark profitierst du, wenn du Kinder hast: Pro Kind gibt es pro Jahr noch einmal 185 Euro obendrauf. Für Kinder, die ab dem 1. Januar 2008 geboren sind, bekommst du sogar 300 Euro pro Jahr.

Sparst du per Aktiensparplan fürs Alter – und das konsequent?

Mit Riester-Produkten sind keine hohen Renditen zu erwarten. Schuld daran sind die Beitragsgarantie und die relativ hohen Verwaltungskosten vieler Riester-Produkte. Auf lange Sicht könntest du mit einem (ungeförderten) ETF- oder Fondssparplan wahrscheinlich höhere Renditen erzielen. Aber hältst du dein Sparvorhaben auch in schwachen Börsenphasen durch? Kannst du der Verlockung widerstehen, deine mühsam angesparte Altersvorsorge für einen schönen Urlaub oder etwas anderes zu opfern? Oder neigst du dazu, bei Kursverlusten in Panik zu verkaufen? Wenn ja, könnte ein Riester-Vertrag auf lange Sicht eventuell besser sein – auch wenn die Rendite-Aussichten nicht so toll sind. Einfach nur, weil dich der Riester-Vertrag diszipliniert, dabei zu bleiben. Vor vorzeitiger Entnahme sind nämlich die Zulagen zurückzuzahlen.

Gehörst du zu den Gutverdienern, etwa als Single ohne Kinder?

Wenn du 40 000 Euro oder mehr im Jahr verdienst, könnte sich ein Riester-Vertrag aufgrund der Steuerersparnis rechnen. Bis zu 2100 Euro im Jahr kannst du steuerlich ansetzen. Allerdings wird der Satz um die Zulagen reduziert. Vor allem kinderlose Singles können von der Steuergutschrift profitieren. Wie stark genau, hängt vom persönlichen Steuersatz ab.

Das Finanzamt muss prüfen, ob sich für dich die Steuerersparnis über den Sonderausgabenabzug oder die staatlichen Zulagen besser rechnet

(Stichwort: »Günstigerprüfung«). Wenn der Steuervorteil höher ist, wirkt sich das natürlich steuerermäßigend aus.

Bist du Geringverdienerin in Teilzeit?

Geringverdienerinnen (zum Beispiel Mini- oder Teilzeit-Jobberinnen) müssen monatlich den Mindestbeitrag von fünf Euro zahlen, um die vollen Zulagen zu erhalten. Klingt gut. Aber auf diese Weise kommen natürlich auch nur Mini-Beträge zusammen, die später die Rente lediglich geringfügig erhöhen. Aber immerhin ist die Förderquote auf diese Weise hoch: Du zahlst nur 60 Euro im Jahr ein – und der Staat gibt 175 Euro Grundzulage und für jedes Kind 185 beziehungsweise 300 Euro dazu. Rechne in einem solchen Fall nicht mit mehr als 35 Euro monatlicher Riester-Rente.

Seit 2018 gilt: Wenn du »Grundsicherung im Alter« beziehst, bleiben 100 Euro deiner privaten Altersvorsorge anrechnungsfrei. Das heißt, sie werden nicht von der Grundsicherung abgezogen und du hast keine Einbußen. Von jedem Euro, der über die 100 Euro hinausgeht, sind 30 Prozent anrechnungsfrei.

Bist du Hausfrau?

Auch als Hausfrau ohne eigenes Einkommen kannst du für 5 Euro im Monat einen eigenen Riester-Vertrag abschließen, der dir die vollen Zulagen sichert. Du zahlst also 60 Euro im Jahr ein und bekommst 175 Euro vom Staat dazu. Voraussetzung: Dein Ehepartner ist anspruchsberechtigt und hat einen Riester-Vertrag. Hier gilt allerdings dasselbe wie bei Geringverdienern in Teilzeit: Die Summe an sich ist klein, aber du hast eine hohe Förderquote!

Du bist in Elternzeit?

In der Elternzeit und im Mutterschutz bleibt die Versicherungspflicht bestehen – dir werden für die gesetzliche Rente Kindererziehungszeiten gutgeschrieben und auch der Anspruch auf Riester-Förderung erlischt nicht. Für maximal drei Jahre pro Kind erhältst du Zulagen vom Staat für dich und deinen Nachwuchs. Nämlich 175 Euro für dich und 300 Euro pro Kind, wenn es nach 2008 geboren wurde. Dafür musst du einen Eigenanteil von mindestens 60 Euro im Jahr leisten.

herMoney-Tipp

Aktuell müssen wir abwarten, ob die Regierung die Riester-Förderung überarbeitet und vielleicht die Beitragsgarantie abschafft. In der Zwischenzeit prüfe, ob Riester für dich passen könnte. Riester ist zwar nicht die renditestärkste Vorsorgevariante, aber die Verträge können sich aufgrund der prozentual hohen Förderung lohnen. Das gilt insbesondere, wenn du eher wenig verdienst und Kinder hast. Hier könnte sich eine gute Beratung besonders lohnen. Und noch etwas: Die Riester-Rente fällt meist nicht allzu üppig aus. Deshalb solltest du nicht nur riestern, sondern daneben auch noch eine ungeförderte Vorsorge treffen.

Mehr über Riester erfährst du auch in unserem Podcast mit der Finanzplanerin Annika Peters:

Rürup-Verträge für Selbstständige

Die vom Staat geförderte Basis-Rente, auch als Rürup-Rente bekannt, ist genau wie die Riester-Rente eine der staatlich geförderten Vorsorgevarianten. Sie ist in der Tat ein »Bund fürs Leben«. Denn einen Rürup-Vertrag kannst du nicht kündigen (allenfalls beitragsfrei stellen). Umso mehr solltest du dich vor einem Abschluss mit den Vor- und Nachteilen beschäftigen.

Die Rürup-Rente wendet sich in erster Linie an Selbstständige, die eine Eigenvorsorge für ihren Ruhestand treffen müssen, weil sie nicht gesetzlich rentenversichert sind. Aber auch alle anderen können eine Rürup-Rente abschließen. Angestellte haben allerdings oft ihre steuerlich abzugsfähigen Vorsorgebeträge zu großen Teilen ausgeschöpft, weil sie automatisch in die gesetzliche Rentenversicherung einzahlen und es hier Höchstbeträge gibt. Aber ein bisschen Freibetrag für Rürup bleibt oft trotzdem übrig.

Wenn du selbstständig bist, hast du vielleicht schon die Erfahrung gemacht, dass Bankangestellte beim Thema »Riester« den Kopf schütteln. Der Hintergrund: Riester-Verträge funktionieren eher nicht für Selbstständige, denn sie haben in der Regel keinen Anspruch auf die staatlichen Zuschüsse – also auf die Kinder- und die Grundzulage. Doch genau die sind es ja, die das Riestern erst interessant machen. Die Rendite, das haben wir ja schon gesehen, ist es bei Riester-Verträgen eher nicht.

Für die meisten Selbstständigen macht es also Sinn, sich die Rürup-Rente anzuschauen und zu prüfen, ob sie zu ihnen passt. Dabei handelt es sich um eine private Altersvorsorge mit staatlicher Förderung. Wenn du zu den Gutverdienerinnen gehörst, wirst du vermutlich schon das eine oder andere Eisen im Feuer haben, was Vermögensbildung angeht. Zum Beispiel Immobilien, Aktien, ETFs oder eine klassische private Rentenversicherung. Insofern dürfte für dich der Abschluss eines Rürup-Vertrags besonders vor dem Hintergrund interessant sein, Steuern zu sparen. Die Beiträge in einen Rürup-Vertrag kannst du nämlich steuerlich als Altersvorsorgeaufwendungen absetzen.

Dabei gelten 2023 folgende Höchstbeträge:

- 26 528 Euro für Singles, die alleine veranlagt werden
- 53 056 Euro für Ehegatten und eingetragene Lebenspartner und Lebenspartnerinnen, die gemeinsam veranlagt werden

Seit dem Jahr 2023 können die vollen Beiträge (100 Prozent) in der Steuerklärung geltend gemacht werden.

Die Deutsche Rentenversicherung weist darauf hin, dass Rürup-Verträge nicht beleihbar, veräußerbar oder übertragbar sind. »Sie werden frühestens ab Vollendung des 60. Lebensjahrs in monatlichen Raten ausgezahlt. Die Auszahlungen sind entsprechend der Stufenregelung für den Einstieg in die nachgelagerte Besteuerung steuerpflichtig. Rürup-Renten sind nicht von Bürgergeld betroffen. Die Ansparungen gelten im Fall von Arbeitslosigkeit nicht als verwertbares Vermögen«, schreibt die Deutsche Rentenversicherung.[36] Allerdings gilt das 60. Lebensjahr nur für Verträge, die vor 2013 abgeschlossen wurden. Inzwischen wurde der früheste Beginn auf das 62. Lebensjahr angehoben.

herMoney-Tipp

Wenn du Interesse an einem Rürup-Vertrag hast, könntest du einen Termin mit deiner Steuerberaterin und einer Vorsorgeexpertin vereinbaren. Das ist in diesem Fall besonders wertvoll, weil es sich hier um ein sehr steuergetriebenes Produkt handelt.

Der richtige Einstiegszeitpunkt ist ebenfalls individuell mit deiner Steuerberaterin zu klären. Viele Versicherer meinen: Rürup-Verträge sollte man möglichst früh abschließen, weil dann die Beiträge noch gering sind. Andere sagen: Lieber noch warten, da gerade junge Menschen oft nicht abschätzen können, wo es im Leben noch so hingeht. Wieder andere raten: Einmaleinzahlung leisten und Füße hochlegen. Manche sind auch der Meinung, dass sich die Rürup-Rente nur lohnt, wenn man lange lebt und entsprechend lange Rente bezieht.

Auf jeden Fall will der Abschluss eines Rürup-Vertrags gut überlegt sein. Wie bereits erwähnt, kannst du ihn nicht kündigen, sondern allenfalls beitragsfrei stellen. Dann hast du aber womöglich Abschlusskosten auf eine höhere Versicherungssumme gezahlt, als du tatsächlich einzahlst.

Für Selbstständige kann ein Rürup-Vertrag dennoch eine gute Lösung sein. Denn hier kannst du auch einmalige Zuzahlungen leisten.

 **Expertinnenrat**

»Rürup lohnt sich vor allem in den Jahren, in denen dein Business besonders gut läuft. In schlechteren Jahren kannst du die Beiträge niedrig halten und den Vertrag an deine Umsätze anpassen.«

Annika Peters, Geschäftsführerin der FrauenFinanzBeratung Barbara Rojahn & Kolleginnen AG & Co. KG

Welche Strategie ist richtig für dich – klassisch oder fondsgebunden?

Rürup-Sparen funktioniert entweder mit einer fondsgebundenen Rentenversicherung oder mit der klassischen Variante mit Garantiezins. Wenn du zu den sicherheitsorientierten Sparerinnen zählst, wirst du dich mit der klassischen Variante vielleicht wohler fühlen. Hier hast du eine Garantieverzinsung und weißt ab Vertragsabschluss, wie hoch deine private Rente im Ruhestand ausfallen wird. Traurige Wahrheit ist dann leider auch, dass die Mindestverzinsung bei Neuverträgen seit Anfang 2022 bei mickrigen 0,25 Prozent liegt. Davor lag sie bei 0,9 Prozent, was auch nicht grandios ist. Zusätzlich zur Garantieverzinsung gibt

es eventuell später ein kleines oder großes Plus durch die Überschussbeteiligung. Aber die ist nicht garantiert und hängt davon ab, wie das Zinsumfeld aussieht und wie gut die Versicherung gewirtschaftet hat.

Wer renditeorientiert investieren möchte, könnte eine fondsgebundene Police (ohne Garantie) oder ein Mittelding aus beiden wählen – eine »Hybrid-Police«. Viele dieser Tarife funktionieren nicht nur auf Fondsbasis (also ohne Garantie), sondern beinhalten eine bestimmte Kapital- oder Beitragsgarantie. Das heißt: Du erhältst bei Rentenbeginn mindestens das vereinbarte Kapital in Form einer lebenslangen Rente. Je nach Wirtschaftslage und Anlagestrategie des Versicherers bekommst du auch mehr. Bei fondsgebundenen Policen kannst du bei modernen Verträgen auch kostengünstige ETFs für die Anlage wählen. So wird der Rürup-Vertrag besonders renditeorientiert.

Die Rürup-Rente ist nur bedingt vererbbar. »Gemäß den gesetzlichen Bestimmungen ist eine Todesfallleistung nur in Form einer lebenslangen Rente an den Ehegatten oder den eingetragenen Lebenspartner beziehungsweise als Waisenrente an kindergeldberechtigte Kinder möglich. Um die Rente zu erhöhen, kann auf die Todesfallleistung verzichtet werden«, erklärt Annika Peters.

Damit das einbezahlte Kapital im Todesfall nicht verfällt, kannst du allerdings einige Extras – beispielsweise einen Hinterbliebenenschutz – in deinen Vertrag einbauen. Solche Extras kosten allerdings auch extra. Jede Versicherung bietet unterschiedliche Produkte, Tarife und Zusätze an. Für einen Laien ist das nur schwer zu durchschauen. Wenn du eine leistungsstarke Police möchtest, die dir wie auf den Leib geschneidert passt, könntest du dich beraten zu lassen.

Folgende Punkte sind beim Abschluss eines Rürup-Vertrags auf alle Fälle zu klären:

- Konditionen
- Beitragsgarantie
- flexible Beiträge
- Einmalzahlungen
- Möglichkeit eines Anbieterwechsels
- Anlage der Beiträge

In der folgenden Tabelle sind noch einmal die Vor- und Nachteile der Rürup-Rente übersichtlich zusammengefasst:

Vorteile der Rürup-Rente	Nachteile der Rürup-Rente
Gutverdiener können Steuern sparen. Du profitierst sofort von den jährlichen Steuervorteilen.	Bei einer fondsgebundenen Police ohne Kapitalgarantie sind auch Verluste möglich.
Aktuell sind 100 % der Vorsorgeaufwendungen steuerlich absetzbar.	Bis du irgendwann von dem Produkt nicht mehr überzeugt, kannst du den Vertrag nicht kündigen. Eine mögliche Alternative ist nur, ihn beitragsfrei zu stellen.
Du bestimmst, wie viel du monatlich einzahlen kannst und möchtest. Darüber hinaus kannst du – je nach Tarif – auch größere Einmalzahlungen leisten.	Ab 2040 musst du deine Rürup-Rente in der Rentenphase versteuern.
Dein angespartes Kapital ist pfändungssicher. Außerdem wird es weder bei einer Privatinsolvenz noch beim Bürgergeld-Antrag angerechnet.	Es ist keine einmalige Auszahlung der angesparten Beiträge möglich. Dein Kapital wird nur als Rente ausbezahlt.
Die Rente ist kapitalgedeckt: Sie setzt sich aus den Sparraten und der Rendite zusammen (kein Umlageverfahren).	Du kannst deine Rürup-Versicherung nicht vererben, verkaufen oder verschenken. Die Absicherung deiner Lieben ist nur mit Zusätzen in der Police möglich. Allerdings sind diese Zusätze mit Extrakosten verbunden.

Vorteile der Rürup-Rente	Nachteile der Rürup-Rente
Wertsteigerungen in der Ansparphase unterliegen nicht der Abgeltungssteuer, sondern sie arbeiten für dich.	Unter bestimmten Voraussetzungen wird die Rürup-Rente auf die Witwenrente angerechnet und schmälert sie.

Ob du am Ende aus deinem Rürup-Vertrag mehr oder weniger erhältst, als du eingezahlt hast, hängt davon ab, wie lange du lebst. Wie jede Rentenversicherung ist also auch ein Rürup-Vertrag eine Wette auf ein langes Leben. Je nach Blickwinkel könnte man auch sagen: Ein Rürup-Vertrag sichert das Risiko ab, dass du lange lebst und über viele Jahre Rente beziehen musst.

Weitere Informationen über die Rürup-Rente findest du auch im Podcast:

Es lohnt sich, vor Abschluss einer Rürup-Rente auch alternative Vorsorgemaßnahmen wie Fondssparpläne zu prüfen. Wenn du ein eigenes Haus hast und schon älter bist, ist womöglich auch die Verrentung deines Hauses eine Idee.

Vermögenswirksame Leistungen

Geld zur Seite legen und gleichzeitig staatliche Förderungen kassieren kannst du auch mit vermögenswirksamen Leistungen. Durch das Fünfte Vermögensbildungsgesetz kann dir deine Chefin oder dein Chef maximal 40 Euro im Monat zahlen. Deine Firma legt die vermögenswirksamen Leistungen für dich an, wobei du aus den staatlich geförderten Anlagen frei wählen darfst.

Dazu gehören:

- Bausparverträge
- Lebensversicherungen
- Investmentfonds
- Darlehenstilgung bei selbst genutzter Immobilie
- Banksparpläne (nicht durch Arbeitgebersparzulage gefördert)
- Geschäftsguthaben an eingetragenen Genossenschaften (eG)

Vermögenswirksame Leistungen sind steuer- und sozialabgabenpflichtiges Arbeitsentgelt und werden meistens aufgrund eines Tarif- oder Arbeitsvertrags zusätzlich zum Gehalt gezahlt. Leider ist die Verdienstgrenze für die staatliche Arbeitnehmersparzulage sehr gering angesetzt. Dennoch lohnt sich der Abschluss eines VWL-Vertrags auch für Arbeitnehmerinnen, die über dieser Grenze liegen. Das ist dann der Fall, wenn vermögenswirksame Leistungen zusätzlich zum Arbeitslohn gezahlt werden.

Anlagen in Aktienfonds und Bausparen werden bis zu insgesamt 870 Euro pro Jahr staatlich gefördert. Dabei kannst du bis zu 470 Euro jährlich für das Bausparen und bis zu 400 Euro für die Anlage in Aktienfonds fördern lassen. Die Sparzulage für Aktienfonds beträgt dabei 20 Prozent und für Bausparen 9 Prozent. Sie wird allen Arbeitnehmern und Arbeitnehmerinnen gewährt, die im Jahr weniger als 20 000 Euro versteuern (zusammen veranlagte

Ehepaare und eingetragene Lebenspartner oder Lebenspartnerinnen: 40 000 Euro). Bei Anlagen für wohnungswirtschaftliche Zwecke gelten niedrigere Einkommensgrenzen (17 900 Euro bzw. 35 800 Euro). Die Zulage wird bei Ablauf der für die jeweilige Anlageform vorgeschriebenen Sperrfrist beziehungsweise bei Zuteilung des Bausparvertrags ausbezahlt.

Arbeitnehmersparzulage und Wohnungsbauprämie (alleinstehende Arbeitnehmerinnen)

Sparform	Maximaler Förderbetrag pro Jahr	Maximaler Zuschuss pro Jahr	Höchsteinkommensgrenze für die Förderung (brutto)
Bausparvertrag	470,00 Euro	43,00 Euro (9 Prozent Sparzulage)	17 900 Euro
Aktienfonds	400,00 Euro	80,00 Euro (20 Prozent Sparzulage)	20 000 Euro
	870,00 Euro	123,00 Euro	

Viele Banken bieten Kombinationsmodelle an, mit denen die staatlichen Prämien für Bausparen, Wohnungsbauprämien und Aktienfonds sowie für die Riester-Rente voll genutzt werden können.

herMoney-Tipp

Falls deine Chefin oder dein Chef nicht die vollen vermögenswirksamen Leistungen bezahlt, kannst du den Betrag durch Eigenleistungen aus deinem Gehalt aufstocken. Die Prämie erhältst du auch auf von dir selbst finanzierte Einzahlungen. Die Überweisung muss allerdings unmittelbar durch deine Firma erfolgen, die den Betrag aus deinem Gehalt umwandelt.

Du bist Beamtin, Richterin oder Berufssoldatin? Die Prämie können alle Arbeitnehmer und Arbeitnehmerinnen erhalten!

Voraussetzungen bei Aktienfonds:

- Mindestens eine Zahlung jährlich über sechs Jahre
- Danach muss die Anlage noch mindestens ein Jahr liegen bleiben.
- Anlage in Aktien- oder Dachfonds, die zu mindestens 60 Prozent in in- oder ausländische Aktien investiert sind
- Depotführung in Deutschland, allerding werden auch Anlagen in ausländische Fonds gefördert
- Das zu versteuernde Jahreseinkommen liegt bei Ledigen unter 20 000 Euro und bei zusammen veranlagten Ehegatten unter 40 000 Euro.

In einen VWL-Vertrag musst du sechs Jahre lang einzahlen. Nach einem weiteren Jahr Wartefrist kannst du dann über den angesparten Betrag verfügen. Die Sperrfrist beginnt mit dem 1. Januar des Jahres, in dem du den Sparplan abgeschlossen hast. Die Sparzulage musst du leider jährlich mit der Steuererklärung beantragen. Sie wird allerdings erst nach Ablauf der siebenjährigen Laufzeit auf dein VL-Konto ausgezahlt. Die Sparzulage selbst ist steuer- und sozialversicherungsfrei. Dahingegen gelten die vermögenswirksamen Leistungen als steuer- und sozialabgabenpflichtiges Arbeitsentgelt.

Wenn du deinen Sparvertrag vor der siebenjährigen Festlegungsfrist auflöst, muss die Fondsgesellschaft dein Finanzamt benachrichtigen, weil die staatliche Förderung dann entfällt. Es gibt nur wenige Ausnahmefälle, in denen du die vermögenswirksamen Leistungen ohne Verlust der staatlichen Prämien auflösen kannst. Dazu zählen beispielsweise längere Arbeitslosigkeit und Erwerbsunfähigkeit. Da hast keine Nachteile, wenn du deinen Sparvertrag stilllegst, also keine weiteren Zahlungen mehr vornimmst.

Du könntest zwar theoretisch in fast jeden Aktienfonds anlegen. Allerdings bieten die Fondsgesellschaften jeweils nur einen oder wenige Fonds an, die mit vermögenswirksamen Leistungen bespart werden können. Hier akzeptieren sie auch monatliche Zahlungen unter 50 Euro und stellen spezielle »VWL-Zeichnungsanträge« zur Verfügung.

Geldgeschenke des Chefs: Betriebliche Altersvorsorge

Neben Riester und Rürup gibt es eine weitere Form der Altersvorsorge, die gefördert wird. Zwar nicht durch den Staat, aber durch Unternehmen. Vielleicht hast du schon mal von der »betrieblichen Altersvorsorge« (bAV) gehört. Womöglich hat deine Firma bereits Informationsveranstaltungen dazu abgehalten, aber du hast dir gedacht: »Mein Schreibtisch quillt über, darum kann ich mich jetzt nicht auch noch kümmern!« In diesem Fall hast du jetzt die Gelegenheit, Versäumtes nachzuholen. Denn die bAV kann sich wirklich lohnen!

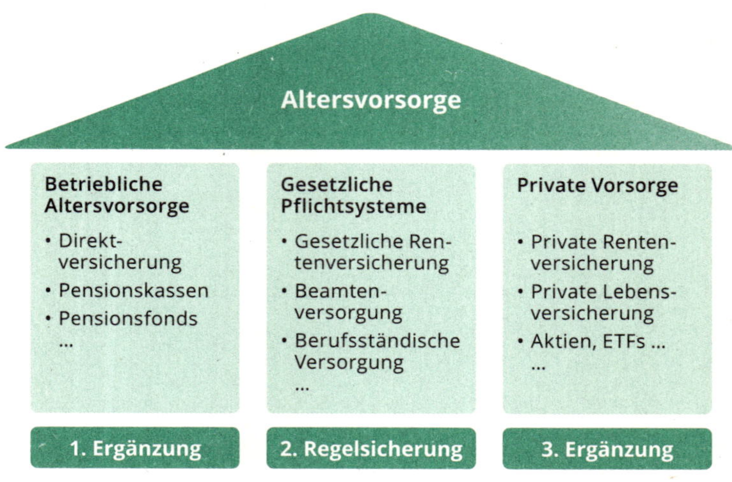

Drei Säulen der Altersvorsorge

Fangen wir mit den Basics an: Sicher weißt du, dass sich dein Chef oder deine Chefin zur Hälfte an den Einzahlungen in deine staatliche Rentenversicherung beteiligt (das ist die erste Säule der Altersvorsorge). Im Regelfall greift dir deine Firma jedoch auch mit einer betrieblichen Altersvorsorge unter die Arme. Dabei handelt es sich um die zweite Säule der Altersvorsorge. Die dritte Säule ist dann die private Vorsorge (darüber erfährst du mehr ab Seite 148).

Umfragen zufolge haben etwa 60 Prozent der Beschäftigten in Deutschland eine bAV. Der Staat möchte diesen Anteil erhöhen, damit die Menschen später nicht wegen zu niedriger Altersrenten in die Sozialsysteme fallen. Das letzte große Gesetzespaket, das unter diesem Vorzeichen verabschiedet wurde, ist das Betriebsrentenstärkungsgesetz (BRSG) von 2018. Damit sollten insbesondere Menschen mit geringem Einkommen gefördert werden. Das kommt insbesondere Frauen zugute, weil ihr Anteil an den Geringverdienern aufgrund der hohen Teilzeitquote relativ groß ist. Aber auch für Normal- und Besserverdiener wurde die Vorsorge über den Arbeitgeber attraktiver – zum Beispiel durch höhere Freibeträge und eine stärkere Beteiligung der Firmen an den Einzahlungen. Tatsächlich brachte das BRSG viele Vorteile und Fördermöglichkeiten für die bAV, sodass das Thema bei vielen Unternehmen und Mitarbeitern wieder stärker in den Fokus gerückt ist.

Wie funktioniert die Finanzierung der bAV?

Es gibt zwei Möglichkeiten, wie die Beiträge für deine bAV finanziert werden: Dein Brötchengeber übernimmt die Beiträge für deinen Vertrag komplett oder du als Arbeitnehmerin finanzierst einen Teil der Einzahlungen aus deinem Bruttolohn. Hier spricht man von der sogenannten »Entgeltumwandlung«. Dafür spendiert dir dein Chef oder deine Chefin einen Zuschuss. Sie sind dazu sogar verpflichtet.

Wie es bei dir läuft, hängt entweder vom Tarifvertrag ab, dem deine Firma unterliegt, oder von deinem Verhandlungsgeschick. Ein generelles Recht auf Gehaltsumwandlung haben mittlerweile aber alle Angestellten in Deutschland. Dazu gibt es allerhand Regeln, die hier erläutert werden.

Bei der Entgeltumwandlung kannst du einen Teil deines Bruttogehalts in eine von dir gewünschte Form der bAV einzahlen. Das Ausland schaut staunend auf Deutschland, weil bei uns die bAV unglaublich facettenreich ist. Die bekanntesten Formen sind Direktversicherung, Pensionskasse und Pensionsfonds:

- Direktversicherung: Sie wird bei einem Lebensversicherungsunternehmen abgeschlossen. Dabei gibt es verschiedenen Spielarten. Die klassische kapitalbildende Lebensversicherung, die Rentenversicherung sowie fondsgebundene Varianten aus beiden. Versicherungsnehmerin (also Kundin der Versicherung) ist die Firma. Du als Arbeitnehmerin bist die Begünstigte. Bietet deine Chefin oder dein Chef keine eigenen Konzepte für eine Betriebsrente an, kannst du auf den Abschluss einer Direktversicherung zur Entgeltumwandlung bestehen. Ansonsten kann die Arbeitgeberseite über die Auswahl des Durchführungswegs entscheiden. Du kannst nur zugreifen oder ablehnen.

- Pensionskasse: Im Unterschied zur Direktversicherung handelt es sich bei der Pensionskasse nicht um einen bAV-Vertrag bei einem marktüblichen Versicherungsunternehmen. Vielmehr ist die Pensionskasse ein spezialisiertes Lebensversicherungsunternehmen, das ausschließlich bAV-Verträge anbietet. Manche gehören zu einem Großunternehmen und stehen nur dessen Mitarbeitenden offen, andere sind überbetrieblich.

- Pensionsfonds: Der Fonds ist ebenso wie die Pensionskasse ein eigenständiger Anbieter. Häufig gründen Unternehmen so einen Fonds extra, um ihren Mitarbeiterinnen und Mitarbeitern eine bAV zu ermöglichen. Allerdings darf der Fonds das Vorsorgevermögen freier anlegen als eine Pensionskasse, die strengen aufsichtsrechtlichen Regeln unterliegt. Insbesondere investieren Pensionsfonds stärker in Aktien und haben dadurch Chancen auf eine höhere Rendite.

Wenn deine Firma keine eigenen Versorgungen anbietet und auch keine Rahmenverträge mit einer speziellen Versorgungseinrichtung geschlossen hat, muss sie eine Direktversicherung akzeptieren. Der Vorteil in der Einzahlungsphase liegt für dich darin, dass du auf die eingezahlten Beiträge weder Steuern noch Sozialabgaben zahlen musst. Die Entgeltumwandlung macht seit Jahren den Löwenanteil im bAV-Neugeschäft aus. Die Verbesserung, die das BRSG hier gebracht hat: Bis 2018 mussten die Firmen nichts beisteuern. Durch das BRSG müssen sie seit 2019 im Rahmen der Entgeltumwandlung einen Teil der eingesparten Sozialabgaben dazuzahlen. Das gilt zumindest für neu abgeschlossene Verträge. Für noch laufende Altverträge gibt es den Arbeitgeberzuschuss seit 2022.

Der Hintergrund ist, dass nicht nur du die Beiträge zur Sozialversicherung sparst, sondern auch deine Chefin oder dein Chef. Früher konnten die Firmen die Beträge, die sie aufgrund der Einzahlungen eingespart hatten, einfach einstecken. Im Grunde wurde das unausgesprochen als Kompensation für ihren Verwaltungsaufwand betrachtet. Das hat sich mit dem BRSG geändert. Seit 2019 muss deine Firma 15 Prozent des Betrags dazu schießen, den du aus eigener Tasche für deine bAV vom Gehalt abzweigst. Allerdings gilt das nur, soweit das Unternehmen durch die Umwandlung Sozialversicherungsbeiträge spart.

Beispielrechnung: Zusatzrente per Direktversicherung

Zwackst du monatlich 200 Euro von deinem Bruttolohn für eine Direktversicherung ab, sind das im Jahr 2400 Euro. Dann muss dein Brötchengeber mindestens 360 Euro (15 Prozent) drauflegen – natürlich darf es freiwillig auch mehr sein. Aus wenig netto kannst du dir also eine stattliche Zusatzrente aufbauen.

Bei Rentenauszahlung fallen Steuern und Sozialabgaben an

»Es gibt ja wohl nichts umsonst«, denkst du jetzt vielleicht. Das ist richtig! Zum einen schmälern die gesparten Rentenversicherungsbeiträge deine spätere gesetzliche Rente. Denn durch die Entgeltumwandlung zahlst du weniger in die Deutsche Rentenversicherung ein. Weil du gleichzeitig auch weniger an die sonstigen gesetzlichen Sozialversicherungen abgibst, minderst du damit auch deine Ansprüche auf Arbeitslosen-, Kranken- und Elterngeld sowie eine etwaige Erwerbsminderungsrente. Später musst du die Betriebsrente außerdem voll versteuern und darauf Beiträge zur Kranken- und Pflegeversicherung abführen.

Dem Gesetzgeber ist es noch nicht gelungen, die »Doppelverbeitragung« (das ist ein merkwürdiges Wort für die doppelte Beitragszahlung) in der Sozialversicherung abzuschaffen. Dieser Punkt ist hoch umstritten. Vielleicht tut sich hier später etwas. Worum es geht? Bei der Rentenzahlung aus der Direktversicherung werden in aller Regel die vollen Beiträge zur gesetzlichen

Kranken- und Pflegeversicherung fällig. Das heißt: Im Alter zahlst du nicht nur den Arbeitnehmer-, sondern auch den Arbeitgeberbeitrag, wenn du gesetzlich krankenversichert bist. Okay, du hast den vom Arbeitgeber eingesparten Beitrag auch als Zuschuss für deine bAV erhalten (mindestens). Insofern handelt es sich also um einen Tausch von der rechten in die linke Tasche. Den Zeitpunkt der Zahlung hast du allerdings nach hinten geschoben. Das ist meistens ein Vorteil, da deine Rente niedriger ist als dein Einkommen und damit auch die Krankenkassenbeiträge sinken. Wenn du privat krankenversichert bist, zahlst du natürlich keine Sozialversicherungsbeiträge auf die Betriebsrente, sondern einfach deine Versicherungsbeiträge.

Vielleicht findest du detaillierte Abschnitte über Freibeträge, Steuersätze, Sozialabgaben und sonstige gesetzliche Regelungen langweilig. Dann überblättere die folgenden Abschnitte einfach und überlege, dir von einer kompetenten Finanzberaterin helfen zu lassen. Sie kennt die vielen Details, die es hier gibt. Diejenigen, die tiefer in die Materie einsteigen wollen, können auf den nächsten Seiten die Details nachlesen, die bei der bAV wirklich sehr komplex sind.

Die Beiträge zur gesetzlichen Kranken- und Pflegeversicherung auf deine Betriebsrente zahlst du nur dann, wenn deine Rentenauszahlung den Freibetrag von derzeit 169,75 Euro übersteigt. Pflegeversicherungsbeiträge zahlst du allerdings auf die volle Rentensumme ab dem ersten Euro. Zur Info: Der Krankenversicherungsbeitrag 2023 beträgt 14,6 Prozent. Hinzu kommen eventuell Zusatzbeiträge deiner Krankenkasse. Der Beitragssatz für die Pflegeversicherung liegt bei 3,05 Prozent, für Kinderlose ab 23 Jahren bei 3,4 Prozent. Die Detailflut geht weiter: Wird die Direktversicherung auf einen Schlag ausgezahlt, verteilt sich die Kapitalzahlung rechnerisch auf zehn Jahre. Auf den jeweiligen Jahreswert zahlst du also zehn Jahre lang die Beiträge für

Kranken- und Pflegeversicherung, abzüglich des Freibetrags von 169,75 Euro.

Und noch eine Hiobsbotschaft: Der Freibetrag greift nicht für Versicherte, die freiwillig gesetzlich krankenversichert sind. Sie zahlen also schon für den ersten Euro Betriebsrente Sozialversicherungsbeiträge. Auch Rentner, die mit ihren Einkünften im Alter oberhalb der Beitragsbemessungsgrenze für die Kranken- und Pflegeversicherung liegen (2023: 59 850 Euro), zahlen schon ab dem ersten Euro. Wenn du privat krankenversichert bist, musst du auf deine Betriebsrente keine Beiträge für Kranken- und Pflegeversicherung zahlen.

Beispielrechnung für die Auszahlung einer Direktversicherung

Bei einer Rente von 300 Euro pro Monat und einem Kassenzusatzbeitrag von 1,1 Prozent zahlt eine kinderlose Rentnerin an Beiträgen für Kranken- und Pflegeversicherung für ihre Betriebsrente derzeit rund 32 Euro pro Monat. Fakt ist: Das stellt eine erhebliche Belastung dar, die man im Hinterkopf haben sollte. Weil es später so viele Abgaben auf deine Betriebsrente geben wird, ist es heute wichtig, dass dir dein Arbeitgeber in der Ansparphase einen möglichst großzügigen Zuschuss gibt. Sonst lohnt sich eine Direktversicherung eventuell nicht.

Immerhin hat sich mit dem BRSG seit 2018 der steuerliche Freibetrag von 4 auf 8 Prozent verdoppelt. Grundlage ist die Beitragsbemessungsgrenze der gesetzlichen Rentenversicherung (Achtung: Der Wert ändert sich jährlich! 2023 liegt er bei 87 600 Euro pro Jahr). Bei den Sozialabgaben dagegen bleibt die 4-Prozent-Obergrenze bestehen.

In konkreten Zahlen: Als Arbeitnehmerin darfst du maximal 4 Prozent der jeweils geltenden Beitragsbemessungsgrenze ohne Abzug von Sozialabgaben in eine Direktversicherung investieren. Bis zu 8 Prozent sind steuerfrei. 2023 sind also Einzahlungen von monatlich bis zu 292 Euro sozialabgabenfrei und bis zu 584 Euro steuerfrei.

Beispielrechnung für die Freibeträge

Petra verdient 3000 Euro brutto und spart 100 Euro per Entgeltumwandlung. Ihr monatliches Bruttogehalt sinkt dadurch auf 2900 Euro. Dadurch spart sich Petra Steuern und Sozialabgaben in Höhe von rund 45 Euro. Petras Arbeitgeber sponsert den Vertrag mit 15 Prozent, gibt also 15 Euro dazu. Das Nettogehalt reduziert sich also nur um rund 55 Euro (100 Euro – 45 Euro), aber in Petras Direktversicherung fließen monatlich 115 Euro.[37]

Bei der Besteuerung der Kapitalauszahlung einer Direktversicherung kommt es darauf an, wann du sie abgeschlossen hast. Hast du noch einen Altvertrag aus der Zeit vor 2005? Dann funktioniert die Besteuerung anders als bei einem heute abgeschlossenen Vertrag. Bei aktuellen Verträgen ab 2005 gilt das Prinzip der nachgelagerten Besteuerung. Das heißt, bei den eingezahlten Beiträgen sparst du Steuern, musst aber später auf die Rentenzahlungen Abgaben abführen.

Daraus ergeben sich zwei Vorteile:

- Der Betrag, den du einzahlst, ist größer, weil keine Steuern darauf gezahlt werden.
- Bei vielen ist der persönliche Steuersatz im Alter niedriger als während des Arbeitslebens.

Du möchtest prüfen, wie hoch die Auszahlungen deiner gesetzlichen Rente und deiner betrieblichen Altersvorsorge sein werden? Viele Versicherer bieten auf ihren Webseiten Rechner, die sowohl die Steuern als auch die Sozialabgaben berücksichtigen.

Direktversicherung: Sollst du oder sollst du nicht?

Ob sich eine Direktversicherung für dich lohnt, ist im Vorhinein ziemlich schwer zu beantworten. »Es gibt zu viele Bedingungen und Eventualitäten, von denen das erfolgreiche Auslaufen einer Direktversicherung abhängig ist«, sagt Verbraucherschützerin Elke Weidenbach von der Verbraucherzentrale Nordrhein-Westfalen.[38] Du solltest die Vorteile, die du eventuell in der Ansparphase genießt, den Nachteilen gegenüberstellen, die du in der Auszahlphase im Rentenalter in Kauf nehmen musst. »Man tauscht de facto Ansprüche an die gesetzliche Rentenversicherung gegen Ansprüche an eine betriebliche Altersvorsorge. Was lohnender für mich ist, lässt sich im Voraus nur sehr schwer kalkulieren. Am besten müsste man schon seine gesamte Erwerbsbiografie im Voraus kennen«, sagt Expertin Weidenbach.

Wenn dein Arbeitgeber dir also anbietet, für dich eine Direktversicherung abzuschließen, frag unbedingt: »Wie wird der Vertrag bezuschusst?« Verbraucherschützerin Weidenbach meint dazu: »Wenn der Arbeitgeber die Beiträge für die Direktversicherung in der Ansparphase nicht mit mindestens 20 Prozent bezuschusst, lohnt sich der Abschluss für den Arbeitnehmer in aller Regel nicht. Besser, der Arbeitgeber zahlt noch einen höheren Zuschuss oder übernimmt die Beitragszahlung komplett. Dann sollte man als Arbeitnehmer in den meisten Fällen das Angebot annehmen.«

Frag dich auch: Passt die Direktversicherung wirklich zu deinem Leben? Wie häufig hast du vor, den Job zu wechseln? Die Mitnahme von Direktversicherungen ist immer noch schwierig. Gegebenenfalls müsstest du den Vertrag stilllegen oder privat weiterführen. Letzteres schmälert jedoch die Möglichkeiten, auf anderen, flexibleren Wegen – etwa mit Hilfe von ETFs – privat fürs Alter vorzusorgen. »Wenn man schon weiß, dass man häufiger mal den Arbeitgeber wechseln wird, ist der Abschluss einer Direktversicherung in der Regel nicht zu empfehlen«, sagt Weidenbach.

Prüf genau, ob sich die bAV für dich lohnt. Vielleicht ist die private Altersvorsorge für dich attraktiver? Da die bAV ziemlich komplex ist, ist es gerade hier eine gute Idee, sich kompetent beraten zu lassen. Du könntest dich bei der Personalabteilung deiner Firma informieren, welche Angebote sie macht. Darüber hinaus könntest du auch mit einer unabhängigen Beraterin sprechen.

Steht demnächst wieder eine Gehaltsverhandlung an? Im Vorfeld solltest du dir ein paar gute Argumente zurechtlegen. Falls dein Arbeitgeber eine Gehaltserhöhung ablehnt, kannst du als Kompromiss den Abschluss einer bAV oder eine Erhöhung der Arbeitgeberzuschüsse aushandeln.

Ab wann kannst du deine betriebliche Rente beziehen?

Wenn du eine firmeneigene Betriebsrentenzusage aus einer Firmenpensionskasse oder per Direktzusage hast, gelten die Regeln, die dort festgeschrieben sind. Bei einer Direktzusage kommt die Betriebsrente aus dem Betriebsvermögen. Große Firmen wie VW, Siemens, BMW und viele weitere bekannte Unternehmen haben solche firmeneigenen Pensionskassen oder Direktzusagen. Dort gibt es ganze Abteilungen, die sich ausschließlich mit Betriebsrenten beschäftigen.

Arbeitest du bei einer kleineren Firma, die kein eigenes Betriebsrentensystem anbietet? Dann bleibt dir die Möglichkeit der Direktversicherung. Hier wirst du bei Vertragsablauf ausbezahlt. Eine vorzeitige Auszahlung vor Renteneintritt ist aber in aller Regel nicht möglich. Frühestens mit 60 Jahren kannst du mit der Auszahlung der Direktversicherung rechnen. Fall du den Vertrag 2012 oder später abgeschlossen hast, erhältst du die Auszahlung frühestens im Alter von 62 Jahren.

Wenn du beispielsweise mit 55 Jahren vorzeitig in Rente gehen möchtest, bleibt dir nur die Möglichkeit, deinen Direktversicherungsvertrag bis zum Ablaufdatum ruhen zu lassen.

Was tun, wenn du schon eine bAV hast?

Schau dir deinen Vertrag genau an: Bist du bei einer Direktversicherung oder einer Pensionskasse? Machst du bereits Gehaltsumwandlung? Wie viel zahlst du aktuell ein und ist angesichts der Freibeträge noch Luft nach oben? Wie hoch ist der Arbeitgeberzuschuss? Erkundige dich bei deiner Chefin oder deinem Chef, was du eventuell zusätzlich tun kannst. Besteht die Möglichkeit, die Arbeitgeberzuschüsse zu erhöhen? Gibt es noch eine ertragreichere Variante, die deine Firma ebenfalls anbietet?

Mit deinen Unterlagen könntest du zu einer unabhängigen Finanzberatung gehen. So bekommst du vielleicht eine andere Sicht auf die Dinge und erfährst von Alternativen. Vielleicht ist das Beratungsergebnis auch, dass du bei deiner bAV alles richtig gemacht hast und du noch etwas bei der privaten Altersvorsorge (dritte Säule) tun kannst.

Am Ende ist es so, dass sich bei den vielen Möglichkeiten der Altersvorsorge nicht genau voraussehen lässt, wie es später ausgeht. Auf lange Sicht können sich Gesetze ändern, die Steuer kann erhöht oder gesenkt werden oder die Wertentwicklung kann unvorhergesehen verlaufen. Daher ist es gerade bei der Altersvorsorge gut, viele Töpfchen aufzustellen und sie alle mehr oder minder stark zu befüllen. Läuft es bei dem einen Konzept gut, geht es vielleicht bei dem anderen schlechter oder umgekehrt. Es lohnt sich häufig, breit aufgestellt zu sein: gesetzliche Rente, bAV und ein schönes privates Finanzpolster – nicht »entweder oder«, sondern »sowohl als auch«!

Privat vorsorgen: Chancen und Stolpersteine

Neben der gesetzlichen Rentenversicherung (Säule 1) und der betrieblichen Altersvorsorge (Säule 2) kannst du natürlich auch privat für dein Alter vorsorgen (Säule 3). Der Vorteil ist, dass du hier völlig frei bist: Du kannst immer über dein Geld verfügen. Zudem musst du keinen Bumerang befürchten, was Steuern und Sozialversicherungen betrifft. Denn es ist von Anfang klar, dass hier keine Sonderbehandlung greift. Viele Anlegerinnen schrecken nämlich vor den unflexiblen geförderten Altersvorsorge-Produkten zurück, bei denen es viele Bedingungen zu erfüllen gibt. Das ist wie im privaten Leben auch: (staatliche Steuer-)Geschenke sorgen für Abhängigkeiten. Die private und nicht geförderte Vorsorge ist freier. Im Prinzip bieten sich hier zwei unterschiedliche Produkte an: Versicherungen und Fonds.

Lohnt sich eine private Renten- oder Lebensversicherung heute überhaupt noch?

Eine private Rentenversicherung ist eine Lebensversicherung – mit allen Vor- und Nachteilen, die Lebensversicherungen bieten. Wenn es sich nicht um einen Riester- oder Rürup-Vertrag handelt, zahlst du die Beiträge dafür aus deinem Netto-Gehalt oder -Vermögen. Ein kleiner Trost ist vielleicht, dass du in der Phase, während der das Geld im Versicherungsvertrag steckt, keine Steuern auf Dividenden, Zinsen oder Kursgewinne zahlst. Später, bei der Auszahlung, fallen allerdings Steuern an (mehr dazu ab Seite 153).

Bei einer Rentenversicherung erhältst du ab dem vertraglich vereinbarten Termin bis zu deinem Lebensende eine monatliche Rentenzahlung. Alternativ kannst du bei privaten (also nicht geförderten) Rentenversicherungsverträgen auch eine Einmalauszahlung verlangen. Denn hier hast du ein Kapitalwahlrecht.

Die Versicherungslobby setzt alle Hebel in Bewegung, dass wir nur an eine garantierte lebenslange Rente denken, wenn wir uns mit Altersvorsorge beschäftigen. Darüber lässt sich natürlich streiten. Denn eine Immobilie oder ein gut gefülltes Wertpapierdepot kann natürlich auch der Altersvorsorge dienen. In zwei Punkten haben die Versicherer aber recht: Wenn du später von deinem Vermögen leben willst, es aber aufgebraucht ist, hast du Pech gehabt. Dann ist am Ende des Geldes noch Leben übrig – eine Situation, die wir vermeiden müssen!

Es kann auch sein, dass wir am Lebensabend tüdelig werden und uns nicht mehr um die Immobilienvermietung oder um Auszahlungen aus unserem Wertpapiervermögen kümmern können. Wenn uns in solchen Fällen kein Angehöriger hilft, ist eine garantierte, lebenslange Rente tatsächlich eine gute Sache. Denn sie kommt automatisch. Wir müssen uns also nicht darum kümmern.

Andererseits ist zu bedenken: Konventionelle Lebensversicherungen bringen auf lange Sicht deutlich weniger Rendite als ein Wertpapierdepot, teilweise auch als Immobilien. Und: Auf lange Sicht betrachtet machen 1, 2 oder 3 Prozent mehr Rendite pro Jahr enorm viel aus! Eine Versicherungsgesellschaft ist kein wohltätiger Verein. Sie lässt sich das Risiko gut bezahlen, dass du sehr alt werden und über viele Jahre Rente beziehen könntest. Das geht zu Lasten deiner Rendite – sprich: deiner Rente.

herMoney-Tipp

Frauen werden im Schnitt älter als Männer. Bei ihnen ist also das berühmte »Langlebigkeitsrisiko« höher. Es ist daher gut, für so viele lebenslange Rentenzahlungen zu sorgen, dass du deine grundlegenden Bedürfnisse (Dach überm Kopf, Essen, Kleidung, Heizen, Gesundheit) begleichen kannst. Alles andere, wie etwa kleine Annehmlichkeiten, kannst du auch aus deinem Wertpapierdepot oder deiner Immobilien bestreiten.

Rentenversicherungen gibt es in verschiedenen Varianten:

- als klassische Rentenversicherung
- als fondsgebundene Rentenversicherung
- als Mischform aus beiden (»Hybridversicherungen«)

Die klassische Rentenversicherung

Bei der klassischen Rentenversicherung fließen deine Beitragszahlungen ins sogenannte Sicherungsvermögen. Es wird sehr konservativ angelegt. Denn der Produktanbieter muss in der Lage sein, darauf eine feste Verzinsung zu garantieren. Bei heute abgeschlossenen Verträgen liegt der Garantiezins nur noch bei mickrigen 0,25 Prozent pro Jahr. Dass die Garantie so niedrig ist, ist dem Niedrigzinsumfeld geschuldet, in dem wir uns bis 2022 befanden. Sichere Anlagen verzinsen sich seitdem so gut wie gar nicht mehr.

Wenn du sehr sicherheitsliebend bist, könnte eine private Lebens- oder Rentenversicherung trotzdem ein geeignetes Produkt für dich sein. Damit weißt du heute schon genau, wie hoch die Auszahlung mindestens sein wird. Marktbewegungen tangieren dich dann nicht und bereiten dir keine schlaflosen Nächte. Falls das Versicherungsunternehmen besser wirtschaftet, erhältst du über den garantierten Mindestbetrag oder die garantierte Mindestrente hinaus noch eine sogenannte Überschussbeteiligung. Sie ist jedoch nicht garantiert.

Vorsicht: Bei der klassischen Lebensversicherung wird dir zwar eine Mindestrente garantiert. Hier ist aber lediglich der Nominalbetrag festgelegt, also der Betrag in Euro. Wie viel du dir von diesem Betrag später kaufen kannst, lässt sich heute noch nicht abschätzen. Möglicherweise schmälert die Inflation bis zu deinem Rentenbeginn die Kaufkraft dieses fixen Betrags beträchtlich. Das gilt insbesondere für Zahlungen, die weit in der Zukunft liegen. Denn an diesen Zahlungen knabbert die Inflation besonders stark.

Beispielrechnung: Lohnt sich eine Lebensversicherung?

Lisa hat vor 25 Jahren eine Lebensversicherung abgeschlossen und erhält ab nächsten Monat ihre Rentenzahlungen. Alternativ könnte sie sich eine Einmalsumme auszahlen lassen. Damals, bei Abschluss, waren die Zinsen viel höher als heute. Auch der von der Versicherung garantierte Zins war höher (4 Prozent). Weil Lisa die Versicherungsprämien sehr regelmäßig einbezahlt hat, kann sie mithilfe eines Sparplanrechners nachkalkulieren, wie hoch die Verzinsung war. Sie liegt bei 3,5 Prozent (die 4 Prozent Garantieverzinsung beziehen sich nur auf den Sparanteil, aber Kosten fallen auch noch an). Die Inflation in der Zeit lag im Schnitt bei etwa 1,5 Prozent pro Jahr. Real, also nach Inflation, hat Lisa keine Verzinsung von 3,5 Prozent, sondern nur von 2,0 Prozent

(3,5 Prozent nominale Verzinsung – 1,5 Prozent Inflation = 2,0 Prozent reale Verzinsung). Nur 2,0 Prozent – und das, obwohl Lisas relativ alter Versicherungsvertrag noch als sehr gut verzinst gilt. Heutige Verträge werden vermutlich deutlich weniger abwerfen. Konkret heißt das: Bei 1,0 Prozent Zinsen und einer langfristigen Inflation von 2,6 Prozent (nicht immer ist die Inflation so hoch wie 2022), bekommst du real (also in Kaufkraft gerechnet) womöglich weniger aus deinem Vertrag, als du eingezahlt hast.

Mit einem globalen Aktienfondssparplan hätte Lisa laut der Statistik des Fondsverbandes BVI in den letzten 25 Jahren eine durchschnittliche jährliche Rendite von 6,4 Prozent erzielt – nach allen Kosten.[39] *Auch das ist natürlich nur ein nominaler Wert. Abzüglich einer Inflation von 1,5 Prozent wären bei einem durchschnittlichen Aktienfondssparplan real 4,9 Prozent herausgekommen. Über den langen Zeitraum von 25 Jahren macht das sehr viel aus.*

Die fondsgebundene Rentenversicherung

Bei der fondsgebundenen Rentenversicherung werden die Sparanteile deiner Prämienzahlung nicht im (sehr konservativ angelegten) Sicherungsvermögen investiert, sondern in Fonds. Teilweise sind auch ETFs dabei (wenn wir hier von »Fonds« sprechen, meinen wir immer auch ETFs, denn diese sind lediglich eine spezielle Fondsvariante). Meist kannst du aus einer großen Bandbreite verschiedener Fonds wählen. Das können neben Aktienfonds zum Beispiel auch Staatsanleihenfonds sein.

Wenn das Geld in Fonds fließt, kann das Versicherungsunternehmen natürlich keine Mindestverzinsung garantieren. Vielmehr hängt die Höhe der späteren Rente von der Marktentwicklung und vom Fonds ab, den du ausgewählt hast. Daher lässt sich im Voraus schwer sagen, wie das Ergebnis aussehen wird.

So kannst du dich der Sache annähern: Schau nach, wie sich ein Sparplan in der Fondskategorie, die du auswählen wirst, über längere Zeit im Durchschnitt entwickelt hat (siehe nachstehende Tabelle). Zieh von der Rendite die Kosten für die Versicherung ab. Sie können von Haus zu Haus sehr unterschiedlich sein. Um eine Zahl zu haben, rechne einfach mit 1,0 Prozent Kosten pro Jahr. Das Ergebnis ist die Rendite, die du eventuell erreichen kannst.

Durchschnittliche Sparplanrenditen auf einen Blick:[40]

	25 Jahre	35 Jahre
Aktienfonds global	6,4 Prozent	7,1 Prozent
Rentenfonds Euro	2,3 Prozent	3,6 Prozent
Mischfonds Euro	3,1 Prozent	4,6 Prozent
Offene Immobilienfonds	2,6 Prozent	3,3 Prozent

Bitte beachte: Diese Renditen beziehen sich auf Durchschnittswerte der letzten 25 und 35 Jahre. Ob diese hohen Renditen auch in den nächsten 35 Jahren erzielt werden, weiß keiner.

Welche Steuern zu zahlen sind

Steuerlich macht es einen Unterschied, ob du dir das Kapital der privaten Rentenversicherung auf einmal oder monatlich auszahlen lässt. Bei der »Kapitalauszahlung in einem Rutsch« musst du unter bestimmten Voraussetzungen nur 50 Prozent des Wertzuwachses (des »Gewinns«) versteuern.

Die Voraussetzungen dafür sind:

- Du hast mindestens fünf Jahre Beiträge gezahlt – die meisten Lebensversicherungen werden ohnehin über mehrere Jahre monatlich bespart.
- Der Vertrag ist mindestens zwölf Jahre gelaufen.
- Du hast das 60. bzw. 62. Lebensjahr vollendet.

Der Goldstandard: Ganz alte Verträge + Kapitalauszahlung + alle drei Bedingungen erfüllt

Die hälftige Versteuerung gilt für Versicherungsverträge, die ab dem 1. Januar 2005 abgeschlossen wurden. Ältere Verträge werden unter den oben genannten Bedingungen sogar komplett steuerfrei ausbezahlt.

Jüngere Verträge + Kapitalauszahlung + alle drei Bedingungen erfüllt

Die Bedingung, dass du für die hälftige Besteuerung das 60. Lebensjahr abgeschlossen haben musst, gilt für Policen, die vor dem 1. Januar 2012 abgeschlossen wurden. Für neuere Verträge gilt das 62. Lebensjahr. Auf den halben Gewinn zahlst du keine Abgeltungssteuer (wie zum Beispiel bei Kapitaleinkünften), sondern deinen persönlichen Einkommensteuersatz. Denk daran, dass die Auszahlung deine steuerpflichtigen Einnahmen erhöht. Entsprechend kann dich die Auszahlung in einen anderen Steuersatz befördern. Überleg daher, wann du dir die Auszahlung gutschreiben lässt – vielleicht auch gemeinsam mit deiner Steuerberaterin. Günstig ist es häufig, wenn du im Jahr der Auszahlung Rentnerin bist und daher weniger Einkünfte und entsprechend einen geringen Steuersatz hast.

Beispielrechnung für die hälftige Versteuerung

Du hast 20 Jahre lang monatlich 200 Euro in den Vertrag eingezahlt. Dann belaufen sich deine Einzahlungen auf 48 000 Euro (200 Euro × 12 × 20). Aus dem Vertrag erhältst du eine Kapitalauszahlung von sagen wir 53 000 Euro. Dann ist dein Mehrerlös 5000 Euro. Wenn du die drei oben genannten Bedingungen erfüllst, brauchst du nur die Hälfte zu versteuern – also lediglich 2500 Euro. Um diesen Betrag erhöhen sich deine steuerpflichtigen Einnahmen im Jahr der Auszahlung. Nehmen wir an, dein Steuersatz lieg im Jahr der Auszahlung in der Spitze bei 20 Prozent. Dann zahlst du also 500 Euro Steuern.

Das Versicherungsunternehmen führt pauschal Abgeltungssteuer auf den Gesamtbetrag ab. Es berücksichtigt nicht, dass du nur auf die Hälfte des Gewinns versteuern musst. Daher erhältst du zunächst einen geringeren Betrag ausbezahlt, als du vielleicht denkst. Du musst dann selbst aktiv werden und in deiner Steuererklärung die zu viel gezahlte Steuer zurückholen (Zeile 23 der Anlage KAP).

Jüngere Verträge + Kapitalauszahlung + drei Bedingungen nicht erfüllt

Wird eine der drei oben genannten Bedingungen nicht erfüllt, musst du den gesamten Mehrbetrag versteuern, den du aus der Police herausbekommst. Allerdings wird hier nicht dein persönlicher Einkommensteuersatz angewandt, sondern die Abgeltungssteuer

(25 Prozent + Solidaritätszuschlag + eventuell Kirchensteuer). Der Soli fällt nach wie vor an, wenn du Abgeltungssteuer zahlst. Im Regelfall führt die Versicherung die Abgeltungssteuer direkt an dein Finanzamt ab.

Lebenslange Rente

Wählst du hingegen die lebenslange Rente, ist der sogenannte »Ertragsanteil« zu versteuern. Wie hoch der Ertragsanteil ist? Das hängt davon ab, wie alt du bist, wenn die Rentenzahlung beginnt. Je älter du bist, desto niedriger wird der Ertragsanteil. Wenn du beispielsweise mit 60 in Rente gehst, liegt der Ertragsanteil bei 22 Prozent der Rente, mit 65 Jahren bei 18 Prozent und mit 70 nur noch bei 15 Prozent. Wie hoch der Ertragsanteil im Einzelnen ist, kannst du im § 22 des Einkommensteuergesetzes nachlesen.

Ein steuerlicher Vergleich zwischen lebenslanger Rente und Einmalzahlung ist schwierig, weil du wahrscheinlich nicht den gesamten Betrag aus der Einmalzahlung auf den Kopf hauen wirst. Vielmehr wirst du den Betrag wieder anlegen, wenn auch nicht ganz. Auf diesen Betrag fallen dann auch wieder Steuern an.

Was könnt ihr tun, wenn ihr ein Paar seid und euch gegenseitig absichern wollt? In dem Fall kann jeder von euch eine Renten- oder Risikolebensversicherung abschließen. Jeweils mit sich selbst als Versicherungsnehmer und versicherte Person und dem Partner oder der Partnerin als Begünstigten. Einerseits sichert ihr euch so gegenseitig ab. Andererseits winken hier – je nach Konstellation – auch noch steuerliche Vorteile. Wenn das für dich interessant klingt, könntest du dich dazu beraten lassen.

Zwar gibt es für die private Lebens- oder Rentenversicherung einige Bedingungen. Dennoch bist du hier deutlich freier als bei den geförderten Produkten zur Altersvorsorge. Generell sind Versicherungslösungen meistens teurer als Fondslösungen. Wenn du dich für eine klassische Lebensversicherung entscheidest, hast du den Vorteil einer garantierten lebenslangen Rente. Allerdings ist die Rendite äußerst gering, falls sie nach Kosten und Inflation überhaupt noch positiv ist. Wenn dich die Garantie aber beruhigt und sie dich gut schlafen lässt, lohnt sie sich womöglich. Aber vielleicht kannst du ja gut mit den Schwankungen des Aktienmarktes leben. Dann könntest du, was die Rendite angeht, mit der Fondslösung besser fahren.

Allerdings sollten wir noch über die disziplinierende Wirkung sprechen, die Rentenversicherungen haben. Bei einem Rentenversicherungsvertrag bist du nicht so flexibel wie mit einem Fondssparplan, weil du dich zu einer bestimmten, regelmäßigen Beitragszahlung verpflichtest. Du kannst auch nicht einfach so über die Summe verfügen, die in deinem Versicherungsvertrag steckt. Auszahlungen müssen beantragt werden. Zudem haben sie steuerliche Konsequenzen. Insofern diszipliniert ein Versicherungsvertrag in gewisser Weise. Mit einem Fondssparplan bist du flexibler: Du kannst jederzeit die Sparsumme erhöhen, verringern oder ganz einstellen. In dem Fall hast du bei einem Fondssparplan auch nicht völlig umsonst keine Abschlusskosten bezahlt wie bei der Lebensversicherung. Außerdem kannst du jederzeit ganz oder teilweise über dein Fondsvermögen verfügen. Allerdings verführt diese Flexibilität so manche Frau dazu, die Summe, die eigentlich für ihre Altersvorsorge gedacht war, für Reisen oder andere Kinkerlitzchen auszugeben. Wenn du dich also leicht dazu hinreißen lässt, angespartes Geld auszugeben, ist die etwas geringere Flexibilität bei Rentenversicherungen vielleicht ganz gut.

Höchste Flexibilität und hohe Rendite: Altersvorsorge mit Fonds

Alternativ zu einer privaten Rentenversicherung kannst du privat auch einfach mit einem Fondssparplan ein Vermögen aufbauen.

Das ist die flexibelste Möglichkeit überhaupt: Du überlegst dir, welchen Fonds du besparen willst, richtest dir ein Wertpapierdepot ein und los geht's! Ob du monatlich 200 Euro in den Fonds einzahlst oder quartalsweise 300 Euro oder sonst irgendwelche Summen, das alles bleibt ganz dir überlassen. Je mehr du einzahlst, desto mehr Fondsanteile kaufst du – logisch!

Wenn du zwischendrin den Fonds wechseln willst, deine Sparsumme erhöhen oder verringern möchtest oder aber die Sparleistungen für eine Weile ganz aussetzen musst – alles kein Problem! Mit Fonds hast du höchste Flexibilität.

Achtung: Ein Fondswechsel im Wertpapierdepot löst Steuerpflicht aus. Ein Fondswechsel in einer Rentenversicherungspolice nicht.

Beim Thema Altersvorsorge sprechen wir im Regelfall über längere Zeiträume. Das ist wichtig, weil es bei Aktien und Aktienfonds zwischenzeitlich immer zu Rückgängen kommen kann. Diese Rückschläge können mitunter auch sehr heftig ausfallen – ein Minus von 20, 30 oder auch mal 40 Prozent ist durchaus möglich. Kein vernünftiger Mensch würde diese heftigen Schwankungen in Kauf nehmen, wenn nicht auf der anderen Seite große Vorteile locken würden. Diese Vorteile liegen in der höheren Rendite-Erwartung. Während die klassischen Versicherungslösung eine garantierte Mindestverzinsung von 0,25 Prozent bietet, kannst du bei Aktienfonds im langfristigen Durchschnitt mit rund 6 bis 7 Prozent pro Jahr rechnen – aber eben nicht garantiert.

Je breiter ein Fonds seine Anlagen streut, desto leichter kann er Probleme in einer Region oder einer Branche ausgleichen. Für den Anfang ist daher ein weltweit anlegender Aktienfonds eine gute Lösung, beispielsweise ein ETF auf den weltweiten Aktienindex MSCI World. Näheres zur Auswahl eines geeigneten Fonds kannst du ab Seite 257 nachlesen.

Solange du deine Fondsanteile hältst, musst du jährlich Steuern auf die anfallenden Kapitalerträge zahlen. Und beim Verkauf von Anteilen? Hier sind Steuern auf die bis zum Verkaufstag angefallenen steuerpflichtigen Erträge fällig. Keine Sorge, darum kümmert sich deine depotführende Stelle. Sie führt die Abgeltungssteuer (25 Prozent + Soli + eventuell Kirchensteuer) ab. Außerdem fertigt sie für das jeweils abgelaufene Jahr eine Steueraufstellung an. Dort werden die steuerpflichtigen Erträge aus Zinsen, Dividenden und Kursgewinnen, die dein Fonds vereinnahmt hat, sowie die für dich abgeführte Abgeltungssteuer erfasst.

Du kannst deiner depotführenden Stelle einen Freistellungsauftrag erteilen, wenn du ihn noch nicht anderweitig vergeben hast (insgesamt 1000 Euro pro Person und Jahr). Falls dein persönlicher Steuersatz niedriger als der Abgeltungssteuersatz (25 Prozent) ist, kannst du dir die zu viel bezahlte Steuer über deine Steuererklärung zurückholen. In dem Fall musst du allerdings selbst aktiv werden, das geht nicht automatisch. Zugegeben: Etwas umständlich ist es auch!

Du willst anfangen, mit einem Fondssparplan für dein Alter vorzusorgen, oder hast das bereits getan und fragst dich jetzt: »Wie hoch sollte das Finanzpolster eigentlich sein, das ich aufbauen soll?« Klar ist: Je dicker das Polster, umso besser! Denn machen wir uns nichts vor: Es ist angenehm, wenn wir es uns auch im Rentenalter leisten können, zum Frisör, zur Kosmetik oder zur Fußpflege zu gehen. Auch eine gelegentliche Massage oder ein kleiner Trip nach Italien tun gut, kosten aber Geld. Ob du für solche Extras ein wenig »Spielgeld« hast oder nicht, macht den Unterschied, ob du später als ältere Dame oder als *alte Frau* wahrgenommen wirst. So ist das nun einmal!

Um zu berechnen, wie hoch dein Finanzpolster sein sollte, solltest du zunächst eine Bestandsaufnahme machen. Je näher du am Zeitpunkt deines Renteneintritts bist, desto konkreter kann deine Planung sein. Ist dieser Zeitpunkt noch in weiter Ferne, geht es erst einmal nur um die Größenordnung: Wann willst du aufhören zu arbeiten? Wovon wirst du dann leben? Wie hoch werden deine gesetzliche Rente, die Betriebsrente und vielleicht eine private Rente sein? Wann werden diese Renten jeweils einsetzen? Ab Seite 104 hast du bereits erfahren, wie du deine »Rentenlücke« berechnest.

Bei der privaten Vorsorge über Fonds bleibt es dir nicht erspart, dich mit einer nicht ganz so erfreulichen Sache auseinanderzusetzen: Wie lange wirst du vermutlich leben? Während die gesetzliche Rente, die Betriebsrente und die private Rente lebenslang jeden Monat auf dein Konto gezahlt werden, kannst du aus deinen Finanzanlagen nur so lange etwas entnehmen, bis dein Polster aufgebraucht ist. Leer ist hier leer!

Die statistische Lebenserwartung für Frauen, die in den 1960er-Jahren geboren wurden, beträgt etwa 84 Jahre. Aber das ist nur der Durchschnitt – du kannst viel älter werden. Mach deine persönliche Rechnung daher am besten unter der Annahme, dass du zehn Jahre älter wirst als der Durchschnitt, oder dass du sogar 100 Jahre alt wirst! Schlimmstenfalls – wenn du doch früher sterben solltest – bleibt dann noch etwas für deine Erben übrig, das ist auch kein Schaden.

Hier ist eine grobe Beispielrechnung – deine persönlichen Zahlen können viel höher oder niedriger sein:

Erwartete gesetzliche Rente	1100 €
+ Erwartete Betriebsrente	120 €
+ Erwartete private Rente	140 €
= Summe der erwarteten Renten	**1360 €**
Wunschbetrag, der monatlich zur Verfügung stehen sollte:	1700 €
./. Gesamte erwartete Renten	1360 €
= Das willst du monatlich aus deinem Finanzposter ziehen:	**340 €**

Achtung! Hierbei handelt es sich um eine sehr grobe Pi-mal-Daumen-Rechnung. Darin ist zum Beispiel noch keine Inflation berücksichtigt. Wenn du dir heute vorstellen kannst, mit 1700 Euro monatlich über die Runden zu kommen, brauchst du bei einer angenommenen Inflationsrate von 2,6 Prozent in 15 Jahren einen monatlichen Betrag von etwa 2570 Euro, um dieselbe Kaufkraft zu haben wie jetzt. Vermutlich wird die Inflation nicht auf dem hohen Niveau von 2022 bleiben, aber zu Buche schlagen wird sie trotzdem. Zur Beruhigung: Einige deiner Rentenzahlungen werden mit der Zeit steigen, aber nicht exakt parallel zur Inflation.

Nun solltest du auch noch berechnen, wie viel du aus deinem bisherigen Finanzpolster entnehmen kannst.

Um einen ungefähren Überblick zu gewinnen, berechnest du zunächst, wie viel »ewige Rente« du aus deinem Finanzpolster monatlich entnehmen kannst. Von »ewiger Rente« spricht man, wenn der Kapitalbetrag erhalten bleibt und du jeweils nur die Rendite aus deinem Angesparten entnimmst – zumindest ungefähr.

Angenommen, du hättest 100 000 Euro Kapitalpolster. Je nach deiner persönlichen Risikoneigung und der entsprechenden Depotstruktur müssen wir dann eine bestimmte Rendite unterstellen, um rechnen zu können. Rechnen wir einmal mit einer jährlichen Netto-Rendite (nach Kosten und Steuern) von 2 Prozent und einmal von 4 Prozent.

Berechnung der »ewige Rente« für zwei Szenarien

Angenommene Rendite	»Ewige Rente« je 100 000 € Kapital
Netto-Rendite* von 2 Prozent	ca. 165 € monatlich
Netto-Rendite* von 4 Prozent	ca. 326 € monatlich

**Netto Rendite = Rendite nach Inflation, Kosten und Steuern*

Deutlich höhere Renditen zu unterstellen wäre unvorsichtig, da auch noch eventuell zu zahlende Steuern und Sozialversicherungsbeiträge zum Abzug kommen. Falls das tatsächliche Ergebnis besser ist – umso schöner!

Ein Kapitalpolster von 100 000 Euro reicht also nicht aus, um eine »ewige Rente« von 340 Euro monatlich entnehmen zu können. Aber du wirst ja nicht ewig leben. Daher ist es legitim, auch mit kürzeren Zeiträumen zu rechnen. Dann sieht das Bild gleich viel besser aus!

Pro 100 000 Euro Kapital können monatlich entnommen werden:

Rentenbezugsdauer in Jahren	»Ewig«	10 Jahre	20 Jahre	30 Jahre	40 Jahre
Bei einer Netto-Rendite* von 2 Prozent	165 €	918 €	504 €	368 €	301 €
Bei einer Netto-Rendite* von 4 Prozent	326 €	1006 €	600 €	472 €	412 €

**Netto Rendite = Rendite nach Inflation, Kosten und Steuern*

Mit einem Finanzpolster von 100 000 Euro kannst du im Rechenbeispiel dein Finanzziel erreichen. Vorausgesetzt du wirst nicht viel älter als 95 Jahre und du bist so diszipliniert, dass du keine zusätzlichen Beträge aus deinem Polster entnimmst. Eine Punktlandung wirst du auf diese Weise nicht schaffen. Denn wir mussten für die Berechnung ja mehrere Annahmen treffen. Aber darum geht es auch gar nicht. Immerhin bekommst du so ein grobes Gefühl für die Größenordnung der Zahlen.

Beispielrechnung: Wie lange reicht das Ersparte?

Wenn du mit 65 Jahren in Rente gehen willst und damit rechnest, dass du 95 Jahre alt wirst, beträgt deine »Rentenbezugsdauer« 30 Jahre. Dann kannst du pro 100 000 Euro, die du bis zum Rentenbeginn als Finanzpolster angesammelt hast, 368 Euro monatlich entnehmen, wenn du von einer Netto-Rendite von 2 Prozent pro Jahr ausgehst. Nach 30 Jahren ist dein Finanzpolster dann aufgebraucht, also auf null heruntergefahren. Wenn du 200 000 Euro angespart hast, kannst du doppelt so viel entnehmen, wenn es 150 000 Euro sind, eineinhalbmal so viel und so weiter. Im Internet findest du auch jede Menge Entnahmerechner – zum Beispiel beim Fondsverband BVI.

Eine dieser Annahmen ist zum Beispiel, wie alt du wirst und wie hoch die Rendite sein wird. Aber natürlich weiß niemand, wie die Rendite künftig aussehen wird. Deshalb behelfen wir uns mit den Renditen aus der Vergangenheit und gehen davon aus, dass die Entwicklung in Zukunft ähnlich sein wird. Zumindest auf lange Sicht.

Hier sind die Ergebnisse von Sparplänen für die wichtigsten Fondskategorien über 10, 20 und 35 Jahre:

Ergebnisse von Sparplänen

	10 Jahre	20 Jahre	35 Jahre
Aktienfonds global	8,2 Prozent	7,3 Prozent	7,1 Prozent
Rentenfonds Euro	- 0,1 Prozent	1,7 Prozent	3,6 Prozent
Mischfonds Euro	2,3 Prozent	3,1 Prozent	4,6 Prozent
Offene Immobilienfonds	1,4 Prozent	2,3 Prozent	3,3 Prozent

Die Angaben sind Durchschnittswerte der jeweiligen Fondskategorie pro Jahr (Stand: Juni 2022). Denk daran, dass keiner weiß, ob dieselben Renditen auch in Zukunft erreicht werden.[41]

Wenn du eine Annahme über die Verzinsung getroffen hast, nutz einen Zinseszinsrechner, um zu berechnen, wie du auf deine benötigte Summe kommst (siehe Seite 173).

Vermutlich musst du einen Nachmittag einplanen, um dir Gedanken zu machen, die notwendigen Unterlagen herauszusuchen und zu rechnen. Verschieb das nicht auf den Sankt-Nimmerleins-Tag, denn es geht um dich, um deine Zukunft! Wenn du bei deiner Berechnung zum Ergebnis kommst, dass du später aus dem Vollen schöpfen kannst und es locker reichen wird: prima! Wenn du zum Ergebnis kommst, dass es nicht reicht: Verzweifle nicht! Du hast hoffentlich noch etwas Zeit und kannst etwas tun.

Wenn du magst, lass dich beraten. Aber lass dir keine Anlage aufschwatzen, die hohe Kosten verursacht und nur wenig Rendite bringt. Du brauchst jeden Prozentpunkt für dich!

4. Teil: Vermögen aufbauen

»Das habe ich noch nie vorher versucht. Also bin ich völlig sicher, dass ich es schaffe.«

Pippi Langstrumpf, Romanfigur

Deine persönliche Finanzstrategie

Kennst du das noch? Als kleines Kind hast du mühsam einen Teil deines Taschengeldes zusammengespart, um es dann zur örtlichen Bank zu bringen. Das Prinzip scheint sich in Deutschland in die Köpfe gebrannt zu haben. Giro- und Sparkonten gehören bis heute zu den beliebtesten Geldanlagen der Deutschen.

Kein Wunder, die meisten von uns haben es nicht anders gelernt. Vor nicht allzu langer Zeit kam man mit dieser Methode auch durchaus weiter: Als Gegenleistung dafür, dass man sein Geld bei der Bank geparkt hat, bekam man auf die eigenen Ersparnisse Zinsen. Die lagen 1975 noch bei durchschnittlich 4,4 Prozent.[42] Wer damals beispielsweise 10 000 Mark auf sein Girokonto einzahlte und dieses Geld 20 Jahre liegen ließ, konnte es in dieser Zeit mehr als verdoppeln. So ging also sparen – und so sorgte man auch für seine Rente vor. Von Aktien hielt man sich als »Normalo« fern – das war was für die Profis. Und heute? Möglichkeiten zum Sparen haben wir noch immer viele: das Sparschwein oder ganz simpel unser Girokonto. Zudem gibt es auch Sparbücher oder Tagesgeld- und Festgeldkonten, um die Ersparnisse zu parken:

Konten-ABC

Girokonto

Das Girokonto ist unser alltäglicher Begleiter und in der Regel unser Standard- bzw. Basiskonto. Wir können Überweisungen und Daueraufträge tätigen, mit der EC-Karte bezahlen oder Geld abheben.

Sparbuch

Im Original ein kleines Heftchen, mit dem du zur Bank gehen kannst, um Ein- und Auszahlungen vorzunehmen. Heute gibt's das Sparbuch oft auch inklusive Onlinebanking. Es ist ein verzinstes Guthabenkonto ohne feste Laufzeit. Das heißt: Das Geld ist jederzeit verfügbar. Du kannst es dir jeden Tag zurück auf dein Girokonto überweisen.

Tagesgeld

Sehr ähnlich zum Sparbuch ist das Tagesgeldkonto, das ebenfalls ein reines verzinstes Guthabenkonto ist. Über das Geld kannst du, wie der Name schon sagt, täglich verfügen.

Festgeld

Anders sieht es beim Festgeldkonto aus: Dabei handelt es sich zwar auch um ein verzinstes Sparkonto. Aber eben mit einer festen Laufzeit. Die ist vorher vertraglich festgelegt. Erst, wenn die Vertragslaufzeit zu Ende ist, kannst du wieder auf das Geld zugreifen. Da du dich für längere Zeit verpflichtest, bekommst du höhere Zinsen als auf deinem Tagesgeldkonto. Allerdings kannst du nicht frei über dein Geld verfügen.

Im Gegensatz zu ganz früher sieht es heute bei den Zinsen ganz anders aus. Sie waren lange Zeit im Keller. Seit 2022 steigen sie wieder. Bei einigen Banken bekommt man für eine Laufzeit von zwei Jahren zwischen 2 und 3 Prozent Zinsen.

Der Zins und seine Bedeutung

Die Zinsentwicklung ist eine der wichtigsten volkswirtschaftlichen Größen überhaupt. Denn daraus leitet sich vieles ab. Die Wachstumsperspektiven der realen Wirtschaft, die Wechselkurse zwischen den Währungen, die Aussichten auf den Renten-, Aktien- und Immobilienmärkten: Vom Zins scheint einfach alles in der Wirtschaft abzuhängen!

Einfach ausgedrückt sind Zinsen der Preis für geliehenes Geld. Wenn du dir von der Bank Geld leihst, musst du einen Preis dafür zahlen. Andersherum verhält es sich, wenn du Geld auf ein Spar- oder Festgeldkonto einzahlst: Dann leihst du deiner Bank Geld. Die Bank kann dann mit diesem Geld arbeiten. Als »Belohnung« dafür, dass du das Geld nicht jetzt ausgibst, sondern es eine Zeit lang deiner Bank überlässt, erhältst du Zinsen. Je höher der Zinssatz, das ist der Prozentsatz, den man aufs Jahr gerechnet erhält, desto lieber überlässt du deiner Bank das Geld. Denn mit dem höheren Zinssatz wird deine Belohnung attraktiver. Womöglich bist du bei besonders hohen Zinsen auch besonders zurückhaltend beim Shoppen und überlässt deiner Bank gerne etwas mehr Geld. In dem Fall kann deine Bank mit mehr Geld arbeiten und es beispielsweise an Unternehmen in der Region verleihen – natürlich ebenfalls gegen Zinsen.

Wenn der Wirtschaftsmotor aber stottert, senken die Zentralbanken die Zinsen. Durch die billigere Kreditaufnahme sollen sowohl Verbraucherinnen und Verbraucher als auch Unternehmen dazu animiert werden, zu investieren beziehungsweise zu konsumieren. Schließlich kostet es ja weniger. Läuft die Wirtschaft heiß, heben die Zentralbanken die Zinsen an. Steigt der Preis für Geld, wird weniger Kredit nachgefragt. Unternehmen investieren dann nur noch in Bereiche, in denen die zu erwartende Rendite die Kosten des Kredits übersteigt.

Während sich Unternehmen oder private Kreditnehmerinnen und Kreditnehmer einen möglichst geringen Zinssatz wünschen, hoffst du als Anlegerin auf einen hohen Preis, wenn du dein Geld verleihst. Bei ähnlichem oder vergleichbarem Risiko legen Investorinnen und Investoren ihr Geld also dort an, wo sie die höchsten Zinsen kassieren. Hier ein ganz einfaches Beispiel: Was ist, wenn der Zinssatz im Dollarraum höher ist als im Euroland? Dann zieht es die Anleger in den Dollarraum. Die Folge: Der Dollar steigt gegenüber dem Euro.

In Zeiten wieder steigender Zinsen sind Zinsanlagen weiterhin gefragt. Denn sie versprechen Sicherheit, weil der Wert des eingezahlten Kapitals nicht schwankt. Diese Sicherheit wird von den Sparerinnen und Sparern allerdings teuer bezahlt. Denn ohne Zinsen frisst die Inflation das Guthaben auf.

Wie die Inflation deine Kaufkraft unbemerkt mindert

Vielleicht hast du dich schon mal gefragt, warum eine Kugel Eis früher nur 60 Cent gekostet hat und du heute teilweise 1,50 oder sogar 2 Euro für eine Kugel bezahlst. Der Grund dafür liegt in der laufend abnehmenden Kaufkraft unseres Geldes. Aber was bedeutet Kaufkraft eigentlich? Die Kaufkraft ist ein Maßstab für den Wert des Geldes. Ein Euro ist nämlich nicht gleich ein Euro. Viel wichtiger ist, wie viel dieser Euro wert ist. Das heißt: Wie viel du mit einem Euro kaufen kannst.

Die Inflation sorgt dafür, dass die Kaufkraft Jahr für Jahr abnimmt. Das bedeutet also, dass der Wert unseres Geldes sinkt: Die Kugel Eis wird teurer und du kannst dir mit einem Euro über die Jahre hinweg immer weniger Eis leisten.

Berechnet wird die Inflation vom Statistischen Bundesamt – und zwar anhand eines fiktiven Warenkorbs. Der Warenkorb soll den durchschnittlichen Konsum einer durchschnittlichen deutschen Familie darstellen. In diesem Warenkorb sind hauptsächlich drei Konsumkategorien enthalten: Waren des täglichen Gebrauchs (zum Beispiel Lebensmittel), langlebigere Konsumgüter (beispielsweise Autos) und Dienstleistungen (etwa Versicherungen oder der Friseurbesuch). Wenn dieser fiktive Warenkorb aktuell 100 Euro wert ist und im nächsten Jahr 102 Euro, dann liegt die Inflation bei 2 Prozent.

Die Gründe für die Inflation sind sehr komplex und können vielfältig sein. Eine genaue Erklärung der volkswirtschaftlichen Mechanismen würde hier zu weit führen. Wichtig ist: Die Inflation ist prinzipiell nichts Schlechtes. Sie tritt nämlich vor allem in wirtschaftlich starken Phasen auf. Daher setzt sich die Europäische Zentralbank zum Ziel, die Inflation bei etwa 2 Prozent zu halten.

Beispielrechnung: Wie die Inflation an deinen Ersparnissen zehrt

Angenommen, auf deinem Girokonto sind 10 000 Euro. Dieses Geld rührst du nicht an. Du sparst es für einen bestimmten Zweck. Nach fünf Jahren willst du das Geld von deinem Konto abheben. Natürlich befinden sich dort immer noch nominal 10 000 Euro. Der Wert dieses Geldes hat sich über die Zeit allerdings verändert: Die 10 000 Euro sind durch die Inflation (wir rechnen mit 2 Prozent) jetzt nur noch 9057 Euro wert. Du bekommst also nur noch Waren oder Dienstleistungen dafür, die heute 9057 Euro entsprechen würden. Insgesamt hast du über die Zeit 943 Euro an realer Kaufkraft verloren, obwohl du nominal immer noch 10 000 Euro auf dem Konto hast. Einfach weil die Sachen teurer geworden sind.

Die Inflation müssen wir also bei unseren Finanzen immer mit im Blick haben. Bei einer verzinsten Geldanlage, wie zum Beispiel deinem Tagesgeldkonto, wird daher zwischen nominalen und realen Zinsen unterschieden. Der nominale Zinssatz ist zunächst der Zinssatz, den du für deine Geldanlage bekommst. Erhältst du für das Geld auf deinem Tagesgeldkonto zum Beispiel 3 Prozent Zinsen, dann liegt der Nominalzinssatz bei 3 Prozent. Angenommen, die Inflation beträgt 2 Prozent, wie hoch ist dann der reale Zinssatz? In dem Fall musst du von den 3 Prozent Zinsen 2 Prozent abziehen: Dein realer Zinssatz liegt also bei 1 Prozent.

Die 3 Prozent Zinsen wirst du auf deinem Tagesgeldkonto aber in der heutigen Zeit nicht bekommen. Viel realistischer ist daher folgendes Szenario: Auf dein Tagesgeldkonto erhältst du beispielsweise 1 Prozent Zinsen. Bei 2 Prozent Inflation bedeutet das: Dein Realzins ist negativ. Du verlierst über die Zeit also Geld.

Das heißt nicht, dass wir Guthabenkonten wie das Sparbuch oder Tagesgeld verteufeln müssen. Richtig eingesetzt erfüllen sie einen wichtigen Zweck. Wie du schon gelesen hast, kann ein solches Konto zum Beispiel sehr nützlich für deinen Notgroschen sein. Oder auch, wenn du Geld für ein kurzfristiges Ziel ansparst – zum Beispiel für den nächsten Urlaub oder für neue Möbel. Klar ist aber: Das Geld, das du in den nächsten Jahren nicht benötigst, wird auf dem Sparbuch später weniger wert sein. So kommst du nicht an dein Ziel.

Mit dem Zinseszins dein Sparziel erreichen

Was der Zins ist, weißt du schon: Sozusagen die Kompensation dafür, dass du dein Geld zur Bank bringst. Legst du dein verzinstes Geld gleich wieder an, profitierst du vom sogenannten Zinseszins. Du bekommst also Zinsen auf die Zinsen! Wie das genau aussieht? Verraten wir dir!

Dieser Zinseszinsrechner zeigt dir, wie viel du erwarten kannst:

Zinseszinseffekt: Beispiel für die Berechnung

Du legst 10 000 Euro vier Jahre lang an. Dafür bekommst du einen festen Zins von 2 Prozent pro Jahr. Das bedeutet, dass du im ersten Jahr 200 Euro Zinsen bekommst. Dein Kapitalbestand steigt damit auf 10 200 Euro. Im zweiten Jahr verzinsen sich die einkassierten Zinsen mit – und du erhältst 204 Euro Zinsen. Dein Sparvermögen klettert auf 10 404 Euro. Darauf bekommst du im dritten Jahr 208,08 Euro Zinsen – es haben sich bereits zwei Zinszahlungen mitverzinst. Nach drei Jahren hast du also 10 612,08 Euro auf dem Konto. Im vierten Jahr schließlich kassierst du 212,24 Euro an Zinsen – dein Kapital wächst auf 10 824,32 Euro.
Ohne Zinseszinseffekt sähe die Rechnung anders aus: Du würdest jedes Jahr 200 Euro Zinsen bekommen – und hättest nach vier Jahren also 10 800 Euro. Der Unterschied wirkt auf den ersten Blick nicht groß. Aber wir haben uns jetzt auch nur vier Jahre angeschaut.

Wenn wir uns die Rechnung mit anderen Zeiträumen und Zinssätzen ansehen, ist das Ergebnis durchaus beeindruckend:

Anlagebetrag: **10 000€**
Anlagehorizont: **4 Jahre**

	ohne Zinseszins	**mit** Zinseszins
Zins: 2,0 %	**10 800,00€**	**10 824,32€**
Zins: 7,1 %	**12 840,00€**	**13 157,00€**

Zinseszinseffekt über 4 Jahre

Anlagebetrag: **10 000€**
Anlagehorizont: **15 Jahre**

	ohne Zinseszins	**mit** Zinseszins
Zins: 2,0 %	**13 000,00€**	**13 458,68€**
Zins: 7,1 %	**20 650,00€**	**27 980,00€**

Zinseszinseffekt über 15 Jahre

Rund 2 Prozent Zinsen kannst du – je nach aktuellem Leitzins – auf einem Festgeldkonto bekommen; 7,1 Prozent Rendite pro Jahr brachten globale Aktienfonds durchschnittlich in den letzten 30 Jahren (Stand: Juni 2022)[43]. Ob diese Renditen auch in Zukunft erreicht werden, ist offen.[44]

Tatsächlich ist es so, dass die Börsen in den letzten Jahren sehr gut liefen. Dieser Trend muss nicht anhalten. Monatliche Zinszahlungen sind besser als jährliche. Denn so kann sich der Zinseszinseffekt auch unterjährig auswirken. Wenn du Festgeld anlegen möchtest, achte darauf, ob deine Bank deine Anlagen monatlich, vierteljährlich oder doch nur jährlich verzinst. Manchmal findest du diese Information allerdings nur bei genauem Hinsehen und der Lektüre des Kleingedruckten. Wie die Banken bei der Gutschrift von Zinsen und bei der Berechnung von Zinseszinsen vorgehen, ist nämlich unterschiedlich.

Vorsicht vor dem Zinseszins bei Krediten

Wenn dein Girokonto laufend im Minus ist, ist das sozusagen eine negative Geldanlage. Und das kann schnell teuer werden. Denn viele Banken verlangen auch heutzutage Überziehungszinsen um die 10 Prozent pro Jahr und mehr. Wenn du dein Konto nicht wieder auf null bringen kannst, könntest du irgendwann dein Dispositionslimit ausreizen und in eine Schuldenspirale geraten. Hast du Schulden auf dem Girokonto, solltest du sie erst abbauen, bevor du an Geldanlage denkst.

Wie du siehst, entfaltet der Zinseszins vor allem bei langfristigen Sparprozessen seine enorme Wirkung. Das unterschätzen viele! Denn beim Zinseszinseffekt handelt es sich um eine exponentielle Entwicklung, die viele nur schwer nachvollziehen können.

Mit exponentiellen Entwicklungen haben wir gerade erst in der Corona-Pandemie unsere – leider schlechten – Erfahrungen gesammelt: Wir haben gesehen, dass aus anfänglich wenigen Krankheitsfällen schnell eine Krankheitslawine entstehen kann. So ähnlich verhält es sich auch mit dem Zinseszinseffekt.

Klar sollte dir sein: Je höher der Zinssatz und je länger der Zeitraum, in dem dein Geld angelegt ist, desto stärker wirkt er sich aus. Oder anders ausgedrückt: Je länger du Zeit zum Sparen hast, desto mehr Geld kannst du dank des Zinseszinseffekts verdienen. Denn über die Jahre sammeln sich über den eigentlich investierten Betrag hinaus immer mehr Zinsen an, die sich über die Laufzeit mitverzinsen.

Der Zinseszins spielt prinzipiell bei allen Sparprozessen eine Rolle – egal, ob du dein Geld auf dem Sparbuch, auf dem Tagesgeldkonto oder an der Börse investiert hast. Doch es gibt Unterschiede im Detail.

Bei Sparkonten bekommst du in der Regel einen Zins, der zunächst fix ist, später aber angepasst werden kann. Der Zins ist minimal, sodass der Zinseszinseffekt hier de facto ausgebremst wird. Es gilt also, den Ertrag zu erhöhen, den du mit deinem Kapital erzielst. Einen höheren Ertrag können dir zum Beispiel Investitionen an der Börse bieten. Was das genau ist und wie das funktioniert? Das erklären wir dir im nächsten Schritt. Aber lass folgende Beispielrechnung einmal auf dich wirken:

	42 000 Euro (Einzahlung nach 35 Jahren bei einer Sparrate von monatlich 100 Euro)		
2 %		18 641,34 Euro Zinseszins	60 641,34 Euro
4 %		48 286,15 Euro Zinseszins	90 286,15 Euro
6,9 %*		126 314,76 Euro Zinseszins	168 314,76 Euro

Wunder von Zins und Zinseszins (Stand Juni 2022)
**Sparplan über 100 Euro monatlich, durchschnittlicher globaler Aktienfonds 6,9 % pro Jahr laut BVI*

Legst du 35 Jahre lang jeden Monat 100 Euro an, erreichst du bei einer Verzinsung von 2,0 Prozent ein Endkapital von 60 641,34 Euro. Deine Einzahlung beläuft sich auf insgesamt 42 000 Euro. Der Zins und der Zinseszins betragen also 18 641,34 Euro. Liegt dein Ertrag bei 4,0 Prozent, sind es schon 90 286,15 Euro, die du am Ende rausholst. Und wenn wir den durchschnittlichen Ertrag globaler Aktienfonds zugrunde legen (6,9 Prozent), erzielst du mit einer Einzahlung von insgesamt 42 000 Euro ein Endkapital von 168 314 Euro. Damit hättest du dein Geld in 35 Jahren vervierfacht.[45] Wichtig ist, dass die Renditen der Vergangenheit die Grundlage für dieses Rechenbeispiel sind. Ob sich die Renditen in Zukunft auch in diesem Rahmen bewegen, ist offen.

Du siehst: Um ein Vermögen aufzubauen, brauchst du nicht viel Geld. Das sollte dich motivieren, tiefer in die Welt der Geldanlage einzutauchen. Daher bleib dran – es lohnt sich!

Einkaufen auf dem Marktplatz: Was ist eine Börse?

Börse klingt für dich wie Spielcasino? Den Vergleich hört und liest man immer wieder. Die Annahme ist allerdings grundlegend falsch. Besser vergleichen lässt sich eine Börse mit einem Onlinemarktplatz.

Nehmen wir an, du möchtest im Internet ein Kleid verkaufen. Du stellst dein Kleid online und triffst dann als Verkäuferin auf interessierte Käuferinnen. Alle Parteien haben bestimmte Preisvorstellungen. Aus Angebots- und Nachfragepreis ergibt sich dann der Marktpreis für dein Kleid. Genauso wird auch an der Börse ein Preis für eine Aktie gefunden.

Die Börse ist damit eine Art Marktplatz für Börsenakteure: Unternehmen, die Aktien ausgeben, und Käuferinnen und Käufer, die diese Aktien nachfragen. Wer sein Geld in Aktien investieren will, muss das also über die Börse machen. Gehandelt werden neben Aktien auch noch andere Wertpapiere. Der Mechanismus bleibt aber immer gleich: Angebot und Nachfrage bilden den Preis. In Deutschland werden die meisten Wertpapierkäufe über Xetra abgewickelt. Das ist die elektronische Handelsplattform der Deutschen Börse AG in Frankfurt. Letztere ist die bekannteste Präsenzbörse in Deutschland. Du kennst sie wahrscheinlich sogar, wenn du schon einmal die Börsennachrichten gesehen hast. Von dort wird nämlich berichtet.

»Heute hat der DAX die 16 000-Punkte-Marke durchbrochen!« Bei solchen Sätzen in den Nachrichten verstehst du nur Bahnhof? Damit bist du nicht allein! Aber eines versprechen wir dir: Demnächst wirst du nicht mehr ratlos vor dem Bildschirm sitzen. Denn eigentlich ist es gar nicht so schwer.

Der DAX ist der Deutsche Aktienindex. Er fasst die 40 größten deutschen Aktiengesellschaften zu einem Korb zusammen und bildet damit die Wertentwicklung dieser Aktien ab. Viele dieser Unternehmen kennst du bestimmt: Adidas, BMW, Deutsche Post, Henkel ...

Am DAX können wir also jederzeit ablesen, wie es um die Lage der deutschen Wirtschaft bestellt ist. Der Stand des DAX wird in Punkten gemessen. Bei der Gründung im Jahr 1987 wurde der Index bei 1000 Punkten festgeschrieben. Seitdem spiegelt sich die

Wertentwicklung der enthaltenen Aktien im Punktezugewinn des DAX wider.

So wie beim DAX läuft es in der Regel auch bei allen anderen Indizes: Sie repräsentieren einen Markt oder einen Teilmarkt, indem sie verschiedene Regeln zu den enthaltenen Wertpapieren aufstellen. Für dich als Anlegerin dienen die Indizes als Börsenbarometer für einzelne Volkswirtschaften oder Wirtschaftsbereiche. Doch sie übernehmen darüber hinaus noch weitere Funktionen. Beispielsweise bilden sie die Grundlage von ETFs und dienen als Vergleichsmaßstab für aktiv gemanagte Investmentfonds. Wie das genau aussieht, klären wir später.

Gut zu wissen: Indizes aus Deutschland und der Welt

DAX: Wichtigster deutscher Aktienindex, der die größten deutschen Unternehmen beinhaltet.

MDAX: Beinhaltet die mittelgroßen Unternehmen in Deutschland und ist sozusagen der »kleine Bruder des DAX«.

TecDAX: Enthält die 30 größten deutschen Technologieunternehmen.

S&P 500, Dow Jones, Nasdaq: Das sind die drei großen US-amerikanischen Börsenbarometer.

EURO STOXX 50: Er repräsentiert die 50 führenden Aktien aus der Eurozone.

Nikkei: Der japanische Leitindex ist gleichzeitig auch der bedeutendste Aktienindex Asiens.

MSCI Emerging Markets: Internationaler Aktienindex, der die Wertentwicklung aus aufstrebenden Schwellenländern abbildet.

MSCI World: Globaler Aktienindex, der rund 1650 Aktien aus 23 Industrieländern enthält.

Die bekanntesten Indizes sind in der Regel Aktienindizes. Daneben gibt es aber auch unzählige Indizes, die andere Wertpapiere wie Anleihen oder Rohstoffe abbilden. Aber was genau sind Wertpapiere eigentlich?

Wertpapier-Basics: Aktien und Anleihen einfach erklärt

Investitionen kannst du zum Beispiel in Wertpapiere oder Immobilien tätigen. Letztere unterliegen ganz eigenen Regeln, daher konzentrieren wir uns hier auf das Thema Wertpapiere. Dabei handelt es sich, wie der Name schon vermuten lässt, um Papiere, die einen Wert verbriefen. Beispiele für Wertpapiere sind Aktien, Anleihen und Investmentfonds oder ETFs. Und die werden wir uns jetzt einmal genauer anschauen:

Den Begriff Aktie hast du schon einmal gehört. Aber wenn dich jemand nach einer Erklärung fragt, bleibst du sprachlos zurück? Um zu verstehen, was eine Aktie ist, sehen wir uns zunächst an, wie eine Aktie überhaupt entsteht. Das machen wir vereinfacht am Beispiel von Siemens.

Siemens ist ein deutscher Konzern mit knapp 300 000 Mitarbeiterinnen und Mitarbeitern, zahllosen Bürogebäuden, Maschinen und Produkten. Hinter der Aktie steckt eine riesige Struktur, die seit etwa 170 Jahren besteht. Angenommen, Siemens möchte eine neue Serie von Kaffeemaschinen auf den Markt bringen und benötigt dafür Geld. Um an dieses Geld zu kommen, hat das Unternehmen vor allem zwei Möglichkeiten: Es kann sich Geld bei einer Bank leihen oder einen Schuldschein herausgeben. Dadurch verpflichtet sich das Unternehmen dazu, das Geld plus Zinsen wieder zurückzuzahlen. Oder Siemens finanziert das neue Produkt über Eigenkapital. Dazu kann Siemens entweder eigene Mittel verwenden oder andere Personen in Form von Aktien am Unternehmen beteiligen – das sind dann die Aktionärinnen und Aktionäre. Über die Eigentümer der Aktien kann das Unternehmen sein Eigenkapital aufstocken und so sein Produkt finanzieren.

Kaufst du eine Aktie von Siemens, wirst du also zur Aktionärin und damit zu einer Miteigentümerin des Unternehmens. Dadurch partizipierst du an der Struktur, selbst wenn du global gesehen nur einen klitzekleinen Teil ausmachst. Denn du trägst dazu bei, dass Siemens sein Kapital einsetzen kann, um es beispielsweise für die Produktion oder die Forschung und Entwicklung zu nutzen.

Daher zählen Aktien auch zu den sogenannten Sachwerten. Denn es handelt sich bei einer Aktie eben nicht einfach nur um ein Stück Papier, sondern um einen Anteil an einem Unternehmen. Das bedeutet für dich aber auch: Du profitierst nicht nur von den Gewinnen, sondern musst auch die Verluste des Unternehmens mittragen. Denn einen Anspruch auf Rückzahlung des Kapitals hast du bei Aktien nicht.

Von den Gewinnen kannst du vor allem über zwei Wege profitieren: Zum einen über die Kursgewinne. Da der Preis einer Aktie schwankt, kannst du zum Beispiel Aktie XY heute für 100 Euro kaufen. Wenn dann die Nachfrage zunimmt, weil viele glauben, dass das Unternehmen gute Zukunftsaussichten hat, wird die Aktie unter Umständen teurer und steigt nach einer Woche um 4 Prozent auf 104 Euro. Die 4 Euro sind dann dein Kursgewinn.

Zum anderen wirst du an den jährlichen Gewinnen des Unternehmens beteiligt: Hat das Unternehmen gut gewirtschaftet, schüttet es einen Teil seiner Gewinne an die Aktionärinnen und Aktionäre aus. Diese Ausschüttung nennt man Dividende. Sie wird auf dein Konto überwiesen. Kursgewinn und Dividende ergeben dann die sogenannte Rendite der Aktie.

Hört sich gut an? Leider gibt es auch eine Kehrseite: Aktien bergen erhöhte Risiken. Es ist wichtig, diese Risiken zu kennen, um sie einschätzen zu können.

Risiken von Aktien

Kursrisiko: Läuft es nicht rund im Unternehmen, fällt der Kurs.

Klumpenrisiko: Wer zu viel Geld in die Aktie eines Unternehmens oder in eine Branche investiert, riskiert, dass genau diese Aktie oder diese Branche schlecht läuft.

Marktrisiko: Ist die Stimmung in der Branche oder in der gesamten Wirtschaft schlecht, leiden alle.

Anleihen sind Wertpapiere, die sich in der Regel durch eine feste Verzinsung auszeichnen. Herausgegeben werden sie zum Beispiel von Staaten oder Unternehmen. Durch den Kauf gibst du dem Herausgeber der Anleihe einen Kredit. Im Gegenzug erhältst du Zinsen und eine Rückzahlung zum vorab festgelegten Laufzeitende. Als Käuferin einer Anleihe hast du also zwei Rechte: Du bekommst deine Investition zurück und die vereinbarten Zinsen obendrauf.

Wie sich eine Anleihe entwickelt, hängt vom Marktzins, der Laufzeit und Bonität des Emittenten (Herausgeber) ab. Gut zu wissen: Festverzinsliche Wertpapiere wie Anleihen musst du nicht bis zum Ende der Laufzeit halten.

Der Unterschied zwischen einer Aktie und einer Unternehmensanleihe ist also die Art der Investition: Mit Aktien kannst du dich an einem Unternehmen beteiligen. Mit einer Anleihe gibst du einem Unternehmen einen Kredit zu einem festen Zinssatz. Anleihen sind schwankungsärmer, aber auch weniger rentabel als Aktien. Und trotzdem sind auch Anleihen nicht frei von Risiken. Geht das Unternehmen oder der Staat zum Beispiel pleite, besteht für dich ein Ausfallrisiko.

Weitere Anlageklassen

Bei deinem Vermögensaufbau kannst du neben Aktien und Anleihen auch in andere Anlageklassen investieren. Hierzu gehören unter anderem:

Rohstoffe wie Gold, Silber, Öl, Kohle oder Holz

Immobilien – beispielsweise der Kauf eines Eigenheims

Kryptowährungen, also digitale Zahlungsmittel wie Bitcoin oder Ethereum

Sammlerstücke wie Oldtimer oder Kunst

Wie du die passende Geldanlage für dich findest

Eine gute Orientierung bietet das sogenannte magische Dreieck der Vermögensanlage. Es beinhaltet die drei wesentlichen, miteinander konkurrierenden Ziele eines Investments: Rentabilität, Sicherheit und Verfügbarkeit.

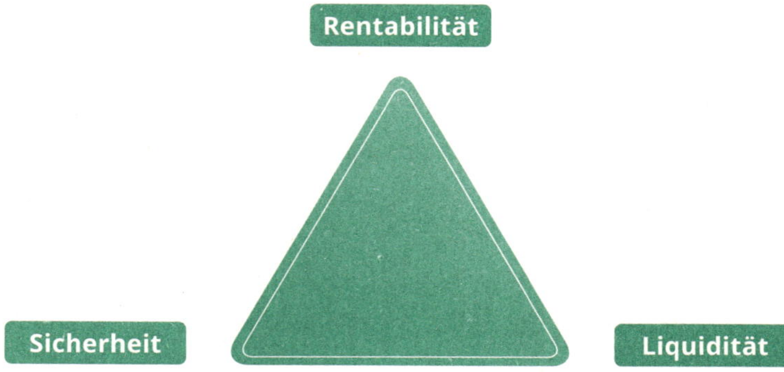

Das magische Dreieck der Geldanlage

Die Rentabilität spiegelt das Ziel wider, das eigene Geld mit möglichst guten Entwicklungschancen, also mit einer hohen Rendite, anzulegen. Bei der Sicherheit geht es um den Erhalt deines Vermögens. Hier spielt auch eine Rolle, wie stark der Wert deines Investments schwanken kann. Die Verfügbarkeit, auch Liquidität genannt, beschreibt, wie schnell du den investierten Betrag wieder in Bargeld umwandeln kannst.

Das Geld auf dem Girokonto ist zum Beispiel jederzeit verfügbar, bringt allerdings kaum bis keinerlei Rendite. Anders sieht es bei Immobilien aus: Eine Immobilie ist nicht von einem Tag auf den anderen verkäuflich. Vielmehr dauert es etwas, bis man einen Käufer oder eine Käuferin findet. Daher sind Immobilien nicht liquide, aber sie werfen relativ zuverlässig eine stabile Rendite ab.

Aktien hingegen können spontan über die Börse verkauft werden. Sie sind also enorm liquide. Außerdem sind sie auf lange Sicht renditestark. Die Kehrseite der Medaille? Aktien können im Wert sehr stark schwanken. Daher nehmen wir Aktien auch als weniger sicher wahr als beispielsweise das Sparbuch.

Insgesamt solltest du darauf achten, dass du in Sachen Geldanlage möglichst breit aufgestellt bist. Das bedeutet nicht, dass du jede Anlageklasse bedienen musst. Aber sein Geld ausschließlich auf dem Tagesgeldkonto zu haben oder in Aktien zu investieren, ist keine besonders sinnvolle Strategie. Wir wollen ja »nicht alle Eier in einen Korb legen«, wie man so schön sagt.

Das magische Viereck der Geldanlage ist eine Erweiterung des magischen Dreiecks um den Aspekt »Nachhaltigkeit«. Dieses Viereck soll das Verhältnis der vier konkurrierenden Ziele einer Geldanlage (Rentabilität, Liquidität, Rendite und Nachhaltigkeit) darstellen.

Die Nachhaltigkeit eines Investments gewinnt für immer mehr Menschen an Bedeutung. Nachhaltige Aspekte einer Geldanlage sind zum Beispiel die Reduktion oder Vermeidung von

Emissionen, ressourcenschonendes Wirtschaften und ein verantwortungsvoller Umgang mit Mitarbeiterinnen und Mitarbeitern.

Das Modell zeigt, dass bei einem Investment zueinander konkurrierende Ziele gegeneinander abgewogen werden müssen. Geldanlagen mit hoher Rentabilität weisen beispielsweise meist eine niedrige Sicherheit auf. Der Punkt »Nachhaltigkeit« passt hier nicht so richtig dazu: Denn Beobachtungen zeigen, dass die Nachhaltigkeit nicht automatisch in Konkurrenz zu den anderen Zielen steht. Im Gegenteil: Oft können nachhaltige Produkte sogar eine bessere Rendite bringen als herkömmliche.

Risiken richtig einschätzen

Vielleicht fragst du dich jetzt, wie viel Risiko du eigentlich eingehen kannst und willst. Wer schläft schon gut, wenn sein Wertpapierdepot gerade mal um 40 Prozent abgerutscht ist? Wichtig ist dabei die Unterscheidung zwischen deiner Risikobereitschaft und deiner Risikotragfähigkeit. Dein Risikoprofil setzt sich immer aus der Kombination beider Faktoren zusammen.

Deine Risikobereitschaft ist die subjektiv empfundene Bereitschaft, Risiken einzugehen. Und die ist besonders häufig bei uns Frauen extrem gering. Verständlicherweise – wer blickt schon mit Freude auf die roten Zahlen während eines wirtschaftlichen Abschwungs? Um aber zu beurteilen, wie hoch deine Risikotragfähigkeit ist, ziehst du objektive Kriterien heran: Hast du ein stabiles Einkommen und genügend Geld auf der hohen Kante, um schwierige Lebensphasen zu überbrücken? Und ist dein Anlagehorizont lang genug – also etwa 10 bis 15 Jahre? Dann hast du eine relativ hohe Risikotragfähigkeit.

Beispiele für die Risikotragfähigkeit

Anna ist 35 Jahre alt und hat eine Festanstellung als Marketing-Managerin. Sie verdient ausreichend Geld, um ihren Lebensunterhalt zu bestreiten. Sollte sie in eine schwierige Lebenslage geraten, hat sie einen Notgroschen von drei Nettomonatsgehältern, mit dem sie diese Zeit überbrücken kann. Jeden Monat hat sie 100 Euro übrig – die möchte sie für ihre Rente zurücklegen. Sie geht zwar nicht gerne Risiken ein, objektiv betrachtet ist ihre Risikotragfähigkeit aber sehr hoch. Anna könnte die 100 Euro daher problemlos in Aktien investieren.

Birgit ist 60 Jahre alt und arbeitet als Personalerin. In etwa fünf Jahren möchte sie in Rente gehen. Mit Aktien und ETFs hatte sie bisher keine Berührungspunkte. Nun überlegt sie, eine größere Summe Geld zu investieren. Sie ist sich nur nicht sicher, wie viel Risiko sie wirklich eingehen kann. Das Geld sollte immerhin auch ihre Rente ein wenig aufbessern. Allerdings braucht sie es nicht zwingend mit 65. Birgit entscheidet sich daher, etwa 50 Prozent des Geldes in Aktien zu investieren und den Rest auf dem Tagesgeldkonto zu belassen. Sobald sie in Rente geht, kann sie das Geld in ihrem Aktiendepot dann vorausschauend Stück für Stück auf ihr Tagesgeldkonto verlagern.

Investieren leicht gemacht mit Investmentfonds

Wenn du dein Geld nun in Wertpapiere wie Aktien investieren möchtest, stehst du automatisch vor der Frage: Welche Aktie ist die richtige? In wie viele Aktien sollte ich investieren? Habe ich überhaupt genug Geld? Du kannst dich jetzt auf die Suche nach Unternehmen machen und versuchen, auf eigene Faust ein ausgeglichenes Portfolio zusammenzustellen. Aber mal ehrlich: Wer hat schon Zeit dafür?

Eine einfache Möglichkeit, um breit gestreut zu investieren, sind Investmentfonds. Die übernehmen die Aktienauswahl und die Risikostreuung nämlich automatisch für dich. Einen Fonds kannst du dir vorstellen wie einen Topf, in dem verschiedene Wertpapiere enthalten sind. Welche Wertpapiere das sind, entscheidet der Manager oder die Managerin des Fonds. Sie analysieren die Unternehmen ganz genau und treffen dann die Entscheidung, eine entsprechende Aktie mit ins Portfolio aufzunehmen oder eben nicht. Das machen sie anhand verschiedener Beurteilungskriterien – dazu zählen beispielsweise die Gewinnaussichten des Unternehmens.

Wenn wir in einen Fonds investieren, erhalten wir dafür einen oder mehrere Anteile. Nehmen wir an, ein Anteil ist 100 Euro wert. Wenn du 200 Euro investierst, erhältst du zwei Anteile an diesem Fonds.

Das Fondsvermögen setzt sich aus zwei Komponenten zusammen: Die erste ist die Summe der Werte der enthaltenen Wertpapiere. Hat der Fonds zum Beispiel 100 Aktien im Portfolio (sprich im Topf), wird der Wert dieser Aktien am Ende des Tages addiert. Hinzu kommt dann die Cash-Komponente, also die Barreserven des Fonds. Abgezogen wird eine Rückstellung für alle bekannten laufenden Kosten. Konkret heißt das: Das Fondsvermögen ergibt sich aus den Wertpapieren und den Barreserven des Fonds abzüglich der Rückstellungen für laufende Kosten. Teilst du dieses Fondsvermögen jetzt durch die Anzahl der ausgegebenen Anteile, erhältst du den Preis pro Anteil am Fonds – also den Anteilswert.

So errechnet sich der Anteilswert eines Fonds

Angenommen, der Wert des Fondsvermögens beläuft sich auf 10 Millionen Euro. Die Anzahl der ausgegebenen Anteile beträgt 100 000 Stück. Dann teilen wir die 10 Millionen durch 100 000. Das ergibt einen Anteilswert von 100. Wenn du 100 Euro investierst, bekommst du also einen Anteil am Fonds.

Die prozentuale Veränderung der Anteilswerte eines Fonds gibt dann die Wertentwicklung wieder. Hier kannst du erkennen, wie sich der Fonds über verschiedene Zeiträume entwickelt hat – zum Beispiel über ein Jahr oder zwei Jahre oder auch nur über den letzten Monat. Die Wertentwicklung wird in der Fachsprache auch Performance genannt.

Bleiben wir bei unserem Beispiel Aktienfonds: Die Performance ergibt sich aus den Erträgen der einzelnen Aktien. Du erinnerst dich: Wir verdienen Geld mit Aktien in Form von Kurssteigerungen und Dividenden. Diese einzelnen Erträge fließen dann dem Fondstopf zu. Daran profitierst du gemäß deinem Fondsanteil. Allerdings trägst du auch die Verluste mit. Haben sich die Aktien im Fonds negativ entwickelt, ist auch die Wertentwicklung des Fonds entsprechend negativ. So ergeben sich auch die Schwankungen von Fonds: Es wird jeden Tag ermittelt, was ein Fondsanteil wert ist.

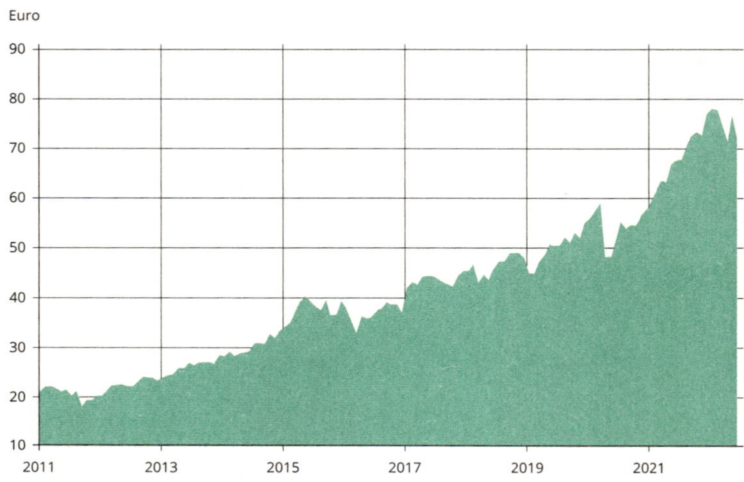

iShares Core MSCI World: onvista (Stand Mai 2022)

Die Wertentwicklung dient als Maßstab, um den Erfolg verschiedener Investmentfonds zu vergleichen. Sie zeigt nämlich, wie sich ein Fonds in der Vergangenheit entwickelt hat. Allerdings macht es natürlich keinen Sinn, Äpfel mit Birnen zu vergleichen. Fonds sollten daher nur mit ähnlichen Fonds verglichen werden.

Wir können uns zum Beispiel zwei Aktienfonds mit Fokus auf weltweite Aktien ansehen und vergleichen, wie sich die beiden in der Vergangenheit entwickelt haben. In diesem Fall wäre die Fondskategorie also »weltweite Aktien«.

Zusätzlich setzt sich die Fondsgesellschaft ein Wertentwicklungsziel – nämlich, dass sie mit ihrer Wertpapierauswahl die Rendite eines Vergleichsindex übertrifft. Es geht also darum, dass sich der Fonds besser entwickelt als der Index. Ein Beispiel hierfür wäre ein weltweiter Aktienfonds, der sich zum Ziel setzt, eine bessere Performance zu erzielen als ein weltweiter Index wie der MSCI World. Einen solchen Index bezeichnet man dann als Benchmark – auf Deutsch: Vergleichsmaßstab.

Im besten Fall ist die Wertentwicklung positiv und der Fonds generiert Erträge. Diese werden entweder ausgeschüttet, also auf dein Konto überwiesen, oder sie werden automatisch wieder im Fonds angelegt. Letzteres nennt man Thesaurierung. Es gibt also ausschüttende oder thesaurierende Fonds. Um welche Art es sich handelt, geht in der Regel aus dem Namen hervor. Die Kürzel »ACC«, »AC« oder »A« stehen für das Englische Wort »accumulating«. Auf Deutsch bedeutet das »ansammeln«. Die Erträge werden hier also angesammelt, es handelt sich dann um einen wiederanlegenden, einen thesaurierenden Fonds.

Die Kürzel »Dis« oder »Dist« stehen dagegen für »distributing« – auf Deutsch: »ausschüttend«. Hierbei handelt es sich also um einen ausschüttenden Fonds, bei dem alle Erträge auf dein Konto überwiesen werden.

Ob für dich ein thesaurierender oder ein ausschüttender Fonds besser ist, hängt davon ab, wie dein Anlageziel aussieht. Ist dein Ziel ein möglichst rascher Vermögensaufbau, solltest du dich für einen thesaurierenden Fonds entscheiden. Weil hier die Erträge wiederangelegt werden, profitierst du vom Zinseszinseffekt. Möchtest du hingegen die laufenden Erträge des Fonds ausgeben und nur das Kapital weiter für dich arbeiten lassen, ist ein ausschüttender Fonds wahrscheinlich besser für dich.

Allzu eng brauchst du das aber nicht zu sehen. Im Grunde genommen spielt es für uns als Privatanlegerinnen keine große Rolle, ob wir einen ausschüttenden oder einen thesaurierenden Fonds kaufen. Wenn du beispielsweise einen thesaurierenden Fonds hast, aber trotzdem eine regelmäßige Zahlung aus deinem Guthaben beziehen willst, schließt du einfach einen Auszahlplan ab. Dann kannst du dir monatlich einen bestimmten Betrag auszahlen lassen und musst nicht auf den jährlichen Ausschüttungstermin warten. Und andersherum: Wenn du einen ausschüttenden Fonds hast und schnell Vermögen aufbauen möchtest, teilst du deiner depotführenden Stelle einfach mit, dass die Ausschüttungen automatisch wiederangelegt werden sollen. Meistens genügt hier ein Kreuzchen im Feld »automatische Wiederanlage«. Dann wird der Ausschüttungsbetrag automatisch dazu genutzt, neue Fondsanteile zu kaufen.

Die wichtigsten Charakteristika von Investmentfonds

Risikostreuung

Der große Vorteil von Investmentfonds: Über die Fonds können wir in Wertpapiere verschiedener Anlageklassen (zum Beispiel Aktien oder Anleihen), Branchen und Länder investieren.

Nehmen wir an, dass ein Fonds in 100 verschiedene Aktien aus 15 verschiedenen Ländern investiert. Sollte eine der Firmen insolvent werden, bleiben noch 99 weitere, die in der Regel nicht am selben Tag Konkurs gehen. Das ist der Zauber dieser Risikostreuung. Der Gesetzgeber gibt zudem gewisse Richtlinien vor, sodass ein Fonds nicht zu viel seines Vermögens in ein einzelnes Wertpapier investiert.

Flexibilität

Fonds sind börsentäglich handelbar. Du kannst also in der Regel von Montag bis Freitag Käufe oder Verkäufe tätigen. Das heißt: Du kommst jederzeit an dein Vermögen, weil du den Fonds immer zum aktuellen Kurs verkaufen kannst. Aber beachte: Der Kurs kann höher oder niedriger sein als der, zu dem du den Fonds gekauft hast. Je nachdem, wie der Kurs gerade ausfällt, machst du beim Verkauf entweder Gewinne oder Verluste. Daher ist es insbesondere bei Aktienfonds wichtig, den Anlagehorizont beziehungsweise dein Anlageziel im Auge zu haben.

Du kannst entweder eine einmalige Summe investieren (zum Beispiel 5000 Euro) oder du zahlst monatlich in den Fonds über einen Fondssparplan ein. Das geht in der Regel schon ab 25 Euro oder sogar noch weniger im Monat. Zudem kannst du auch eine Einmalanlage mit einem Sparplan kombinieren. Du siehst: Investmentfonds sind sehr flexibel.

Transparenz

Die Fondsgesellschaft ist verpflichtet, dir mindestens halbjährlich eine Aufstellung aller Wertpapiere (sprich aller Aktien) auszuhändigen. Das kannst du in den Rechenschaftsberichten beziehungsweise in den Halbjahresberichten nachlesen. Zusätzlich kannst du natürlich online auch die größten Einzeltitel des Fonds einsehen. Diese werden in der Regel monatlich veröffentlicht.

Sicherheit

Fonds sind stark regulierte Produkte und unterliegen strengen Vorschriften. Zum Beispiel müssen sie gewisse Anlagegrenzen beachten und dürfen keine Renditeversprechen machen. Alle Aussagen über die Wertentwicklung beziehen sich immer auf die Vergangenheit – sprich auf die Erträge, die tatsächlich realisiert wurden.

Sehr wichtig zu wissen ist außerdem: Dein Fondsvermögen zählt als sogenanntes Sondervermögen. Wir erinnern uns: Vor einer Insolvenz des Fondsanbieters, zum Beispiel im Falle einer Finanzkrise, ist dein Vermögen geschützt.

Sondervermögen

Bei Investmentfonds bildet das von dir investierte Kapital das sogenannte Sondervermögen. Dieses Sondervermögen muss die Investmentgesellschaft zum Schutz der Anlegerinnen und Anleger getrennt von ihrem eigenen Vermögen verwahren. Sollte der Fondsanbieter Verbindlichkeiten haben oder Insolvenz anmelden, können die Gläubiger nicht auf das Sondervermögen zugreifen. Denn es gehört nicht zur Konkursmasse. Auch eine Veruntreuung deines Geldes durch die Gesellschaft ist durch die separate Verwahrung eingeschränkt.

Allerdings bedeutet das nicht, dass dein Fondsvermögen so sicher ist wie es bei deinem Girokonto der Fall ist. Die Kurse können schwanken und es gibt ein gewisses Verlustrisiko.

Diese Fondsarten solltest du kennen

Investmentfonds sind vielfältig, denn man kann mit ihnen viele verschiedene Wertpapiere abbilden. Aber welche Fondsarten sollte man unbedingt kennen? Und wo genau liegen die Unterschiede? Wir geben dir hier einen Überblick über vier gängige Kategorien:

Aktienfonds

Aktienfonds investieren, wie der Name schon sagt, in Aktien. Aktien sind – das haben wir gelernt – Anteile an Unternehmen. Weil Aktienkurse stark schwanken können, wird auch ein Aktienfonds immer gewisse Schwankungen aufweisen.

Rentenfonds

Nein, hier geht es nicht um deinen Ruhestand. Der Begriff »Rentenfonds« leitet sich vom sogenannten Rentenpapier ab. Damit sind Anleihen gemeint. Rentenfonds sind also nichts anderes als Anleihenfonds. Also Fonds, die in festverzinsliche Wertpapiere investieren.

Mischfonds

Du ahnst es: Mischfonds mischen verschiedene Wertpapiere. Häufig sind das Aktien und Anleihen. Wer also auf den Zwischenweg setzen will, kann in diese Art von Fonds investieren. In der Regel gibt es hier eine vorher definierte Aufteilung – zum Beispiel 50 Prozent Aktien und 50 Prozent Anleihen. Das Fondsmanagement passt diese Aufteilung regelmäßig an, sodass du dir eigentlich keine Gedanken mehr machen musst.

Offene Immobilienfonds

Offene Immobilienfonds investieren das Geld vieler Anleger und Anlegerinnen in viele verschiedene Immobilien: Einkaufszentren, Hotels, Bürogebäude und so weiter. Als Anlegerin kannst du dich also einfach und unkompliziert am Immobilienmarkt beteiligen, musst aber einige Fristen beachten:

1. Mindesthaltefrist: Ab Kaufzeitpunkt musst du die Fondsanteile für eine bestimmte Zeit besitzen, bevor du sie wieder zurückgeben darfst. Im Regelfall sind das 24 Monate.
2. Rückgabefrist: Eine bestimmte Zeit vor der Rückgabe musst du sie unwiderruflich ankündigen. Im Regelfall sind das 12 Monate.
3. Rücknahmetermine: Viele Fonds ermöglichen eine börsentägliche Rückgabe. Es kann aber auch sein, dass in den

Vertragsbedingungen ein spezieller oder mehrere Rückgabetermine im Jahr festgehalten sind. Daran musst du dich dann ebenfalls halten.

Warum die Fondskosten ein wesentlicher Faktor bei der Produktwahl sind

Kennzahlen für die Kosten und Kostenarten von Investmentfonds gibt es viele. Die folgenden drei solltest du kennen, um dir einen Überblick über die Kosten eines Fonds verschaffen zu können.

Ausgabeaufschlag

Der Ausgabeaufschlag fällt als Einmalbetrag pro Kauf an und soll primär die Vertriebskosten des Fondsanbieters abdecken. Das sind die Kosten, die bei der Fondsgesellschaft für die Vermarktung des Fonds anfallen. Der Ausgabeaufschlag liegt bei bis zu 5 Prozent. Allerdings sind Ausgabeaufschläge grundsätzlich immer verhandelbar. Viele Direktbanken bieten auch reduzierte Ausgabeaufschläge an oder verzichten ganz darauf.

Laufende Kosten

Bei einem Fonds fallen auch jährliche laufende Kosten an. Sie umfassen die meisten vom Fonds getragenen Kosten – zum Beispiel eine Gebühr für das Management oder die Buchhaltung des Fonds. Die jährlichen laufenden Kosten liegen bei etwa 1,2–2 Prozent und werden direkt aus dem Fondsvermögen entnommen.

Variable Kosten

Zu den jährlichen variablen Kosten zählen die Transaktionskosten (die Kosten, die durch den An- und Verkauf von Wertpapieren im Fonds entstehen) und die erfolgsabhängige Vergütung: Letztere wird von einigen Fonds zusätzlich berechnet, wenn das Management die Wertentwicklung der Vergleichsindizes übertrifft oder ein bestimmtes Gewinnziel erreicht.

Zusätzlich zu den Gebühren auf Fondsebene fallen beim Fondskauf Kosten auf der Ebene deines Depots an. Diese Kosten werden wir uns später noch separat ansehen.

Fondskosten	
Ausgabeaufschlag	Bis zu 5 %
Laufende Kosten	Ca. 1,2–2 %
Transaktionskosten	Ca. 0,5–3 %

+ Gebühren auf Ebene des Depots (Depotkosten, Ordergebühr etc.)

Beispielberechnung von Fondskosten

Warum die Kosten von Fonds wichtig sind, zeigt dir die oben stehende Abbildung: Je höher die Kosten deines Investments sind, desto geringer ist – netto betrachtet – dein Wertzuwachs. Das macht sich vor allem bei einem langen Anlagehorizont bemerkbar. Du erinnerst dich an den Zinseszinseffekt? Je größer die Rendite eines Investments ist, desto stärker wirkt sich der Zinseszinseffekt aus. Bei deiner Fondsauswahl solltest du die Kosten also unbedingt im Blick behalten.

Risiken von Investmentfonds

Die Vorteile von Investmentfonds kennst du jetzt. Du solltest dich aber auch mit den Risiken auseinandersetzen. So bist du für deine Investments gerüstet und weißt, was im Fall der Fälle auf dich zukommen kann und worauf du unbedingt achten solltest. Wir nehmen jetzt die drei größten Risiken von Investmentfonds unter die Lupe und erklären, was sich dahinter verbirgt:

Managementrisiko

Die Vermögensverwaltung sucht die Wertpapiere aus, die nachher in den Fonds aufgenommen werden. Fondsmanager und Fondsmanagerinnen analysieren die Unternehmen sehr genau und treffen dann die Entscheidung, eine Aktie ins Portfolio aufzunehmen oder nicht.

Allerdings kann es passieren, dass diese eine falsche Entscheidung treffen und Wertpapiere aussuchen, die schlechter laufen als andere. Genau darin besteht das Managementrisiko. Auch wenn Fondsmanager sich tagtäglich mit der Bewertung von Unternehmen befassen und Expertinnen und Experten zu Rate ziehen, haben auch sie keine Glaskugel.

Wechselkursrisiko

Auf welche Währung der Fonds lautet, ist entgegen dem Glauben vieler egal. Denn hierbei handelt es sich nur um eine rechnerische Einheit. Ob der Fonds also in Euro oder Dollar gerechnet wird, beeinflusst das Wechselkursrisiko nicht.

Das wahre Wechselkursrisiko steckt nämlich in den einzelnen Wertpapieren des Fonds. Investiert ein Fonds ausschließlich in US-amerikanische Unternehmen, dann wird der Fonds ein gewisses Wechselkursrisiko zum Euro bergen, weil diese Unternehmen selbst in US-Dollar handeln.

Marktrisiko

Hier gilt das gleiche wie bei den einzelnen Aktien: Ist die Stimmung in der Branche oder in der ganzen Wirtschaft schlecht, leiden alle. Und das spiegelt sich dann auch in der Entwicklung deines Investmentfonds wider.

Keep it simple: Warum alle über ETFs sprechen

ETFs sind in aller Munde. Kaum ein Finanzmagazin, Blog oder Beratungsgespräch zum Thema Investieren kommt an diesem Thema vorbei. Das hat gute Gründe: Wenige Anlagestrategien sind so flexibel und gleichzeitig so einfach zu handhaben wie ETFs. Doch was genau verbirgt sich hinter dem kryptischen Kürzel? Was spricht für ETFs? Was dagegen? Sind ETFs wirklich die richtige Anlagestrategie für dich?

ETFs sind auch Investmentfonds. Die drei Buchstaben stehen für »Exchange Traded Fund«. Auf Deutsch bedeutet das »börsengehandelte Indexfonds«. Aber was heißt das konkret? Der ETF hat kein Management, das sich um die Auswahl der einzelnen Wertpapiere kümmert. Es steckt also niemand dahinter, der sich Gedanken um die Wertpapierauswahl macht. Stattdessen macht es sich ein ETF leicht: Er spiegelt einfach die Wertentwicklung eines Index wider. Entsprechend entwickelt sich ein ETF quasi parallel zum Index, der ihm zugrunde liegt.

Vielleicht erinnerst du dich: Ein Index ist ein Korb an Wertpapieren, die nach gewissen Kriterien gescreent und dann zu einem Index zusammengefasst werden. Zum Beispiel der MSCI World oder der DAX.

Im Prinzip funktionieren ETFs genauso wie klassische Fonds: Wir zahlen in den ETF-Topf ein, in dem verschiedene Wertpapiere enthalten sind. Dafür bekommen wir dann einen oder mehrere Anteile an diesem ETF. Wenn wir über klassische Aktien-ETFs sprechen, ergibt sich die Performance aus den Erträgen der einzelnen Aktien. Diese einzelnen Erträge fließen dann dem ETF-Topf zu und du profitierst gemäß deinem ETF-Anteil daran. Allerdings bist du auch vor Verlusten nicht gefeit: Haben sich die Aktien im ETF negativ entwickelt, zeigt sich das direkt an der Wertentwicklung des ETFs.

Aktive Fonds vs. ETFs – die wichtigsten Unterschiede im Überblick

	ETFs	Aktive Fonds
Management	Indexmodell	Vermögensverwaltung
Anlageziel	Referenzindex nachbilden	Referenzindex schlagen
Handelsort	Überwiegend an der Börse	Überwiegend Fondsgesellschaft
Notierung	Permanent	Einmal pro Tag
Kosten	Eher gering	Eher hoch

Was spricht für ETFs? Was dagegen?

Pro

1. Mit ETFs kannst du dein Vermögen breit streuen und damit die Anlagerisiken reduzieren. Denn du investierst nicht in einen einzelnen Wert, sondern in eine Vielzahl von Unternehmen beziehungsweise Wertpapieren, die im jeweiligen Index gebündelt sind. Mit einem ETF auf den DAX bist du beispielsweise an den 40 im Deutschen Aktienindex (DAX) gelisteten Unternehmen beteiligt. Dein Vermögen – und damit auch das Anlagerisiko – ist auf 40 Unternehmen verteilt.
2. ETFs sind im Vergleich zu aktiv gemanagten Fonds günstig. Es gibt kein Management, das dafür bezahlt wird, dass es

Unternehmen analysiert und dann die seiner Ansicht nach aussichtsreichsten Aktien für seinen Fonds »pickt«. Niedrige Kosten sind ein wichtiges Kriterium bei der Geldanlage, weil sie die Renditeaussichten erhöhen.

3. Per ETF hast du einen einfachen Zugang zu fast allen Aktien- und Rentenmärkten. Die Anlage ist transparent, weil du immer in einen Index investierst und die Entwicklung deines Vermögens der Wertentwicklung des Index entspricht.
4. Ob Märkte, Branchen oder Strategien: Mit ETFs kannst du deine Anlagestrategie gezielt umsetzen. Du kannst beispielsweise in die großen und bekannten Indizes wie etwa DAX, EURO STOXX oder den US-Index Dow Jones investieren oder dich auf bestimmte Branchen wie Technologie, Biotech oder Automobil fokussieren. Auch ist es möglich, per ETF eine spezielle Anlagestrategie umzusetzen (siehe Seite 227).
5. Nur wenige Fondmanagerinnen und Fondsmanager schlagen auf Dauer den Markt. Viele trauen sich nicht einmal, von ihrem »Vergleichsindex« abzuweichen – und sind damit die hohen Managementkosten nicht wert.

Contra

1. Mit einem ETF kannst du keine Risiken begrenzen und keine »Überrenditen« erzielen. Dein Vermögen schwankt mit dem Markt. Gute Fondsmanager oder Fondsmanagerinnen investieren dagegen nur in die aussichtsreichsten Aktien. Zudem können sie Risiken durch den Verkauf einzelner Papiere begrenzen. Hier ein Beispiel: Vor Beginn der Finanzkrise 2008 waren Bankaktien im wichtigsten europäischen Index EURO STOXX sehr hoch gewichtet. Während ein gutes Management die riskanten Aktien frühzeitig verkaufen konnte, blieben die Verlustaktien in einem ETF enthalten, bis sie aus dem Index geflogen sind.

2. Es gibt Märkte oder Branchen, in denen gutes aktives Fondsmanagement zu besseren Ergebnissen führt. Das ist vor allem bei kleinen und mittleren Unternehmen der Fall. Ein gutes Management kann hier nach Perlen tauchen und Unternehmen mit sehr gutem Wachstumspotenzial identifizieren, die noch gar nicht in einem der wichtigen Indizes vertreten sind.
3. Per ETF bist du in der Regel prozyklisch investiert. Das heißt, dass viel Geld in die Unternehmen fließt, die bereits gut gelaufen sind. Denn sie sind in den meisten Indizes höher gewichtet. Möglich aber, dass andere Unternehmen sehr viel mehr Wachstums- und Kurspotenzial haben. In die investieren ETFs häufig weniger oder gar nicht.
4. Indexzusammensetzung: nie ohne Know-how! Weißt du, in was genau du investierst? Der »Weltindex« MSCI World etwa bündelt rund 1650 Unternehmen aus 23 Industrienationen. Die schnell wachsenden Schwellenländer sind fast gar nicht vertreten. Und je nach Marktphase sind einzelne Länder oder Branchen besonders stark gewichtet. Hier ein Beispiel: 1989 hatte Japan ein Indexgewicht von 45 Prozent, sieben japanische Banken zählten zu den zehn wertvollsten Unternehmen der Welt – bis die Aktienblase platzte. Übrigens: Deutschland ist nur mit gut 3 Prozent im MSCI World enthalten. Das größte Gewicht hat der US-Markt. Wer auf den Index setzt, ist weit über 50 Prozent in US-Aktien investiert. Kurzum: Bevor du in einen Index investierst, solltest du die Zusammensetzung kennen!
5. Boomendes Angebot sorgt für Intransparenz. Indizes – und damit ETFs – schießen wie Pilze aus dem Boden. Weltweit gibt es inzwischen mehr Indizes als Einzelaktien – und täglich kommen neue dazu. Wer sich nicht auf die großen Standardindizes beschränken, sondern von der Vielfalt profitieren möchte, muss sich intensiv mit der Materie beschäftigen. Die Auswahl eines passenden Produktes könnte zu einer Herkulesaufgabe

werden, weil die Indexnamen nur selten ausdrücken, was sich dahinter verbirgt.

Was sagt der Name über den Inhalt?

DAX ist nicht gleich DAX, Index also nicht gleich Index. Der klassische DAX ist beispielsweise ein Performanceindex, er wird aber auch als Kursindex berechnet. Der Unterschied: Während beim Performanceindex die Dividenden oder Zinsen reinvestiert werden, bleiben sie beim Kursindex unberücksichtigt.

Andersherum verhält es sich beim EURO STOXX 50: Der Standardindex ist hier der Kursindex, zudem wird auch ein Performanceindex berechnet. Die durchschnittliche Dividendenrendite im EURO STOXX 50 liegt bei mehr als 3 Prozent. Im Hinblick auf die Rendite macht es also einen gewaltigen Unterschied, ob du einen ETF auf einen Kurs- oder Performanceindex kaufst.

Wie du mit welchem ETF in welchen Index investierst, erkennst du in der Regel am Namen des Wertpapiers. Die Namen sind oft kryptisch und enthalten viele Abkürzungen. Beispielsweise trägt ein Performanceindex, der Dividenden berücksichtigt, oft den Namenszusatz »TR« für »Total Return«.

Viele ETFs haben in ihrem Fondsnamen die Abkürzung »UCITS« stehen. Damit soll deutlich gemacht werden, dass der betreffende Fonds der EU-Investmentdirektive entspricht und alle Regelungen dieser Vorschrift einhält. Auch bei der Abkürzung »UCITS« handelt es sich um einen Anglizismus. Ausgeschrieben heißt das »undertakings for collective investments in transferable securities« (Organismus für gemeinsame Anlagen in Wertpapieren). Ein ETF mit dem Namenszusatz »hedged« ist währungsgesichert.

Wechselkursschwankungen spiegeln sich also nicht in deinem Investment wider. Das kann dich vor Währungsverlusten schützen, allerdings kannst du auch nicht von positiven Entwicklungen auf dem Devisenmarkt profitieren. Für die Währungsabsicherung ist ein kleiner Aufschlag bei den Kosten fällig.

Kleinvieh macht auch Mist: mit kleinen Beträgen zum Ziel

Beim Investieren hast du die Wahl: Du könntest dein Geld entweder in einem Batzen anlegen oder regelmäßig – zum Beispiel jeden Monat oder jedes Quartal. In der Praxis haben die meisten von uns nicht wirklich die Wahl. Wer hat schon eine größere Summe, die angelegt werden muss? Im richtigen Leben ringt sich die Mehrheit wohl eher dazu durch, einen Teil des monatlichen Gehalts für den Vermögensaufbau abzuzwacken, und – zack – ist man bei einem monatlichen Sparplan! Per Sparplan kannst du regelmäßig einen bestimmten Betrag in ETFs investieren Die Kosten variieren von Anbieter zu Anbieter, sind in der Regel aber überschaubar.

Ein Wertpapiersparplan wird immer auf eine bestimmte Summe abgeschlossen. Schon ab einem Sparbetrag von monatlich 25 Euro kannst du starten. Allerdings musst du dich nicht auf einen Betrag festlegen: Du kannst deinen Sparplan jederzeit ändern oder stoppen und bleibst somit flexibel. Aber aus der Tatsache heraus, dass du regelmäßig dieselbe Summe investierst, ergibt sich ohne dein Zutun der sogenannte »Cost-Average-Effekt« (Durchschnittskosteneffekt).

Das Ganze funktioniert so: Immer dann, wenn der Preis für einen Fondsanteil hoch ist, kaufst du relativ wenig Anteile, weil dein Sparbeitrag ja nicht steigt. Sind hingegen die Anteile billig, bekommst du für deinen Sparbeitrag mehr Anteile. Damit verhältst du dich automatisch »antizyklisch«, was an der Börse ein intelligentes Verhalten ist, genauso wie auf dem Wochenmarkt: Bei niedrigen Preisen – sozusagen bei Sonderangeboten – kaufst du viel, bei hohen Preisen kaufst du nur wenig.

Was auf dem Wochenmarkt selbstverständlich ist, fällt in Gelddingen jedoch schwer. Viele neigen dazu, erst zu investieren, wenn die Kurse bereits gestiegen sind, und nach einem Kursrutsch in Panik zu verkaufen. Doch das führt zu denkbar schlechten Anlageergebnissen. Mit einem Sparplan behältst du deine Emotionen im Griff. Denn der Kaufvorgang ist automatisiert. Du bleibst mit höherer Wahrscheinlichkeit am Ball. Zudem kaufst du unterm Strich auch noch günstiger, als wenn du jeden Monat dieselbe Anzahl an Fondsanteilen erwerben würdest.

Mathematisch lässt sich nachweisen, dass du durch die regelmäßige Anlage derselben Summe einen günstigeren durchschnittlichen Einstiegspreis hast.

Zwei Voraussetzungen müssen allerdings erfüllt sein, damit der Cost-Average-Effekt wirkt:

- Am Ende der Ansparperiode muss die Preisentwicklung aufwärts gerichtet sein. Rutschen die Anteilspreise am Ende in den Keller, wäre es am günstigsten gewesen, wenn du alle Anteile zum letzten, besonders niedrigen Preis gekauft hättest.
- Die Preise müssen schwanken. Würden sich die Anteilspreise linear entwickeln, gäbe es keinen Cost-Average-Effekt. Mehr noch: Je größer die Schwankungen sind, desto stärker profitierst du vom Cost-Average-Effekt! Mit Aktienfonds hast du also einen größeren Effekt als mit Rentenfonds.

Vorteilhaft ist in diesem Zusammenhang, dass du dich über einen Fonds- oder ETF-Sparplan ruhig an Wertpapiere wie Aktien wagen kannst, die ja stärkeren Schwankungen unterliegen als etwa Zinspapiere. Sagen wir, du schließt einen 100-Euro-Sparplan ab. Doch recht bald nach dem Abschluss kommt es zu einem heftigen Aktien-Crash. In dem Fall verlierst du anfangs nicht viel Geld, weil du erst ein paarmal 100 Euro investiert hast. Deine Verluste halten sich also in Grenzen.

Vorsichtiger solltest du werden, wenn dein Sparplan schon eine ganze Weile läuft und du bereits eine ansehnliche Summe angespart hast. Denn je größer die angesparte Summe, desto gravierender wirkt sich ein Börsen-Crash für dich aus. Das heißt auch: Je länger dein Sparplan läuft, desto mehr verhält sich deine Fondsanlage wie eine Einmalanlage. Allerdings hast du ja schon über längere Zeit Erfahrung gesammelt und kennst dich daher besser aus. Dennoch kannst du bei lang laufenden Sparplänen überlegen, einen Teil der Summe in einem weniger dynamischen Fonds zu übertragen.

Und noch etwas: Neben einem Sparplan gibt es auch einen Auszahlplan. Mit einem Auszahlplan kannst du regelmäßig eine bestimmte Summe aus deinem Fondsvermögen beziehen. Die Summe und den Rhythmus (monatlich, quartalsweise ...) der Auszahlungen kannst du selbst festlegen. Bei Auszahlplänen wirkt der Cost-Average-Effekt genau umgekehrt, also negativ! Wie du bereits weißt, könnte es sinnvoll sein, bei Sparplänen eher schwankungsintensive Fonds auszuwählen, denn langfristig würden sie mehr bringen. Ganz anders sieht es dagegen bei einem Auszahlplan aus. Hier könntest du eher auf gemäßigte Fonds setzen. Den Auszahlplan kannst du beispielsweise nutzen, um deine Rente aufzubessern: Jeden Monat oder jedes Quartal würde dann ein Sümmchen auf dein Konto fließen, das dir hilft, deine Lebenshaltungskosten zu decken.

Was du über die Besteuerung von Fonds wissen solltest

Eine gute Nachricht: Die Besteuerung von Wertpapieren ist heute längst nicht mehr so kompliziert wie früher. Die Grundlagen solltest du kennen, aber du wirst sehen: In der Regel läuft alles automatisiert ab. Du musst dich als nicht groß darum kümmern. Deshalb halten wir es kurz und erklären dir die wichtigsten Basics, die du in der Praxis kennen solltest. Bei weiterführenden Steuerthemen konsultierst du am besten deine Steuerberaterin.

Die sogenannte Kapitalertragsteuer, die auf die Erlöse deines Fonds anfällt, ist eine Quellensteuer. Das heißt: Sie wird an der Quelle einbehalten, also beim Verkauf deines Fonds. Das passiert ganz ohne dein Zutun. Fällig wird die Quellensteuer, sobald du Erträge in Form von Dividenden, Zinsen oder realisierten Kursgewinnen erhältst.

Die Berechnung der Kapitalertragsteuer sieht wie folgt aus: 25 Prozent Abgeltungssteuer plus Solidaritätszuschlag, also insgesamt 26,375 Prozent. Falls du Mitglied in der Kirche bist, kommt dazu noch Kirchensteuer.

Die Kapitalertragsteuer fällt allerdings nur an, wenn du den sogenannten Sparerpauschbetrag überschreitest. Der Sparerpauschbetrag liegt bei 1000 Euro für Einzelpersonen beziehungsweise bei 2000 Euro für verheiratete Paare und eingetragene Lebenspartnerschaften. Du kannst also jedes Jahr Kapitalerträge in Höhe von 1000 Euro erhalten, ohne Steuern dafür zahlen zu müssen. Nur das Geld, das über diesen Freibetrag hinausgeht, musst du versteuern.

Die Besteuerung erfolgt nach dem sogenannten Zuflussprinzip. Das bedeutet: Sobald du Geld aus deinem Fonds erhältst, kommt es zur Besteuerung. Sprich bei einer Dividendenzahlung oder wenn du deinen Fondsanteil mit Gewinn verkaufst.

Wichtig: Freistellungsauftrag einrichten

Um den Sparerpauschbetrag von 1000 Euro pro Jahr zu nutzen, musst du bei deiner Depotbank einen Freistellungsauftrag einrichten. Das geht in der Regel ganz einfach über die Kontoeinstellungen. Du benötigst dafür lediglich deine Steueridentifikationsnummer. Wenn du deine Investments bei mehreren Banken verwahrst, hast du die Möglichkeit, den Freibetrag aufzuteilen. In diesem Fall kannst du jeder Bank einen eigenen Freistellungsauftrag erteilen. Insgesamt dürfen die Freistellungsaufträge die Grenze von 1000 Euro pro Jahr nicht überschreiten. Wenn du bei einem Depot zum Beispiel einen Freistellungsauftrag über 400 Euro eingerichtet hast, bleiben dir noch 600 Euro für andere Banken.

Wie teile ich mein Geld am besten auf? Ein Ziel, viele Strategien!

Um erfolgreich an der Börse zu investieren, solltest du auch wissen, wie du dein Geld richtig aufteilst und wie viel du zum Investieren übrighast. Betrachte deine Finanzen als Projekt, das du planen und managen musst. Du wirst sehen: Dazu gehört eine klare Zielformulierung und die richtige Budgetierung. Hört sich kompliziert an? Ist es aber gar nicht!

Zusammenfassung: Was du vor dem Investieren abhaken solltest

- [ ] **Existenzrisiken absichern**
  Du und deine Lieben müssen auch dann noch essen, wohnen und leben, wenn du oder dein Partner plötzlich nicht mehr arbeiten können. Klassiker, um diesen Worst-Case abzusichern, sind private Berufsunfähigkeits-, Risikolebens- oder Unfallversicherungen. Ebenfalls zum Pflichtprogramm gehört eine Haftpflichtversicherung (siehe Seite 60).

- ☐ **Schulden abbauen**
  Egal, ob dein Konto in den Miesen ist oder du noch den Ratenkredit fürs Auto abstotterst: Wenn du möglichst zügig deine Schulden bedienst, sparst du deutlich mehr, als du mit den meisten Geldanlagen verdienen kannst. Ein eindringliches Beispiel ist das überzogene Girokonto (siehe Seite 37f.).

- ☐ **Notgroschen abzweigen**
  Sobald du dein Erspartes langfristig angelegt hast, kommst du womöglich gerade nur mit Verlusten daran. Dein Notgroschen hält dich im Alltag flexibel und handlungsfähig. Zudem verhindert er, dass du im Ernstfall teure Kredite oder deinen Dispo in Anspruch nehmen musst (siehe Seite 47ff.)

- ☐ **Altersvorsorge optimieren**
  Gerade für Frauen lohnt es sich, in Sachen Altersvorsorge etwas tiefer einzusteigen, um auch später in den Genuss finanzieller Freiheit zu kommen. Die Möglichkeiten, den Ruhestand abzusichern, waren nie so vielfältig wie heute. Zudem können Frauen in vielen Fällen auf staatliche Unterstützung hoffen (siehe Seite 116ff.).

Du hast all diese Punkte abgehakt, bist aber trotzdem nicht sicher, wie viel Geld du investieren solltest? Dann schau vielleicht nochmal auf Seite 38f. Dort erklären wir dir, wie du ein Haushaltsbuch führst. Das kann nämlich besonders hilfreich sein, wenn es darum geht, zu ermitteln, wie viel Geld du monatlich für deinen ETF-Sparplan übrighast.

Geldmanagement leicht gemacht

Du bist schon gut damit beschäftigt, deine alltäglichen Ausgaben zu managen – und jetzt kommt auch noch ein ETF-Sparplan dazu? Wer soll denn da bloß noch durchblicken? Und woran solltest du dich überhaupt orientieren – wie viel Geld solltest du tatsächlich monatlich zurücklegen? Das bleibt natürlich dir überlassen. Wenn du aber zu den Frauen gehörst, die gerne eine Orientierung haben, pass jetzt gut auf. Wir stellen dir zwei Konzepte vor, die dir dabei helfen können, dein Geld zu organisieren:

Die 50-30-20-Regel

Mit der sogenannten 50-30-20-Regel kannst du dein Geld schnell und einfach budgetieren. Dafür teilst du dein monatliches Nettoeinkommen einfach in drei Ausgabenkategorien ein: 50 Prozent für Grundbedürfnisse, 30 Prozent für Freizeit und 20 Prozent für Ersparnisse oder die Tilgung von Schulden.

Zu den Grundbedürfnissen gehören Fixausgaben wie:
- Miete, Strom und Gas,
- Verkehrsmittel,
- Versicherungen,
- Grundnahrungsmittel.

Freizeitausgaben sind zum Beispiel:
- Restaurantbesuche,
- Urlaub,
- Shopping,
- Abos (Streaming-Dienste oder das Fitnessstudio).

Du kommst mit dieser Aufteilung hin? Super, dann könntest du 20 Prozent deines Einkommens sparen, investieren oder zur Schuldentilgung nutzen. Wenn du in einer Großstadt wohnst oder Kinder hast, ist die Wahrscheinlichkeit jedoch hoch, dass du mit den 50 Prozent Fixkosten nicht hinkommst. Sieh die Einteilung nicht zu streng. Pass sie einfach deiner persönlichen Situation an – oder schau mithilfe deines Haushaltsbuchs, ob du noch irgendwo versteckte Einsparpotenziale entdeckst.

Six Jars Money Management System

Eine grobe Einteilung mit der 50-30-20-Regel reicht dir nicht aus? Wenn du deine Ausgaben noch kleinteiliger einteilen möchtest, ist das Six Jars Money Management System vielleicht was für dich. Es erfordert im Grunde, dass du dein Geld auf sechs verschiedene Töpfe aufteilst:

Topf 1: Grundsätzliches (55–60 Prozent)
Ähnlich wie bei der 50-30-20-Regel steckst du in den ersten Topf etwa 55 bis 60 Prozent deines Einkommens für grundsätzliche Fixkosten: Miete, Strom, Essen …

Topf 2: Notgroschen (10 Prozent)
Dieser Topf sichert dich für schwierige Zeiten ab und ist ein wichtiger Pfeiler deiner finanziellen Unabhängigkeit. Den Notgroschen hast du schon zusammen? Dann funktionier diesen Topf einfach nach deinen Bedürfnissen um.

Topf 3: Aus- und Weiterbildung (10 Prozent)
Investiere in dich selbst! Sicher unterscheiden sich die Kosten für deine Aus- und Weiterbildung je nach Lebenssituation. Gedacht ist dieser Topf zum Beispiel für Bücher, Kurse, Coachings oder Seminare. Du kannst das Geld aber auch in die Ausbildung deiner Kinder stecken.

Topf 4: Spaß und Freizeit (10 Prozent)
Gönn dir auch mal was! Dieser Topf ist für dein Vergnügen gedacht – egal ob zum Reisen, Shoppen oder Ausgehen. Dieses Geld

kannst du ohne schlechtes Gewissen für alles ausgeben, was dir Spaß macht.

Topf 5: Investments (10 Prozent)
Hier baust du dein Portfolio auf. Nutze diesen Topf für deinen ETF-Sparplan oder andere Formen des Vermögensaufbaus.

Topf 6: Spenden (5 Prozent)
Du möchtest einen bestimmten Verein oder eine spezielle Organisation unterstützen? Dieser Topf ist dafür gedacht, um Geld zu spenden. Denk aber immer daran: Nicht der Betrag, sondern die Geste zählt. Jedes kleine bisschen hilft!

Gut zu wissen: Frugalismus

Frugalistinnen und Frugalisten sparen einen Großteil ihres Einkommens – gerne 60 bis 70 Prozent. Das Ziel? Sie wollen finanziell so unabhängig werden, dass sie sich einen frühzeitigen Austritt aus dem Erwerbsleben leisten können. Das gesparte Geld wird in ein breit gefächertes Portfolio aus Wertpapieren und Immobilien investiert. Die hohe monatliche Summe kurbelt den Zinseszins so richtig an. Damit erarbeiten sich Frugalisten die Freiheit, später auf einen Halbtagsjob zu wechseln, eine längere Auszeit zu nehmen oder einfach weiterzuarbeiten und dann mit 40 oder 50 in Rente gehen zu können. Klingt toll – zumindest in der Theorie. In der Praxis muss man die Vor- und Nachteile für sich abwägen. Verzicht gehört nun mal dazu. Darüber hinaus ist diese Strategie nicht für jede Frau machbar.

Finanzen ordnen in der Beziehung

Mein Geld, dein Geld, unser Geld: Spätestens dann, wenn man sich einen Haushalt teilt, kommt schnell die Frage auf, wer eigentlich was zahlt und für welche Ausgaben zuständig ist. Wenn dann noch Kinder dazukommen, kann man endgültig den Überblick verlieren. Es sei denn, du und dein Partner oder deine Partnerin habt euch eine gemeinsame Strategie überlegt.

Eine beliebte und übersichtliche Methode ist das Drei-Konten-Modell. Dabei legt ihr zusätzlich zu euren privaten Konten ein Gemeinschaftskonto an. Von diesem Gemeinschaftskonto werden alle den Haushalt betreffenden Ausgaben bezahlt. Das restliche Geld bleibt dann auf euren Einzelkonten und ihr könnt jeweils frei darüber verfügen.

Ihr müsst dafür zunächst eure monatlichen Fixkosten ermitteln. Darunter fallen:

- Miete,
- Strom,
- Haushaltseinkäufe,
- Internet und GEZ,
- Hausratsversicherung,
- ...

Habt ihr eine Aufstellung eurer Kosten erstellt, müsst ihr entscheiden, wie ihr diese Kosten aufteilt. Verdient ihr beide etwa gleich viel? Dann liegt es nahe, einfach fifty-fifty zu machen. Sollte einer oder eine von euch deutlich weniger Geld zur Verfügung haben, solltet ihr überlegen, die Aufteilung an das jeweilige Gehalt anzupassen. Vielleicht arbeitet einer oder eine von euch beiden zwar weniger, übernimmt dafür aber einen Großteil der Aufgaben im Haushalt.

Bei Gemeinschaftskonten unterscheidet man zwei Formen: Beim »Oder-Konto« könnt ihr beide einzeln über das Geld verfügen. Paare, die ein »Und-Konto« haben, müssen alle Entscheidungen gemeinsam treffen. Da das im Alltag viel zu umständlich ist, entscheiden sich die meisten für das Oder-Konto.

Auf herMoney haben wir nachhaltige Banken getestet. Unser Vergleich hilft dir, das richtige Konto zu finden:

Ihr plant, ein gemeinsames Konto zu eröffnen? Aufgepasst! Bei einem Gemeinschaftskonto geht das Finanzamt davon aus, dass das Konto grundsätzlich beiden Personen zur Hälfte zuzurechnen ist – und zwar unabhängig von der Herkunft des Geldes. Die Konsequenz: Die Hälfte der eingezahlten Beträge werden als Schenkung betrachtet. Das gilt vor allem für größere Einzahlungen. Sind die gesetzlichen Freibeträge überschritten, stehen rasch hohe Steuerforderungen im Raum.

Für Ehepartner und eingetragene Lebenspartnerschaften gilt unabhängig vom gesetzlichen Güterstand ein steuerlicher Freibetrag in Höhe von 500 000 Euro. Alle zehn Jahre wird der Freibetrag neu gewährt. Seid ihr nicht verheiratet, beträgt der persönliche Freibetrag nur 20 000 Euro im Zeitraum von zehn Jahren. Auch der anzuwendende Steuersatz ist wesentlich höher.

herMoney-Tipp

Sobald du weißt, wie viel Geld du in etwa anlegen kannst und möchtest, solltest du dir klare Anlageziele stecken. Nur wenn du deine finanziellen Ziele kennst, lässt sich eine darauf abgestimmte Anlagestrategie finden. Überleg dir also, was das Ziel deiner Finanzanlagen sein soll. Auf Seite 30ff. hast du bereits mehr zu diesem Thema erfahren. Wenn du noch kein konkretes Ziel hast, kannst du auch »einfach nur für später« anlegen. Allerdings solltest du dann trotzdem eine Vorstellung von deinem Zeithorizont haben.

Ordne dich ein: Welcher Anlegertyp bist du?

Machen wir es konkret: Wie viel Risiko kannst du tragen? Welche Faktoren musst du bei deiner Anlage berücksichtigen? Wir geben dir einige Kriterien an die Hand, die dir dabei helfen, dich selbst einzuordnen und deine persönliche Situation besser einzuschätzen. Denn wir sind überzeugt: Dein Ziel sollte es sein, deine finanziellen Entscheidungen selbstbewusst auf einer soliden Wissensbasis zu treffen.

Dein Anlageziel: Möchtest du für den nächsten Urlaub oder ein Auto sparen? Geld, das du in den nächsten fünf bis zehn Jahren zwingend benötigst, solltest du besser nicht investieren. Geht es dir stattdessen darum, deine Rente aufzubessern? Oder willst du dir in ferner Zukunft den Traum vom Eigenheim erfüllen? Dann könntest du ruhig etwas mehr Risiko eingehen und deine Aktienquote relativ hoch ansetzen.

Dein Alter: Bis zur Rente bleiben dir noch 30 Jahre oder mehr? Der Zinseszins und der Durchschnittskosteneffekt sind deine besten Verbündeten! Daher könntest du mit deinem monatlichen Sparplan voll auf Aktien setzen. Auch mit 55 oder 60 Jahren musst du nicht vor dem Aktienmarkt zurückschrekken. Wenn du dich mit einer Aktienquote von 100 Prozent aber zu unsicher fühlst oder dein Anlagehorizont zehn Jahre oder weniger beträgt, dann könntest du einfach einen Teil deines Kapitals auf ein Tagesgeldkonto legen und in schwankungsarme Wertpapiere investieren. Mehr über verschiedene Portfoliostrukturen erfährst du ab Seite 227.

Deine Familiensituation: Hast du Kinder und vielleicht auch ein Eigenheim? Überprüf zunächst, ob du für den Fall der Fälle gut abgesichert bist. Denn das steht an oberster Stelle! Wenn du unsicher bist, lass dich besser beraten. Deine Finanzen sind in trockenen Tüchern? Super! Vielleicht möchtest du zusätzlich zu deiner eigenen Geldanlage auch einen Sparplan für dein Kind einrichten?

Deine Erfahrung: Mit Aktien, Fonds und ETFs hattest du bisher keine Berührungspunkte und das Auf und Ab an der Börse ist dir fremd? Mach dir keine Sorgen – du bist mit deiner Skepsis nicht allein! Fang einfach langsam an. Beschäftige dich in Ruhe mit dem Thema, aber warte auch nicht zu lange. Du könntest mit einem kleinen monatlichen Betrag anfangen und später aufstocken. Du wirst sehen: Sobald du ins Handeln gekommen bist, stellt sich die Erfahrung von ganz allein ein. Schon bald wirst du dich viel sicherer fühlen. Wenn du bereits mehr Erfahrung gesammelt hast, könntest du mit einem »Akzentedepot« auch thematische Schwerpunkte setzen – natürlich nur, wenn du möchtest. Keine Sorge, wir werden uns in diesem Buch langsam an verschiedene Strategien heranarbeiten.

Deine Risikobereitschaft: Du bist eher ein Sicherheitstyp und schreckst vor zu großen Risiken zurück? Verständlich! Lass dich von niemandem unter Druck setzen. Wenn du dich mit einer hohen Aktienquote nicht wohlfühlst, könntest du dein Portfolio mit diversen Sicherheitsbausteinen versehen. Aber auch als risikoscheue Person musst du keinen Bogen um die Börse machen. Versuch deine Situation doch einmal aus der Vogelperspektive zu betrachten: Wie hoch ist deine objektive Risikotragfähigkeit?

Deine Risikotragfähigkeit: Wie viel Risiko du tragen kannst, hängt unter anderem davon ab, wie du finanziell aufgestellt bist: Hast du monatlich ein gesichertes Einkommen? Bist du im Fall der Fälle abgesichert über deine Versicherungen und den Notgroschen? Und wie sieht es mit deinem Anlagehorizont aus? Wenn du finanziell gut dastehst und einen langen Atem mitbringst, kannst du die Schwankungen an der Börse einfach aussitzen.

Vorhandenes Geld: Natürlich spielt es auch eine Rolle, wie viel Geld dir zur Verfügung steht. Hast du 100 000 Euro oder mehr auf der hohen Kante? Toll! Dann könntest du dir ein breites Portfolio mit einigen Positionen zusammenstellen. Mehr dazu erfährst du auf Seite 235. Aber denk daran: Um an der Börse zu investieren, musst du nicht reich sein. Der Zinseszinseffekt macht es möglich, dass du auch mit wenig Geld im Monat viel erreichen könntest!

Dein Interesse: Du bist froh, wenn du das Thema Investieren schnell abgehakt hast und dein Depot steht? Dann solltest du dich nicht mit zu vielen Positionen überfordern. Je mehr Produkte du im Depot hast, desto aufwendiger ist die Pflege. Theoretisch können ein oder zwei ETFs reichen, damit du breit aufgestellt bist. Wenn du dann irgendwann bemerkst, dass du auch ein wenig Spaß am Investieren findest, bieten dir Aktien, Fonds und ETFs viele Möglichkeiten. Dein grundlegendes Depot sollte immer der Kern deiner Anlage sein. Es spricht aber nichts dagegen, wenn du deine langfristige Strategie mit einigen Einzelaktien oder Themen-ETFs ergänzt.

Dein Weg zum ETF-Portfolio

Jetzt weißt du, was Aktien, Fonds und ETFs sind, und überlegst vielleicht, dich demnächst an die Börse zu wagen. In diesem Fall brauchst du ein Depot. Das ist eine Verwahrstelle für Wertpapiere – ähnlich wie das Girokonto für dein Geld. Um das Depot zu nutzen, musst du natürlich wissen, mit welchen Wertpapieren du es bestücken könntest. Die Zusammenstellung des Depots wird »Portfolio« genannt. Welche Möglichkeiten es hier gibt, erklären wir dir Schritt für Schritt in diesem Kapitel.

Häufig wird ein großes Brimborium um die »richtige« Zusammenstellung eines Depots gemacht. Der Grund ist einfach: Es gibt viele Menschen und Unternehmen, die davon leben, für andere ein Fondsdepot zusammenzustellen. Die müssen natürlich sagen, dass die Sache so kompliziert ist, dass man sie unbedingt Expertinnen und Experten überlassen sollte. Sie haben insofern recht, als dass es verschiedene Theorien dazu gibt, wie man ein Depot am besten zusammenstellt. Unterschiedliche Kennzahlen lassen sich optimieren, wozu man viele Daten benötigt. Und wenn man alle diese Kennzahlen einsetzt und die Theorien konsequent anwendet, mag das Depot, das am Ende dabei herauskommt, auch sehr gut zusammengesetzt sein. Dennoch werden auch professionelle Investorinnen und Investoren von den meisten Crashs überrascht. Das heißt: Die Entwicklung der von ihnen verwalteten Depots geht mit jedem Crash in die Knie. Der Grund? An der Börse kann niemand mit Gewissheiten agieren, sondern nur mit Prognosen. Und Prognosen sind immer mit Unsicherheit behaftet – selbst bei den tollsten Profis!

Die Überlegungen sind die: Schaffen es die Börsenexpertinnen und Experten, dein Depot so zusammenzusetzen, dass das

Ergebnis auf lange Sicht und nach deren Kosten besser ist? Oder hast du Lust und Zeit, dich um deine Finanzen selbst zu kümmern?

herMoney-Tipp

Willst du deine Finanzen selbst in die Hand nehmen? Glaubst du nicht, dass die Expertinnen und Experten am Ende des Tages (und nach deren Kosten) ein besseres Ergebnis erzielen als du? Dann könntest du dich einfach selbst darum kümmern. Das gibt dir auch das gute Gefühl, den Überblick zu behalten und alles im Griff zu haben. Und wenn du in deinem Depot auf Fonds als Bausteine setzt, dann hast du bereits mögliche Experten eingesetzt – nämlich die Fondsmanagerinnen und Fondsmanager! Eins ist vielleicht auch beruhigend zu wissen: Es sind nicht die komplizierten Depots, die die beste Wertentwicklung haben. Viel Charme hat die KISS-Methode: Keep it simple, stupid!

Wichtig ist eine breite Streuung der Anlagen. Die Börsenweisheit »nicht alle Eier in einen Korb legen« ist zwar alt, aber immer noch richtig. Wenn du diesen Grundsatz beherzigst, ist das Wichtigste getan. Dabei sollten große Depots noch breiter gestreut sein als kleine. Es wäre keine Schande, wenn in deinem 10 000-Euro-Depot nur ein einziger Fonds zu finden ist. Wichtig ist allerdings, dass dieser Fonds selbst breit gestreut wäre. Falls es sich bei diesem Fonds um einen weltweit streuenden Aktienfonds handelt, beispielsweise einen ETF auf den MSCI World, dann hättest du deine Anlage bereits über 1650 Aktien gestreut. Bei einem 50 000-Euro-Depot dürften es gern ein paar mehr Fonds sein. Wenn du mit einem größeren Betrag neben Basis-Investments auch spezielle Schwerpunkte auf bestimmte Regionen, Branchen oder Themen legen möchtest, dann könntest du dein

Depot entsprechend ergänzen. In diesem Kapitel erklären wir dir sowohl das Basisdepot, das für viele Frauen sinnvoll sein könnte, als auch das Akzentedepot, mit dem du spezielle Schwerpunkte setzen könntest.

Letztlich solltest du dir Gedanken darüber machen, wie viel Zeit und Lust du hast, dich mit deinen Kapitalanlagen zu befassen. Da du dieses Buch liest, gehen wir davon aus, dass du Interesse an Finanzen hast. Die Frage ist: Willst du nur zweimal im Jahr dein Depot betrachten und eventuell Umschichtungen veranlassen? Oder willst du das Börsengeschehen gerne öfter betrachten und dein Depot entsprechend umgestalten? Wenn du nur wenig Zeit in deine Kapitalanlagen stecken willst, könntest du mit einem breit gestreuten Basisdepot gut versorgt sein. Möchtest du dich hingegen intensiver mit dem Kapitalmarkt beschäftigen, könntest du auch mit einem kleineren Teil deines Depots ungewöhnliche Strategien ausprobieren und sozusagen eine kleine »Spezialitäten-Ecke« einbauen. Die solltest du dann aber laufend im Auge behalten, um eventuell schnell umschichten zu können.

Zeithorizont und Anlageziele

Es ist wirklich so: Viele wollen sich beraten lassen, aber sind sich noch gar nicht darüber klar, welche finanziellen Ziele sie eigentlich haben. Diese Ziele definieren sich über deine Wünsche und deinen Zeithorizont. Nur wenn du deine finanziellen Ziele kennst, lässt sich eine genau darauf abgestimmte Anlagestrategie finden. Überleg also, was das Ziel deiner Finanzanlagen sein soll. Du kannst auch mehrere Anlageziele haben. Ab Seite 30 findest du weitere Information darüber, wie du deine finanziellen Ziele festlegen kannst. Jedes Anlageziel hat auch einen bestimmten Zeithorizont. Hier solltest du dir überlegen, wie eng dieser Zeithorizont fixiert ist. Der Kauf eines Autos oder die Planung einer Weltreise lassen sich womöglich um ein oder zwei Jahre verschieben, wenn die Börsen gerade ganz unglücklich stehen würden. Aber wenn du ein Bankdarlehen am 27. November 2030 zurückzahlen musst, ist das ein ziemlich fixer Termin. Dieser Betrag sollte exakt dann zur Verfügung stehen. Entsprechend muss die Anlage geplant werden.

Wenn du noch kein konkretes Ziel hast, kannst du auch »einfach nur für später« anlegen. Allerdings solltest du dann trotzdem eine Vorstellung von deinem Zeithorizont haben.

Eine grobe Einteilung der Zeithorizonte reicht aus:

- kurz (in circa ein bis drei Jahren)
- mittel (in circa drei bis fünf Jahren)
- lang (in circa fünf, vielleicht aber auch erst in zehn oder mehr Jahren)

Ein Wertpapierdepot wäre insbesondere für die Erreichung deiner langfristigen Ziele sinnvoll. Bei mittelfristigen Zielen wäre es empfehlenswert, schon deutlich vorsichtiger zu agieren. Denn an der Börse kann es immer wieder Überraschungen geben. Je kurzfristiger dein Ziel, desto geringer könnte deine Aktienquote für den entsprechenden Anlagebetrag sein.

Wie viel Risiko kannst du tolerieren?

Wenn du dir den Rat einer Finanzberaterin holst, wird man dir zunächst einige Fragen stellen, um zu erfahren, was für ein Anlegertyp du bist. Das hat in erster Linie rechtliche Gründe. Denn Finanzanalageberater dürfen dir nur Produkte anbieten, die zu dir und deiner Situation passen. Weitere Informationen über Risikotragfähigkeit und Risikoneigung findest du ab Seite 186.

Ein wichtiges Grundgesetz ist: Mehr Risiko (also höhere Schwankungen) = höhere Renditeaussicht. So sollte das Verhältnis grundsätzlich und bei allen Kapitalanlagen sein. Wie du bereits weißt, solltest du klären, wie risikotolerant du bist. Hast du Angst vor Schwankungen, könnte es besser sein, wenn du mit dem Großteil deines Geldes weniger riskante Anlagen kaufst. Einen kleinen Sparplan in einen (riskanten) Aktienfonds könntest du dir als Ergänzung vielleicht trotzdem gönnen. Wenn du etwas risikofreudiger bist, könntest du mit deinen Anlagen auch etwas mehr wagen – natürlich in der Erwartung höherer Gewinne.

Achtung: Was mit »Risiko« tatsächlich gemeint ist, hast du erst wirklich verstanden, wenn du weißt, wie es sich anfühlt, wenn dein Depot, in das du einmal 10 000 Euro eingezahlt hast, plötzlich nur noch 7000 Euro wert ist. Die Emotionen, die dann aufkommen, sind ein Test für deine Risikotoleranz. Bedenk in einem solchen Fall bitte: Ein Crash ist nur eine Momentaufnahme und kein realisierter Verlust. Den hast du erst, wenn du in dem Moment deine Papiere verkaufst.

Erkenntnisse der Börsenpsychologie

Es gibt einen ganzen Wissenschaftszweig, der sich mit den Gefühlen und Wahrnehmungen an den Finanzmärkten beschäftigt: die sogenannte Behavioral Finance (verhaltensorientierte Finanztheorie). Sie wurde durch Daniel Kahneman und Vernon Smith etabliert. Die beiden haben für ihre Arbeit sogar den Wirtschaftsnobelpreis bekommen. Behavioral Finance beschäftigt sich damit, wie sich Menschen an den Finanzmärkten verhalten. Nur zu menschlich ist zum Beispiel, dass 10 Prozent Verlust gefühlsmäßig schwerer wirken als 10 Prozent Gewinn.

Am Kapitalmarkt wird mehr Risiko immer mit mehr Renditeaussicht belohnt! Misstraue jedem, der etwas anderes behauptet und dir zum Beispiel sagt, dass es da eine Anlagemöglichkeit mit wenig Risiko und riesigen Gewinnaussichten gibt.

Beziehe in deine Überlegungen auch Folgendes mit ein: Wenn es zu einem Crash kommt, gibt es jede Menge Zweifler und Pessimisten, die den Weltuntergang befürchten und entsprechende Thesen verbreiten. Die Medien sind dann voller negativer Nachrichten, weil dann einfach sehr viele Menschen zweifeln. In diesem Umfeld fühlt sich ein Crash natürlich anders an als in Situationen, an denen die Börsen laufen wie ein Rasenmäher. Wichtig ist an der Börse immer: Lass dich nicht verrückt machen!

herMoney-Tipp

Es ist gut, sich mit anderen auszutauschen. Das gilt insbesondere dann, wenn es an der Börse mal heiß hergeht. Daher ist es eine gute Idee, sich einer Community mit Gleichgesinnten anzuschließen (beispielsweise der herMoney-Facebook-Gruppe). Das dient nicht nur dem Austausch, sondern so kann man sich bei starken Kursrückgängen gegenseitig aufmuntern.

Vielleicht ist es auch beruhigend, dass bisher auf jeden Crash eine Erholung gefolgt ist. Studien zeigen, dass es in der Vergangenheit mit dem EURO-STOXX-Index zwar immer mal wieder negative Jahres- oder Mehrjahresperioden gab. Aber in allen 15-Jahreszeiträumen lagen die Renditen im grünen Bereich. Das muss natürlich in der Zukunft nicht auch so sein. Aber vielleicht nimmt es dir etwas die Angst vor den Schwankungen von Aktienanlagen.[46]

Wie viel Geld hast du zur Verfügung?

Natürlich spielt es eine Rolle für deine Anlage, wie viel Geld du zur Verfügung hast. Aber auch wenn du womöglich nur 5000 Euro anlegen kannst, könnte es sich lohnen, ein Fondsdepot einzurichten.

Im Augenblick kannst du zwischen 5000 und 50000 Euro investieren

Worauf du achten solltest: Verzettle dich nicht! Wenn es für den Anfang nur 5000 Euro sind, dann könnte es nicht sinnvoll sein, mehr als zwei Positionen im Depot haben. Sonst wäre der Aufwand überproportional groß. Außerdem: Falls sich eine Miniposition richtig gut entwickelt, ist das zwar schön. Aber der Effekt ist – gemessen in Euro – relativ klein. Da ist es schon etwas ganz anderes, wenn sich eine größere Position gut entwickelt. Verzettle dich also nicht mit zu vielen Minipositionen. Es wäre nicht sinnvoll, wenn eine Position viel weniger als 2000 Euro ausmacht.

Eine Ausnahme sind Sparpläne: Wenn du beispielsweise 5000 Euro hast, könnte ein Basisdepot völlig ausreichen, das aus einem oder zwei Fonds besteht. Dann könntest du zusätzlich einen oder mehrere Sparpläne einrichten – schließlich willst du ja, dass dein Depot in eine ansehnliche Größenordnung hineinwächst!

Die Sparpläne könntest du entweder in einen breit streuenden Aktienfonds fließen lassen – ruhig auch in einen, in den du dein Startkapital investiert hast. Alternativ könntest du den oder die Sparpläne auch in enger fokussierte Fonds fließen lassen, um hier Extrapositionen aufzubauen. Du wirst sehen: Diese Extrapositionen wachsen über die Zeit sehr schön heran und ergänzen dann dein Basisdepot. Wie du solche enger fokussierte Fonds auswählst, erfährst du ab Seite 235.

Im Augenblick kannst du zwischen 50 000 und 200 000 Euro investieren

Wenn du 50 000 Euro oder mehr anlegen kannst, spielst du schon in einer höheren Liga mit. Dann könnte es häufig sinnvoll sein, zumindest ein Basisdepot mit ein oder zwei breit streuenden ETFs einzurichten. Du könntest dich auch vorsichtig an den ein oder anderen »Spezialitäten-ETF« herantrauen. Das kann ein Fonds mit Fokus auf eine bestimmte Branche oder Region sein. Oder auch ein Megatrend wie Digitalisierung oder Nachhaltigkeit. Mehr dazu findest du ab Seite 235 (»Akzentedepot«).

Im Augenblick kannst du über 200 000 Euro investieren

Wow, du spielst in der Oberliga! Gut, dass du dieses Buch zur Hand nimmst. Denn bei großen Beträgen lässt sich mit dem Vermögen ein gutes Zusatzeinkommen erzielen! Für dich könnte es eine geeignete Strategie sein, das Basisdepot einzurichten und zusätzlich ein paar Akzente zu setzen. So könntest du dein Vermögen richtig breit streuen. Zudem hättest du dadurch die Möglichkeit, tiefer in die Börsenwelt einzutauchen. Es ist nämlich so: Wenn du ein paar spezielle Fonds im Depot hast, lässt du das Ganze nicht einfach nur laufen, sondern beobachtest das Börsengeschehen viel intensiver!

Wenn du große Summen anzulegen hast, lohnt sich außerdem der Austausch mit anderen. Vielleicht möchtest du gelegentlich mit einer Beraterin sprechen, um Ideen zu sammeln oder einfach nur einen Sparringspartner zu haben. Oder du suchst dir eine Gruppe Gleichgesinnter, mit denen du Börsenideen austauschen kannst. Insbesondere wenn es rasant abwärtsgeht, ist es beruhigend, wenn man sich in einem Boot mit Gleichgesinnten sieht. Die Gemeinschaft schützt dich dann vielleicht auch vor unüberlegten Panikreaktionen.

Nachhaltigkeit – wichtig oder nicht?

Noch vor fünf Jahren dachten viele, Nachhaltigkeit sei nur eine Art Modetrend an der Börse. Davon gibt es viele an der Börse – mal sind es die Tigerländer, mal Osteuropa und mal ist es die Telemedien- oder die Gesundheitsbranche. Inzwischen ist das Thema Nachhaltigkeit dem Finanzmarkt aber so dick ins Buch geschrieben, dass es nur schwer vorstellbar ist, dass dieser Trend sich bald wieder umkehrt.

Im Übereinkommen von Paris haben 195 Länder einen völkerrechtlichen Vertrag abgeschlossen, mit dem sie sich dazu verpflichten, bestimmte Klimaziele zu erreichen. Nach und nach wurden die Klimaziele konkretisiert und man hat sich darauf geeinigt, den Temperaturanstieg auf 1,5 Grad Celsius gegenüber dem vorindustriellen Niveau zu begrenzen. Weltweit sind viele Maßnahmen auf dieses Ziel ausgerichtet – von der Einführung des E10-Kraftstoffs an den Tankstellen bis hin zur Verpflichtung zur Dämmung von Wohnhäusern und Bürogebäuden.

Auch die Finanzbranche wird in die Pflicht genommen: Sie soll die Transformation hin zur Klimaneutralität finanzieren. Das wird bereits jetzt mit vielen Einzelmaßnahmen umgesetzt. Beispielsweise müssen Unternehmen und Vermögensverwaltungen in sogenannten »non-financial reports« darüber berichten, wie sie die Klimaziele unterstützen. Entsprechend viele ESG-Fonds wurden aufgelegt. Was sich hinter diesem Kürzel verbirgt? ESG steht für »environmental, social, governance«– also für Umwelt, Soziales und gute Unternehmensführung.

Dazu kommt, dass Umweltrisiken zunehmend auch als Kapitalanlagerisiken wahrgenommen werden. Das macht Sinn. Überleg nur mal, welche Folgen es für Unternehmen haben kann, wenn Geschäftsmodelle plötzlich nicht mehr funktionieren, weil der Klimawandel die Politik zu harten Maßnahmen zwingt! Beispiele, die in diese Richtung weisen, sind die Bepreisung von CO2-Emissionen oder die Regelung, dass es ab 2030 verboten sein wird, Immobilien zu vermieten, die der Energie-Effizienzklasse G oder schlechter entsprechen. Wenn die betroffenen Unternehmen sich nicht umorientieren oder die Immobilien nicht saniert werden, werden sie wertlos. »Stranded Assets«, also »wertlose Vermögensgegenstände«, ist der Fachausdruck dafür. Insofern ist es nicht nur »ganz nett«, bei nachhaltigen Kapitalanlagen dabei zu sein, sondern es wird zunehmend riskanter, hier nicht zu investieren.

Musterdepots: So stellst du dein Depot zusammen

Stell dir dein Wertpapierdepot als Kreis vor. In diesen Kreis zeichnest du gedanklich Kuchenstücke ein. Die Kuchenstücke stehen dafür, wie viel du in welche Art von Fonds investieren möchtest. Im Fachjargon heißt das: »Wie deine Asset Allocation aussehen soll.« Im Grunde geht es also darum, wie die Aufteilung über die Vermögensklassen – beispielsweise Aktien, Renten und so weiter – gestaltet werden soll. Im zweiten Schritt suchst du dir in der jeweiligen Anlageklasse einen entsprechenden Fonds aus.

Einsteiger: das Basisdepot

Wir gehen davon aus, dass du deinen Notgroschen bereits auf einem Tagesgeld- oder Cash-Konto hast, sodass du jederzeit Geld parat hast, wenn mal etwas Unerwartetes eintritt – das Auto muss in die Werkstatt oder die Tochter fährt auf Klassenreise nach Italien. Dann wäre der nächste Schritt, ein Basisdepot einzurichten.

Folgende Voraussetzungen sollten gelten, damit das Basisdepot für dich passen könnte:

- Du hast einen langfristigen Anlagehorizont.
- Du möchtest an den höheren Gewinnaussichten des Aktienmarkts partizipieren.
- Die damit einhergehenden Schwankungen und Risiken kannst du verkraften.

Ein relativ einfaches Aktiendepot sieht zum Beispiel so aus: Drei Viertel würde in einen ETF auf den MSCI World investiert. Wie mehrfach erwähnt, umfasst der MSCI World Index die Aktien von über 1650 Unternehmen mit hoher und mittlerer Marktkapitalisierung aus 23 Industrieländern – gestreut über alle Branchen. Damit wärst du breit aufgestellt, obwohl sich nur dieser eine ETF in deinem Portfolio befindet.

Ein Viertel deines Depots möchtest du vielleicht in einen ETF auf den MSCI Emerging Markets Index stecken, weil du dort auf ein besonders gutes Entwicklungspotenzial hoffst. Dieser Index bildet die Wertentwicklung von Unternehmen aus 27 Schwellenländern ab. Er enthält 1406 Unternehmen weltweit. Chinesische Aktien haben an diesem Index ein Gewicht von etwa 35 Prozent, gefolgt von Taiwan mit rund 15 Prozent und Südkorea mit ungefähr 13 Prozent. Asiatische Länder haben also ein relativ großes Gewicht am MSCI Emerging Markets Index. Angesichts der Tatsache, dass dort auch viel Wirtschaftsentwicklung stattfindet, halten das viele Marktexpertinnen und -experten für durchaus in Ordnung.

Wenn du nach ETFs auf den MSCI World oder den MSCI Emerging Markets Index suchst, wirst du feststellen, dass es mehrere davon gibt. Das muss dich nicht beunruhigen. Letztlich haben alle das Ziel, den jeweiligen Index möglichst gut nachzubilden. Genau das tun sie auch. Ab Seite 257 kannst du nachlesen, wie du den für dich passenden ETF auswählen kannst.

Wenn du dann die beiden ETFs ausgesucht hast, sieht dein Depot am Anfang so aus:

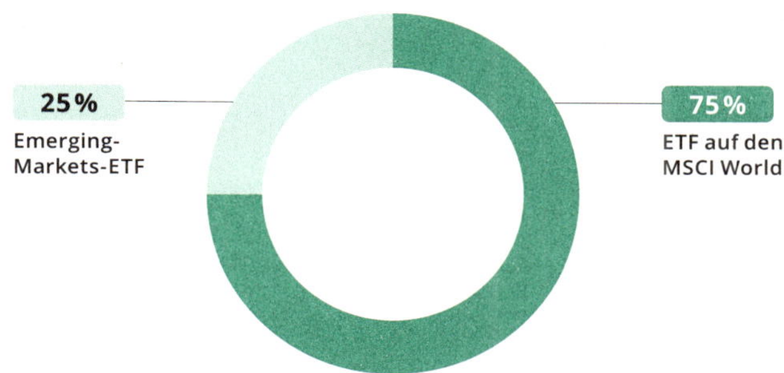

Beispiel für Anfängerinnen-Portfolio (»Basisdepot«)

Sieh dir diese Aufteilung an und überleg, ob sich das Ganze für dich richtig anfühlt! Wenn ja, dann könntest du im Kern gut aufgestellt sein.

Fortgeschrittene: weitere Bausteine hinzufügen

Das Basisdepot ist vernünftig, aber natürlich könntest du weitergehen. Vielleicht möchtest du noch eine Position hinzufügen, die genau dann steigt, wenn es an den Aktienmärkten abwärtsgeht? Profis sprechen hier von »unkorrelierten« Positionen.

Das wäre in erster Linie Gold – bei Bitcoin und Co. weiß man es noch nicht genau, weil man die noch nicht über 100 Jahre beobachten konnte. Aktien runter – Gold rauf: Dieser Mechanismus stellt sich zwar nicht immer und sofort ein, aber er konnte in der Vergangenheit häufig beobachtet werden. Wenn dich das überzeugt, dann könntest du entweder nach einem Gold-ETP suchen (umgangssprachlich auch »Gold-ETF« genannt) oder nach einem Aktienfonds, der in Goldminen-Aktien investiert. Der Gold-ETP bewegt sich ziemlich genau mit dem Goldpreis, während ein Goldminen-Aktienfonds zwar auch mit dem Goldpreis schwankt, allerdings ausgeprägter. Der Grund: Wenn es sich bei einem Goldpreis von, sagen wir mal, 100 Euro pro 2 Gramm Gold für ein

Unternehmen lohnt, Gold zu fördern, hat es – wenn das Fördern 90 Euro kostet – einen Gewinn von 10 Euro pro Kilo Gold. Wenn der Goldpreis dann auf 110 Euro steigt, hat das Unternehmen einen Gewinn von 20 Euro pro Kilo Gold, denn das Fördern wird ja nicht teurer, wenn der Preis von 100 auf 110 Euro steigt. Du siehst: Der Kurs von Goldminen-Aktien schwankt stärker als der Goldpreis, aber in dieselbe Richtung. Du könntest also mit einem relativ kleinen Betrag in einen Goldminen-Aktienfonds ein großes Depot puffern.

Wenn du einen kleinen Betrag – sagen wir 5 Prozent von deinem Depot – in einen Gold-ETP investierst, sieht das Depot so aus:

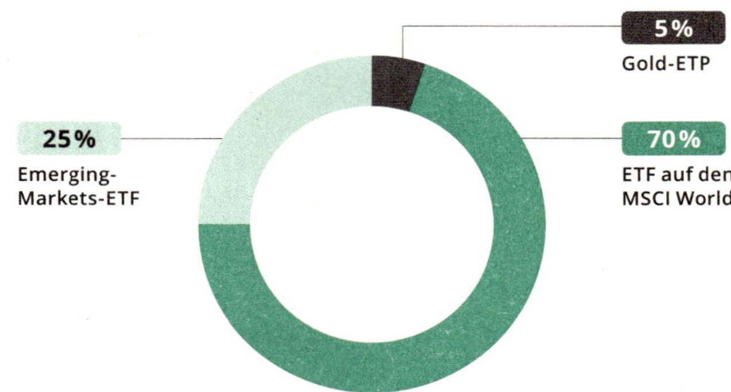

Portfolio mit Gold-Investment

Schau dir deine Depotzusammenstellung an! Sieht schon mal gut aus. Denn du hast mehrere Börsenregeln dabei berücksichtigt – insbesondere den Rat, möglichst breit aufgestellt zu sein. Daneben hast du durch die Goldposition den Grundsatz beherzigt, dass es gut ist, auch solche Positionen im Depot zu halten, die steigen können, wenn es an den Aktienmärkten kracht!

Muss ich verschiedene Investmentstile berücksichtigen?

Ausgesprochene Profis wie die großen institutionellen Investorinnen und Investoren empfehlen, Fonds mit unterschiedlichen Stilen in einem Depot miteinander zu kombinieren. Warum sie das tun? In der Theorie haben die einzelnen Investmentstile, etwa Growth oder Value, unterschiedliche Zyklen. Das heißt: Geht der eine Bereich gut, befindet sich der andere in einer Abwärts- oder einer absoluten Niedrigphase und umgekehrt. Das ist richtig, aber viele wollen ein Depot, das möglichst einfach zu handhaben und trotzdem sinnvoll ist.

Mit unserem relativ einfachen Basisdepot kannst du gut aufgestellt sein. Denn die beiden Indizes, die darin abgebildet sind, enthalten sowohl Value- als auch Growth-Titel. Damit hast du eine Kombination der beiden wichtigen Investmentstile Value und Growth. Überlassen wir ausgefeilte Strategien getrost den Profis! Du weißt ja, für uns gilt: KISS! Keep it simple, stupid! Und wie schon erwähnt: In Wirklichkeit sind es nicht immer die besonders komplexen Strategien, die das beste Ergebnis bringen. Wie viele Managerinnen und Manager von Hedgefonds liegen mit ihren ausgefeilten Profistrategien total daneben! In der Realität zeigt sich immer wieder, dass man mit einfachen, aber soliden Strategien an der Börse auf lange Sicht richtig weit kommt.

Und diese einfachen Strategien haben einen weiteren Vorteil: Sie erfordern relativ wenig Aufwand. Bei diesem Depot genügt es, wenn du vielleicht zweimal im Jahr einen Blick darauf wirfst. Je ausgefeilter deine Strategie, desto mehr Kümmer-Aufwand erfordert sie!

Für Menschen mit mehr Sicherheitsbedürfnis: Sicherheitsbausteine hinzufügen

In diesem Abschnitt geht es darum, was du machen kannst, wenn du ein etwas ausgeprägteres Sicherheitsbedürfnis hast. Wir haben ja schon erwähnt, dass du dir Gedanken darüber machen solltest, was für ein Anlegertyp du bist. Deshalb wäre es unlogisch, wenn wir am Ende nur ein einziges Depot vorstellen und sagen: Das ist genau das Richtige für alle!

Nun kommen also dein Anlegertyp und deine Anlageziele ins Spiel. Bisher sind in unserem Depot ausschließlich Aktienfonds und ein Gold-ETP enthalten. Das kann passen, wenn du bereit bist, Börsenrisiken zu tragen, wobei diesen Risiken immer auch eine entsprechende Chance gegenüberstehen muss. Außerdem ist für dieses Depot ein langfristiger Anlagehorizont gefragt, weil du einen Zeitpuffer brauchst, falls du in einen Crash gerätst. Wenn du ein größeres Sicherheitsbedürfnis hast, bist du vielleicht ein Anlegertyp bist, der nicht so viel Risiko, also nicht so große Schwankungen, verkraften kann. Oder dein Anlageziel liegt näher in der Gegenwart. Wenn du beispielsweise in vier Jahren einen Kredit zurückzahlen musst, solltest du nicht mit deinem ganzen Geld voll ins Aktienrisiko gehen. Schließlich weiß keiner, ob in drei Jahren ein Crash kommt und die niedrigen Börsenbewertungen dann über einen längeren Zeitraum anhalten.

Die gute Nachricht? Du kannst deinem Depot verschiedene Sicherheitsbausteine hinzufügen – neben dem Notgroschen, den jeder haben sollte. Früher war das mit den Sicherheitsbausteinen viel einfacher als heute. Noch 2008 konnte man mit zehn Jahre laufenden deutschen Staatspapieren eine Rendite von rund 4 Prozent erzielen – und die Bundesrepublik gilt als besonders sicherer Schuldner.

Wir haben ja schon öfter erwähnt, dass wir uns aktuell trotz Zinswende historisch gesehen noch immer in einem Umfeld niedriger Zinsen befinden. Wahrscheinlich hast du das auch schon selbst zu spüren bekommen – beispielsweise bei Sparbuch oder Tagesgeld. Seit Mitte 2022 steigen zwar die Zinsen wieder, aber es kann niemand mit Sicherheit sagen, ob die Zinsen nun linear ansteigen, und wenn ja, wie weit. Im Februar 2023 lag die Verzinsung von zehn Jahre laufenden deutschen Staatspapieren bei rund 2,3 Prozent. Mit derart niedrigen Zinsen ist der Aufbau von Sicherheitsbausteinen natürlich wenig attraktiv. Daher stellt sich die Frage: Wie kann ich heute mein Depot mit »sicheren« Bausteinen ergänzen?

Tagesgeld- oder Cash-Konto

Das Einfachste wäre: Den Betrag, der ganz sicher sein soll und den du nicht mit einem langen Zeithorizont anlegen kannst, könntest du auf ein Tagesgeldkonto überweisen. Alternativ kannst du das Geld auf deinem Cash-Konto bei deiner depotführenden Stelle lassen. Dort gibt es zwar nichts (oder so gut wie nichts), aber es wird auch nicht weniger. Naja, halt! Es wird zwar nominal nicht weniger. Aber wie schon gesagt: Es gibt ja noch die Inflation.

Multi-Asset-Fonds

Wenn du etwas mehr Schwankungen und Risiko verträgst, könnte auch ein Multi-Asset-Fonds eine gute Ergänzung sein. Solche Fonds enthalten mehrere Anlageklassen wie Aktien, Anleihen oder auch Rohstoffe. Oft haben Multi-Asset-Fonds explizit eine konservative, eine dynamische oder eine ausgewogene Risikoausrichtung. Du kannst hier also aus einer Vielzahl von Möglichkeiten wählen.

Offene Immobilienfonds

Ein anderer Sicherheitsbaustein sind offene Immobilienfonds. Die steigenden Zinsen nagen zwar auch an der Wertentwicklung der offenen Immobilienfonds. Denn steigende Zinsen verteuern den Immobilienerwerb. Aber immerhin haben offene Immobilienfonds noch überwiegend positive Renditen.

Offene Immobilienfonds investieren in Wohn-, Büro- und Gewerbeimmobilien. Sie verdienen an den Mieten und profitieren von den Wertsteigerungen der Gebäude. Je nach Fonds können sie auch eine regionale Ausrichtung haben oder international investieren. Sie haben eine Besonderheit, die du kennen solltest: Gesetzlich ist vorgeschrieben, dass du die Anteile von offenen Immobilienfonds mindestens 24 Monate halten musst. Und: Wenn du deine Anteile verkaufen willst, ist das zwölf Monate im Voraus bei der depotführenden Stelle anzukündigen. Daher bist du hier nicht so flexibel wie mit allen anderen Wertpapierfonds. Denn die kannst du jederzeit von einem Börsentag auf den anderen verkaufen – ohne Kündigungsfrist.

Von geschlossenen Immobilienfonds möchten wir an dieser Stelle abraten. Sie sind sehr unflexibel in der Handhabung und zumindest in der Vergangenheit haben auch nur wenig überzeugende Renditen gebracht. So könnte dein Depot aussehen, wenn du drei Sicherheitsbausteine einsetzt:

Portfolio mit mehreren Sicherheitsbausteinen

Damit hättest du ein breit gestreutes Aktiendepot, einen Goldanteil und drei Bestandteile als Sicherheitspuffer.

Falls du mehr machen willst: So baust du ein Akzentedepot auf

So weit, so gut! Jetzt weiß du, wie du ein Basisdepot zusammenstellst, das auch einen Sicherheitspuffer aufweist. Wenn du mit deinem Basisdepot etwas Börsenerfahrung gesammelt hast, könntest du durchaus noch mehr tun. In diesem Kapitel geht es darum, wie man ein Akzentedepot zusammenstellen könnte. Wie gesagt: Ein Akzentedepot ist nicht notwendig, aber es kann unglaublich viel Spaß machen. Das gilt natürlich besonders, wenn man mit seinen Überlegungen richtigliegt!

Core-Satellite-Ansatz

Wenn du deinem Depot mehr Pepp verleihen möchtest, könnte sich der Core-Satellite-Ansatz anbieten. Der Begriff kommt aus dem Englischen und bedeutet so viel wie »Kern-Satelliten-Ansatz«. Konkret heißt das: Im Kern hast du ein Basisdepot. Hier brauchst du dir keine Gedanken über die Länder- und Branchengewichtung zu machen. Denn das übernimmt das Fondsmanagement für dich.

Zum Kern kommen allerdings noch bestimmte Schwerpunkte. Die sind speziell. Darüber musst du dir Gedanken machen. Die verschiedenen Schwerpunkte, die du setzen möchtest, fassen wir unter dem Begriff »Akzentedepot« zusammen. Sie sind nichts anderes als die Satelliten im Core-Satellite-Ansatz.

Mit den Satelliten kannst du gezielt Schwerpunkte auf bestimmte Branchen, Regionen, Länder oder Investmentstile setzen. Deine Überlegungen gehen vielleicht dahin, dass du der europäischen Gesundheits- und der Mobilitätsbranche künftig ein besonders gutes Wachstum zutraust? Dann könntest du jeweils einen ETF wählen, der den STOXX Europe 600 Health Care Index und den Nasdaq Yewno Global Future Mobility Index abbildet. Und wenn du selbst gern daddelst, traust du vielleicht der Gaming-Branche gutes Potenzial zu? Dann könnte es dir in den Sinn kommen, auf einen darauf ausgerichteten Fonds zu setzen.

Mehr Infos über ETFs rund um E-Mobilität findest du hier:

Hier geht's zu den Gaming-ETFs:

Mehr über Health-ETFs erfährst du hier:

Satelliten könnten aber auch Fonds sein, die nach bestimmen Stilen investieren. Die wichtigsten sind:

- Growth – hier wird auf Wachstumstitel gesetzt.
- Value – hier wird auf Unternehmen gesetzt, die besonders solide Finanzkennzahlen haben.
- Dividenden – hier werden Unternehmen bevorzugt, die traditionell hohe Dividenden zahlen.
- Qualität – hier wird auf Unternehmen gesetzt, die eine dominante Marktstellung haben und gute Umsätze und Gewinne machen.
- Momentum – hier wird auf diejenigen Firmen gesetzt, deren Kurse gerade einen guten Aufwärtstrend aufweisen. Nach dem Motto: »Gewinne laufen lassen!«

Wenn du Fonds mit bestimmten Schwerpunkten zusammenstellst, berücksichtigst du zum einen deine ganz persönliche Situation und zum anderen deine individuelle Einschätzung der jeweiligen Märkte oder Stile.

Bei den Akzenten kann es sich auch anbieten, nicht in ETFs, sondern auf aktive Fonds zu setzen. Teilweise sind die Bereiche so besonders, dass ein darauf spezialisiertes Fondsmanagement durchaus mehr herausholen könnte als die Index-Performance. Bei aktiven Fonds spielt es eine viel größere Rolle, welchen Fonds du auswählst als bei ETFs, die auf denselben Index setzen. Achte darauf, wie die Wertentwicklung im Vergleich zu ähnlich strukturierten Fonds aussieht. Schau dabei nicht nur auf kurze Zeiträume, sondern auch auf längere – sofern es die Fonds überhaupt schon eine Weile gibt. Hier sind drei oder auch fünf Jahre ein aussagekräftiger Zeitraum. Betrachte dabei auch, wie gut sich der Fonds halten konnte, wenn es mal abwärtsging. War das Management in der Lage, kleine Dellen gut abzufedern?

Und noch ein Tipp: Solange du noch im Vermögensaufbau bist, könnte es sinnvoll sein, lieber thesaurierende als ausschüttende Fonds zu nehmen.

Du wirst merken: Die Fonds, die in deinem Basisdepot sind, wirst du tendenziell länger halten. Bei den Satelliten kann es hingegen angebracht sein, gelegentlich zu wechseln. Denn die Aussichten für einzelne Branchen, Regionen oder Stile könnten sich mit der Zeit ändern.

Eine zu unruhige Hand solltest du allerdings nicht haben. Auch wenn du für ETFs keinen Ausgabeaufschlag zahlst, gibt es doch eine mehr oder minder hohe Wertpapierankaufs und -verkaufsgebühr sowie einen Spread. Der Spread ist die Differenz zwischen dem An- und dem Verkaufspreis für ein börsengehandeltes Papier. Für ETFs, die einen großen Index wie den MSCI World oder den EURO STOXX 50 abbilden, ist der Spread sehr niedrig. Aber für exotische Indizes kann er durchaus 2, 3 oder auch mehr Prozent betragen. Du wirst mit deinen Einschätzungen der einzelnen Märkte oder Stile nicht immer richtigliegen. Und manchmal wird es auch eine Weile dauern, bis die eine oder andere Investmentidee aufgeht. Aber es kann richtig Spaß machen, sich zu überlegen, welche Branchen in naher Zukunft besonders gute Aussichten haben, und dann gezielt mit einem ETF oder auch mal mit einem aktiven Fonds oder sogar mit einer einzelnen Aktie darauf zu setzen. Und du wirst merken, wie stolz es dich macht, wenn dein Plan aufgeht und dieser eine ETF sich in wenigen Jahren verdoppeln oder verdreifachen kann.

Je nachdem, wie viel Risiko du aushalten kannst, könnte dein Basisdepot mit den Sicherheitsbausteinen zwischen 50 und 90 Prozent deines Depots ausmachen und dein Akzentedepot zwischen 10 und 50 Prozent. Aber es wäre empfehlenswert, auch dein Akzentedepot in sich breit zu streuen. Auch hier gilt: »Nicht alle Eier in einen Korb legen!«

So könnte dein Gesamtdepot dann aussehen:

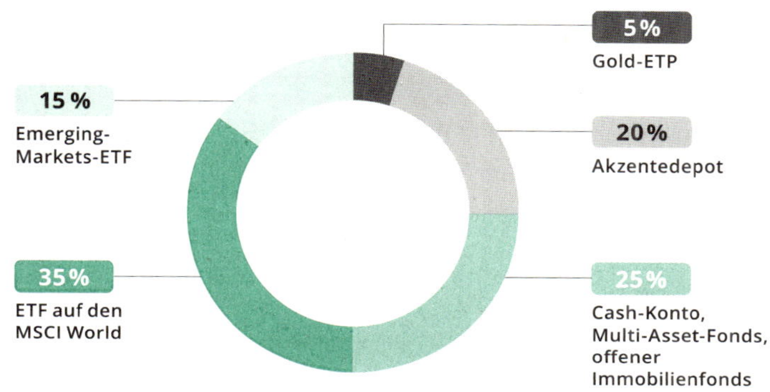

Portfoliobeispiel für Fortgeschrittene

Wenn du deine Fonds für das Akzentedepot suchst, achte darauf, dass keine Klumpenrisiken entstehen. Es wäre beispielsweise nicht sinnvoll, einen ETF auf die US-Technologie-, einen auf die US-Kommunikations- und einen auf die US-Big-Data-Branche zu setzen. In diesem Fall hättest du immer das Risiko der US-Börse und wärst sehr technologielastig. Besser ist es, Branchen oder Regionen zu wählen, die sich nicht im Gleichschritt bewegen oder sich zumindest anders als die generellen Börsen entwickeln. Im Fachjargon spricht man hier von »unkorrelierten« Märkten.

Wenn die Aktienmärkte auf breiter Front einbrechen, dann fällt zwar (fast) alles. Aber Unternehmen aus der Lebensmittelbranche halten sich noch vergleichsweise gut. Hier greift das Motto: »Gegessen wird immer!« Auch die Gesundheitsbranche zählt zu den Bereichen, die weniger korreliert sind: Selbst wenn es eine Wirtschaftskrise gibt, werden die Menschen Geld für ihre Gesundheit und für Medikamente ausgeben. Dagegen werden sie wahrscheinlich beim Reisen und Ausgehen sparen.

Ein weiterer Sektor, der erfahrungsgemäß relativ gut durch wirtschaftliche Täler kommt, wäre der Rüstungsbereich. Auch in wirtschaftlich schwierigen Zeiten werden Staaten Geld für ihre Verteidigung ausgeben. Davon können Rüstungsunternehmen wie Airbus, Rheinmetall oder Raytheon profitieren. Dennoch wollen viele aus ethischen Gründen nicht in Rüstungsunternehmen investieren. In dem Fall muss man andere Sektoren wählen, die möglichst wenig mit den allgemeinen Märkten mitschwanken und gleichzeitig ins persönliche Wertegefüge passen. Du siehst schon: Es gibt kaum eine Idee, die sich nicht im Depot umsetzen lässt!

Sicherheit für Ältere

Allgemein wird gesagt, dass Rentner und Rentnerinnen nicht mehr riskant anlegen sollten. Ganz so wollen wir das nicht stehen lassen. Richtig ist, dass ältere Menschen weniger Zeit als jüngere haben, um darauf zu warten, dass sich die Börsen nach einem Crash wieder erholen. Auf der anderen Seite kannst du mit 65 Jahren davon ausgehen, dass du noch rund 30 Jahre lebst. Selbst wenn du jedes Jahr einen Teil deines Vermögens aufbrauchen willst, bleibt ein gewisser Teil langfristig im Depot. Es könnte sinnvoll sein, mit diesem Teil auch in Aktienfonds zu investieren.

Gut ist Folgendes: Wenn du in Rente gehst, könntest du – je nach Risikotoleranz – 25 bis 50 Prozent deines Depots konservativ investieren (lies dazu gern nochmal die Abschnitte über die Sicherheitsbausteine ab Seite 232 nach).

Den Rest könntest du im Basisdepot investiert lassen. Jedes Jahr, wenn du deinen Depotcheck machst, könntest du wieder einen Teil in deinen Sicherheitstopf umschichten, damit er immer gut gefüllt ist. Es empfiehlt sich nicht umzuschichten, wenn gerade ein Börsencrash herrscht. Denn dann willst du ja nicht verkaufen, die niedrigen Kurse realisieren und Geld verlieren.

So kannst du dein Depot nutzen

»Einfach nur so« willst du dein Depot sicher nicht haben. Schließlich musst du dafür etwas von deinem sauer verdienten Geld zurücklegen. Zudem erfordert auch die Anlage des Geldes eine gewisse Mühe und Disziplin. Daher ist es nur allzu verständlich, dass du einen Nutzen von deinem Depot erwartest.

Zum einen kann dein Depot eine Reserve für später sein. Wir können dir aus eigener Erfahrung sagen: Es ist ungemein beruhigend, eine Reserve in Form eines Wertpapierdepots in der Hinterhand zu haben. Egal, was passiert: Die Reserve steht für dich parat!

Auch wenn du heute noch kein konkretes Anlageziel hast: Deine Reserve ist da und beruhigt. Und wenn dir zum gegebenen Zeitpunkt ein gutes Anlageziel in den Sinn kommt, hast du schon einen soliden Grundstock.

Dass etwas Geld auf der Seite immer sinnvoll ist, wissen auch Großeltern, Tanten und Co. und legen gerne Geld für den Nachwuchs an. Wenn das auf dich zutrifft, kannst du dich glücklich schätzen.

Vielleicht bist du schon ein bisschen älter und machst dir Gedanken über deine Rente. Eventuell fragst du dich, ob sie wohl ausreichen wird, um einen angenehmen Lebensstil führen zu können. Auch hier ist ein Depot eine beruhigende Sache. Wenn du eins hast, könntest du darauf zum Beispiel einen Auszahlplan abschließen. In dem Fall vereinbarst du, dass monatlich oder quartalsweise für einen bestimmten Betrag Fondsanteile verkauft werden. Der regelmäßige Verkaufserlös steht dir dann als zusätzliche Rente zur Verfügung. Hier ein Beispiel, damit du dir vorstellen kannst, wie es funktioniert.

Beispiel: Mit einem Auszahlplan die Rente aufbessern

Nehmen wir an, du möchtest mit 65 Jahren in Rente gehen. Bis dahin hast du ein Depot von 50 000 Euro aufgebaut, das sich danach vielleicht weiterhin mit 5 Prozent pro Jahr verzinst. Wenn du davon ausgehst, dass du 95 Jahre alt wirst, möchtest du dein Depot also in den nächsten 30 Jahren »verfrühstücken«.

Unter diesen Bedingungen könntest du dir aus deinem Depot mit einem Auszahlplan eine monatliche Zusatzrente von rund 265 Euro gönnen. Nach den 30 Jahren, also wenn du 95 Jahre alt bist, ist dann das Depot auf null runtergefahren. Weil es an der Börse keine Punktlandungen gibt, sind das alles nur ungefähre Zahlen, um dir eine Größenordnung zu zeigen.

Anstatt eines monatlichen oder quartalsweisen Auszahlplans könntest du dein Depot auch als »Brotbox« betrachten, an die du immer dann gehst, wenn du Hunger hast. Wenn du also Lust auf etwas hast, das ein wenig Extrageld kostet, steht dein Depot bereit. Ob das nun eine tolle Skiausrüstung ist, die du dir gönnen willst, oder ein Auto, eine Reise, die Ausbildung deiner Enkel oder das teure Zahnimplantat: Wenn du Geld brauchst, könntest du entsprechend viele Fondsanteile verkaufen, um den Betrag liquide zu haben.

Zwei Dinge sind dabei wichtig: Bei Aktienfonds gibt es gute und schlechte Zeitpunkte für einen Verkauf. Rangiert die Börse gerade in der Nähe von Höchstkursen, kann es sinnvoll sein, ein paar Fondsanteile zu verkaufen. Unmittelbar nach einem Rücksetzer wäre es verständlicherweise weniger gut. In dem Fall könntest du die Sicherheitsbausteine nutzen und warten, bis sich die Börse wieder erholt.

Je nachdem, wie groß dein Depot ist und wie oft du dir eine Entnahme daraus genehmigst, ist es womöglich irgendwann auf null gefahren.

Vielleicht ist es dein Traum, einmal eine eigene Wohnung oder sogar ein eigenes Haus zu kaufen? Dann ist dir bestimmt bewusst, dass du mindestens rund 20 Prozent des Kaufpreises als Eigenkapital aufbringen solltest. Die meisten Menschen finanzieren den Rest über ein Darlehen. Ein Bankdarlehen zu erhalten – insbesondere zu guten Konditionen – ist nicht immer einfach. Hier ist es auf jeden Fall hilfreich, wenn du der Bankerin neben dem Eigenkapital auch ein Wertpapierdepot vorweisen kannst.

Dann weiß sie nämlich zwei Dinge über dich:

- Du hättest noch was in der Hinterhand, wenn dich die Kreditraten einmal arg belasten sollten – beispielsweise wenn du arbeitslos werden solltest oder einmal einen höheren Geldbedarf als normalerweise hast.
- Du hast dich schon daran gewöhnt, etwas von deinem Gehalt auf die Seite zu legen. Sonst hättest du kein Depot aufbauen können.

Beides macht es der Bankerin leichter, dir ein Immobiliendarlehen zu gewähren. Außerdem hättest du eine bessere Verhandlungsposition, um gute Konditionen für dich auszuhandeln.

Top it up, please! Wenn du aufstocken willst

Später hast du vielleicht den Wunsch, noch mehr in dein Depot einzuzahlen. Dafür gibt es zwei Wege: Zum einen könntest du regelmäßig einen bestimmten Betrag – zum Beispiel von deinem Gehalt – in einen Fonds anlegen. Das wäre ein Sparplan. Damit kannst du jederzeit beginnen und auch jederzeit wieder aufhören. Dafür fallen keine besonderen Stornokosten an und eine nervige Kündigungsfrist gibt es auch nicht. Aber was ist, wenn du keinen Sparplan für monatliche oder quartalsweise Einzahlungen abschließen möchtest? In dem Fall könntest du auch einfach immer dann, wenn du einen nennenswerten Geldbetrag hast, deine Fondspositionen aufstocken.

herMoney-Tipp

Wenn du einen Einmalbetrag anlegen willst und dir unschlüssig darüber bist, ob es sich gerade um einen guten oder einen schlechten Einstiegszeitpunkt handelt, könntest du die Summe in mehrere Einzahlungen aufteilen. In gewisser Weise profitierst du dann auch vom Cost-Average-Effekt (siehe Seite 281). Du verringerst das Risiko, mit dem gesamten Betrag genau zum blödesten Zeitpunkt einzusteigen.

Wenn du bei Bedarf aufstocken möchtest, geht das jederzeit und im Prinzip mit fast jeder Summe. Welche Fondsposition nutzt du dafür am besten? Die einen sagen: »Wähl die Position aus, die zuletzt am schlechtesten gelaufen ist, denn die hat das höchste Aufholpotenzial.« Die anderen sagen: »Nimm die, die zuletzt am besten gelaufen ist. Das scheint doch ein richtig guter Fonds zu sein!«

Lass dich nicht verrückt machen! Schau dir dein Depot und die derzeitige Struktur an. Dann überleg, auf welchen Fonds du jetzt verstärkt setzen möchtest. Welchem Fonds traust du die besten Chancen zu? Du wirst sehen, mit der Zeit wächst dein Vertrauen in dich selbst! 100-prozentige Sicherheit gibt es trotzdem leider nicht – weder an der Börse noch sonst im Leben …

Und ab welcher Summe könntest du Aufstockungen vornehmen? Im Prinzip ginge das mit jedem Betrag. Aber wenn du Wertpapiere kaufst, achte darauf, dass die Einzelsummen nicht allzu niedrig sind, denn vielleicht verlangt deine depotführende Stelle eine Mindestgebühr pro Transaktion. 1000 Euro sind ein guter, ungefährer Richtwert, ab dem Nachkäufe sinnvoll sein können.

Das passende Depot auswählen

Du bist schon einen weiten Weg gegangen: Deine Existenzrisiken sind abgesichert, der Notgroschen steht, die Altersvorsorge hast du im Griff und du kennst dich mit den wichtigsten Basics der Geldanlage aus. Während du dich gerade noch gefragt hast, was ein ETF genau ist, kommt schon die nächste große Entscheidung auf dich zu: Die Wahl des Depots. In diesem Kapitel erfährst du alles Wichtige, was du über verschiedene Depots wissen und was du bei deiner Suche beachten solltest. Du wirst sehen: Mit dem richtigen Know-how hast du im Nu das richtige Depot gefunden und sogar schon eröffnet.

Welche Depotarten gibt es überhaupt?

Was ein Depot ist, weißt du bereits. Dort lagerst du deine aktiven Fonds und ETFs. Es gibt aber zwei spezielle Varianten, die darüber hinaus für dich interessant sein könnten: ein Depot für dich und deinen Partner und eines für den Nachwuchs.

Depot für Paare

Irgendwann taucht in vielen Beziehungen die Frage auf: »Wollen wir gemeinsam fürs Alter vorsorgen?« Mithilfe des Gemeinschaftsdepots können Paare zusammen das Börsenparkett betreten. Wie beim Gemeinschaftskonto gibt es auch beim Wertpapierdepot zwei Varianten: Die eine Variante ist das »Und-Depot«, bei dem jede Transaktion von beiden Partnern abgenickt werden muss. Die andere ist das »Oder-Depot«, bei dem beide Inhaber individuell über die Papiere verfügen können, ohne dass der andere jedes Mal zustimmen muss.

Einen großen Vorteil hat das Gemeinschaftsdepot vor allem für Paare, die nicht verheiratet sind und auch keine eingetragene Lebenspartnerschaft haben: Sie können im Fall der Fälle füreinander einspringen und die gemeinsamen Finanzen regeln. Leider lauern aber auch einige Fallstricke, die es zu meiden gilt. Zum einen solltet ihr euch die Frage stellen, ob ihr euch gegenseitig vertraut, wenn es um eure Finanzen geht. Tickt ihr ähnlich in Bezug auf finanzielle Entscheidungen und wie sehr geht eure Risikobereitschaft auseinander?

Sind grundsätzliche Bedenken ausgeräumt, müssen rechtliche und steuerliche Stolperfallen aus dem Weg geschafft werden. Zahlt dein Partner oder deine Partnerin beispielsweise mehr ein als du, kann das unter Umständen zur Hälfte als steuerpflichtige Schenkung an dich betrachtet werden. In diesem Fall wird – wie beim Gemeinschaftskonto – Schenkungssteuer fällig, wenn die Freigrenzen nicht eingehalten werden.

Sinnvoll ist das gemeinsame Depot daher vor allem, wenn ihr beide etwa gleich viel Geld investiert. Ist der Unterschied zu groß oder geht es insgesamt um hohe Investitionssummen, die den Freibetrag übersteigen, solltet ihr lieber auf einzelne Depots zurückgreifen. Wenn ihr wollt, könnt ihr die jeweils andere Person mit einer Vollmacht an der Verwaltung des Geldes beteiligen. Die bevollmächtigte Person darf in diesem Fall Entscheidungen treffen, wenn der Partner oder die Partnerin beispielsweise erkrankt ist. Doch das Depot bleibt vollständig im Eigentum des ursprünglichen Inhabers.

Juniordepot für die Kids

Die siebte Großpackung Playmobil oder Lego? Vermutlich findest du es sinnvoller, wenn deine Kinder nicht noch mehr Spielsachen, sondern Geld zu Weihnachten, Geburtstag und Co. bekommen. Gerade Patenonkel und -tante oder die Großeltern lassen sich oftmals gerne für diese Idee gewinnen. Solche Geldgeschenke können dann an der Börse investiert werden. Wenn du es dir leisten kannst, könntest du darüber hinaus auch jeden Monat einen Teil des Kindergeldes anlegen.

Ein Juniordepot ist ein spezielles Wertpapierdepot, das oft zu Sonderkonditionen für Minderjährige eröffnet werden kann. Sehr häufig ist die Eröffnung bereits ab der Geburt möglich. Manchmal gibt es die Sonderkonditionen auch noch bis ins junge Erwachsenenalter hinein.

Alles, was du über Juniordepots wissen solltest, findest du auf her-Money:

Filialbank, Direktbank oder Onlinebroker?

Du kannst dein Depot bei deiner Hausbank, einer Direktbank oder einem Onlinebroker eröffnen, um dort ETFs oder Fonds zu kaufen.

Filialbanken haben Schalterbetrieb. Das bedeutet, Kundinnen und Kunden können sich bei Bedarf vor Ort von den Angestellten beraten lassen. Zu den Filialbanken gehören beispielsweise Sparkassen, VR-Banken oder große Geldhäuser wie die Commerzbank. Vorteil einer Filialbank kann der Service sein und – gerade bei Einsteigerinnen – auch die Beratung.

Anfängerinnen sind bei ihren ersten Investments oft unsicher und tendieren dazu, das Depot bei ihrer Hausbank zu eröffnen. Verständlich, allerdings muss man wissen, dass Filialdepots erfahrungsgemäß mit am teuersten sind. Wer keinesfalls die vertraute Hausbank verlassen möchte, fragt am besten bei der Filiale nach dem günstigsten Depotmodell. Sparkassen, Volksbanken und große Geschäftsbanken haben alle recht preiswerte Onlinedepots in ihrem Angebot.

Direktbanken haben keine Filialen. Kontoeröffnung, Überweisung, Kreditantrag, Depoteröffnung und sämtliche Bankprodukte werden online, telefonisch und postalisch abgewickelt. Bei Fragen stehen die Servicemitarbeitenden nicht in Persona, sondern via E-Mail, Chat oder Telefon mit Rat und Tat zur Seite. Zu den großen Direktbanken zählen zum Beispiel ING, DKB oder Comdirect.

Anlegerinnen, die bereits erste Erfahrungen gemacht haben und auf eine Beratung verzichten möchten, sind mit einem Depot bei einer Direktbank oder einem Broker gut aufgehoben.

Onlinebroker haben sich auf den Wertpapierhandel spezialisiert. Hier gibt es keine Bankprodukte wie Konto, Dispo oder Baufinanzierungen. Es geht rein um den Handel mit Wertpapieren wie ETFs, Fonds und Aktien. Broker sind in Bezug auf die Depots und das Traden oft unschlagbar günstig, häufig auch mobil gut nutzbar und von der Aufmachung auf ein junges Zielpublikum ausgerichtet. Beispielsweise Trade Republic oder Smartbroker.

So findest du dein Depot

Bei der Suche nach dem richtigen Depot gibt es einige wesentliche Merkmale, auf die du achten könntest. Dazu zählen die Kosten, die Bedienbarkeit, der Handel per App und die Frage, ob das Depot deine Fonds beziehungsweise ETFs überhaupt anbietet.

Wie hoch sind die Kosten?

Egal, ob Broker, Filial- oder Direktbank: Die Aufbewahrung, der Handel und die Verwaltung von Wertpapieren stellen einen Aufwand für die Anbieter dar. Die entstandenen Kosten legen die Broker und Geldhäuser in Form von Gebühren auf die Kundinnen und Kunden um. Und bei den Depots haben sich die Banken sehr unterschiedliche Preismodelle ausgedacht.

Die verschiedenen Pakete und Kostenarten können einen schnell überfordern. Aber lass dich nicht aus der Ruhe bringen! Folgende Kostenarten solltest du kennen.

Wenn du auf diese Kosten achtest, hast du den Großteil schon verstanden:

- Monatliche Depotführungskosten: Oft ein prozentualer Wert des Depotvolumens. Der kann nur ein paar wenige Zehntel betragen oder ein Prozent des Kurswerts der Wertpapiere.
- Ordergebühren: Orderkosten setzen sich oft aus einer Grundgebühr und der Orderprovision zusammen.
- Kosten der ETF-Sparplanausführung: Manche Anbieter berechnen Pauschalen. Andere bieten den Service beim ersten Sparplan kostenlos an. Erst bei weiteren ETF-Sparplänen verlangen sie dann eine Gebühr.
- Ausgabeaufschlag: Der Ausgabeaufschlag – auch Agio genannt – ist ein Posten bei aktiv gemanagten Fonds.

Achtung Kleingedrucktes! Zusätzliche Kosten

Je nachdem können noch viele weitere Kosten entstehen. Darunter fallen zum Beispiel:

- Provisionen für den Makler,
- Entgelt für die Börse,
- Kosten für Telefonorder,
- Kosten und Gebühren für sonstige Leistungen wie Porto und Steuerbescheinigung.

Dem Einfallsreichtum der Anbieter sind kaum Grenzen gesetzt. Es gibt zum Beispiel auch ein paar, die eine Gebühr auf ausländische Dividendenzahlungen erheben. Deshalb lohnt sich der Blick auf das Kleingedruckte allemal.

Komme ich mit der Webseite klar?

Jetzt erstmal genug von Kosten und Gebühren. Wer bereits einige Anbieter in die engere Auswahl genommen hat, sollte sich deren Websites ansehen. Findest du dich hier zurecht? Sind alle notwendigen Infos vorhanden und die Tools verständlich?

Nicht nur für Einsteigerinnen ist die Erreichbarkeit ein wichtiges Kriterium. Muss man sich erst durch drei Pop-up Fenster quälen und fünf Werbefenster wegklicken, bevor man die Kontaktadresse findet?

Checkliste für die Auswahl:

- ☐ Ist die Webseite gut aufgebaut?
- ☐ Hast du das Login-Fenster gleich entdeckt?
- ☐ Sind die Werbeanzeigen erträglich?
- ☐ Hast du die 24-Stunden-Hotline schnell gefunden?
- ☐ Kannst du auch mit wenig Vorwissen die Benutzeroberfläche des Onlinedepots bedienen?
- ☐ Sind die Infos relevant, die dir angezeigt werden?
- ☐ Kannst du per App handeln?

Der Handel via Smartphone kann nützlich sein. Denn den Depotstand abrufen, ein paar Einzelwerte kaufen oder einen Sparplan einrichten – das alles kannst du auch mit dem Smartphone erledigen. Bist du daran gewöhnt, dein Banking übers Handy zu erledigen? Dann könnte ein Anbieter mit App auch für dein Depot sinnvoll sein. Einige neuere Broker haben sich auf den Handel über App spezialisiert. Manche sind sogar nur noch per App erreichbar. Wenn du es aber vorziehst, deine Finanzen am Computer zu regeln, könntest du dir überlegen, ob in diesem Fall eine Direktbank die bessere Alternative für dich wäre.

Gibt es meine Fonds?

Du weißt bereits, welche Fonds oder ETFs du besparen willst? Super! Achte vor allem darauf, welche Produkte generell im Angebot sind: Oft bieten Neobroker ausschließlich ETFs an. Wenn du dir aber einen aktiv gemanagten Fonds ausgesucht hast, wird's schwer. Ansonsten gilt für dich als Börsenneuling: Solange du dich auf Standardprodukte wie Fondsklassiker oder ETFs und auf die wichtigsten Indizes konzentrierst, wirst du diese in der Regel bei allen Anbietern finden. Wirklich wichtig wird die Auswahl erst dann, wenn du spezielle Strategien verfolgst. In diesem Fall kannst du in der Suchmaske der verschiedenen Depots nachsehen, ob die von dir ausgewählten Produkte verfügbar sind. Leider bieten aber nicht alle Anbieter eine solche Suche an.

Auf herMoney findest du eine Aufstellung der größten Depotbanken in Deutschland. Dort kannst du die Preise der jeweiligen Depotbanken genau vergleichen und auch weitere Informationen zu den Kosten nachlesen:

Übrigens: Sollte deinem Onlinebroker die Insolvenz drohen, musst du keine Angst um deine Wertpapiere haben. Eine Depotbank verwaltet die Wertpapiere, hat aber keine Besitzansprüche.

Wer seine Bankgeschäfte ausschließlich online erledigen möchte, sollte die Sicherheitsvorkehrungen von Bank und Broker allerdings genau unter die Lupe nehmen. Wichtig sind beispielsweise HTTPS-Verschlüsselung, Zwei-Faktoren-Authentifizierung, Überweisungslimits, Warnung vor Phishing-Mails und Überweisungen per mTAN oder TAN-Generator.

In der Eigenverantwortung liegt:

- Karte und PIN immer getrennt aufzubewahren,
- Zugangsdaten niemals auf dem PC abzuspeichern,

- sich bei Banking-Seiten immer abzumelden und das Fenster zu schließen,
- keine telefonischen Auskünfte zu erteilen.

Schritt für Schritt: So eröffnest du ein Depot

Du hast dich für einen Anbieter entschieden? Klasse, das war ein großer Schritt! Um das Depot zu eröffnen, durchläufst du mehrere Schritte. Aber keine Sorge, heute geht das in der Regel ganz unkompliziert und hauptsächlich digital:

1. Schritt: Auf der Website anmelden

Zunächst musst du dich auf der Website anmelden und deine Daten eingeben. Erschrick nicht vor den vielen Formularfeldern! Die Bestimmungen sind hier ziemlich streng und die Depotanbieter müssen – genau wie Banken – sicherstellen, wer du bist und dass alles mit rechten Dingen zugeht. Häufig musst du auch ein sogenanntes Referenzkonto angeben. Welches Konto das ist, unterscheidet sich je nach Anbieter. In der Regel erhältst du ein eigenes Referenzkonto bei deinem Depotanbieter. Auf dieses Konto kannst du Geld überweisen und von dort aus kannst du auch handeln. Manchmal musst du allerdings ein eigenes Girokonto als Referenzkonto angeben. Nutz hier einfach das Konto, über das du deine Wertpapiere kaufen möchtest.

2. Schritt: Fragebogen zur Anlageerfahrung ausfüllen

Im nächsten Schritt fragt dich der Anbieter neben der Zustimmung zu den AGBs in der Regel auch nach deiner Anlageerfahrung. Sei hier ehrlich. Denn diese Abfrage dient zu deinem eigenen Schutz.

Solltest du Produkte ordern, die deine Anlageerfahrung übersteigen, wird dich dein Depot warnen und dich fragen, ob du diese Käufe tatsächlich tätigen willst. So soll sichergestellt werden, dass du dich nicht in komplexen Anlageprodukten wiederfindest, die vielleicht gar nicht zu deinem Profil passen.

3. Schritt: Identität bestätigen

In Deutschland sind Banken dazu verpflichtet, die Identität ihrer Kundinnen und Kunden festzustellen. Daher musst du jetzt deine Identität nachweisen. Das geht genauso einfach wie bei der Eröffnung eines Girokontos: Du kannst die Identifizierung in der Regel entweder über eine Postfiliale oder direkt über Videochat machen.

Möchtest du dich in einer Postfiliale identifizieren? Dann musst du mit deinem Ausweis und den Unterlagen, die du von der Bank erhältst, zur Filiale gehen und beides vorzeigen. Die Mitarbeiterinnen oder Mitarbeiter der Post werden dann deinen Ausweis prüfen und die Daten an die Bank übermitteln.

Aber auch vor dem Videochat musst du keine Angst haben. Das läuft ganz routiniert ab. Alles, was du brauchst, ist dein Personalausweis. Außerdem solltest du natürlich eine gute Internetverbindung haben. Während des Gesprächs musst du dann deinen Personalausweis vorzeigen und einige Fragen zu deinem Ausweis und deiner Herkunft beantworten.

4. Schritt: Freistellungsauftrag einrichten

Wichtig: Mit dem Freistellungsauftrag signalisierst du deinem Depot, dass du deinen jährlichen Steuerfreibetrag in Höhe von 1000 Euro wahrnehmen möchtest. Auf diese 1000 Euro zahlst du dann also keine Kapitalertragsteuer.

Das geht in der Regel ganz einfach über die Einstellungen. Um den Freistellungsauftrag einzurichten, musst du zunächst deine Steuer-ID eintragen. Solltest du mehrere Depots haben, kannst du den Freibetrag auch aufteilen. Du kannst also auswählen, ob du die gesamten 1000 Euro oder nur einen Teilbetrag auf dieses Depot anrechnen lassen willst.

5. Schritt: Ersten Kauf tätigen

Und schon bist du bereit, deinen ersten Kauf an der Börse zu tätigen! Wenn du magst, schau dich erstmal in der neuen Umgebung um und gewöhne dich an die Benutzeroberfläche. Sobald du dich ein wenig orientiert hast, könntest du auch schon loslegen. Du könntest zum Beispiel über die Suchmaske die ISIN (internationale Wertpapierkennnummer) deines vorher ausgewählten ETF eingeben und dann einen Einmalkauf tätigen oder einen Sparplan abschließen.

Gute ETFs finden

Der erste ETF-Kauf ist für viele Frauen ein großer Schritt – verständlicherweise. Bloß nichts falsch machen und bloß den richtigen ETF auswählen. Aber wie? In diesem Kapitel widmen wir uns deiner ETF-Suche. Dabei fassen wir kurz einige Inhalte der vorherigen Kapitel zusammen, um dann ganz konkret nach guten ETFs Ausschau zu halten.

Im Wesentlichen wird sich deine ETF-Suche in drei Schritte aufteilen:

1. Anlagefokus bestimmen

Eine breite Streuung senkt dein Risiko – das gilt für jede Geldanlage. Natürlich kommt es aber darauf an, welche Art von ETF du suchst. Möchtest du erstmal starten und bist auf der Suche nach einem Aktien-ETF für Einsteigerinnen? Dann wäre es sinnvoll, bei deinem ETF darauf zu achten, dass du möglichst weltweit investierst und viele Branchen abdeckst.

Übrigens: Die deutsche Wirtschaft ist stark. Dennoch ist es riskant, sich beim Investieren ausschließlich auf deutsche Unternehmen zu beschränken. Besser wäre es, breit zu streuen und auch die Anlagechancen in anderen Regionen zu berücksichtigen. Vielleicht suchst du auch nach einem passenden Themenschwerpunkt für dein Akzentedepot? Dann könntest du dir überlegen, welche Branche du für besonders zukunftsträchtig hältst. Aber Achtung: Gerade bei solchen Schwerpunkten ist die Gefahr groß, den Wirtschaftszyklen hinterherzuhinken. In der folgenden

Übersicht siehst du, welche Branchen in welchen Phasen besonders gefragt sein können:

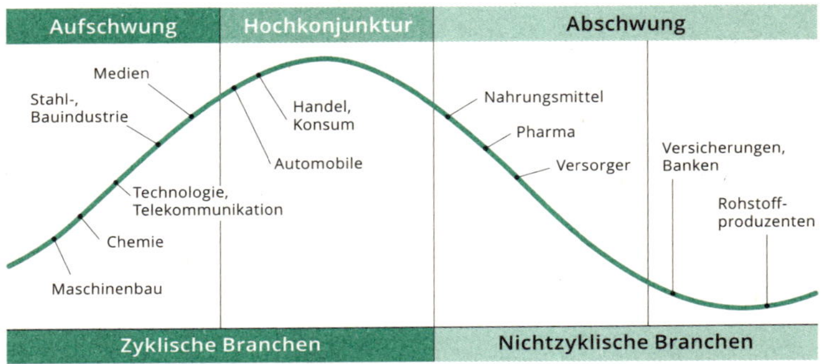

Konjunkturzyklen: Stiftung Warentest »Geldanlage für Mutige« (Auflage 2022)

Sobald du weißt, in welche Richtung es gehen soll, kannst du dich auf die Suche nach einem passenden Index machen. Denn er bildet die Grundlage deines ETFs.

ETFs machen es sich einfach: Sie beziehen sich immer auf einen Index und bilden diesen nach. Der ETF ist also vereinfacht gesagt ein investierbarer Index. Denn in den Index können wir nicht investieren, in den ETF schon. Entsprechend entscheiden wir mit einem ETF-Investment auch immer, in welchen Index wir investieren. Wie ein solcher Index gestrickt ist, entscheidet der jeweilige Indexanbieter. Im Grunde bündeln sie Wertpapiere, geben diesen Wertpapierkörben einen Namen und verkaufen die Nutzungsrechte an Fondsgesellschaften und Vermögensverwalter, damit daraus unter anderem Finanzprodukte wie ETFs erstellt werden können.

Die zehn wichtigsten Indexanbieter sind:[47]

- MSCI
- S&P

- Barclays Capital
- Russell
- FTSE
- STOXX
- Dow Jones
- Markit
- Nasdaq
- Deutsche Börse

Du erkennst die Namen vielleicht wieder. Denn die Indexanbieter sind häufig im Indexnamen enthalten. MSCI bietet zum Beispiel unter anderem den MSCI World und den MSCI Emerging Markets an.

Über den Index bestimmst du also, in welche Regionen und Märkte du investieren würdest. Gehen wir mal davon aus, dass du auf der Suche nach einem globalen Index bist. Dann könnten sich zum Beispiel folgende Indizes anbieten:

- MSCI World,
- MSCI All Country World,
- FTSE Developed World,
- Dow Jones Global Titans 50.

Wie bereits erwähnt: Der MSCI World ist ein sehr beliebter Index, der sich aus über 1650 Einzelwerten aus 23 Industrieländern zusammensetzt. Allerdings hat der Index ein starkes Gewicht im US-Markt, der mit einem Anteil von weit über 50 Prozent vertreten ist. Dagegen machen deutsche Unternehmen nur gut 3 Prozent aus.

Willst du die Gewichtung der einzelnen Märkte lieber selbst bestimmen? Dann solltest du dir überlegen, wie deine Portfoliostruktur aussehen soll. Schau dazu nochmal in das vorletzte Kapitel. Dort haben wir dir verschiedene Möglichkeiten vorgestellt, wie du dein Portfolio strukturieren könntest. Statt einen größeren Teil deines Depots mit einem MSCI World ETF zu bestücken, könntest du ihn auf einzelne Länder verteilen, zum Beispiel ein Drittel USA, ein Drittel Europa, ein Drittel Asien beziehungsweise Schwellenländer (Emerging Markets). Dann suchst du im nächsten Schritt für den jeweiligen Bereich einen Index aus. Wenn du dir nicht sicher bist, für welchen Indexanbieter du dich entscheiden sollst, schau dir im Internet die aktuelle Zusammensetzung der Indizes an und entscheide dann, was du bevorzugst. MSCI betrachtet beispielsweise Südkorea als Schwellenland, FTSE hingegen nicht. Entsprechend kann die Entwicklung der beiden Schwellenländerindizes erheblich voneinander abweichen.

Aber nicht verzagen, du weiß ja: Alle Börsenentscheidungen sind letztlich Prognosen, die unter Unsicherheit getroffen werden. Kein Mensch kann dir wirklich verlässlich sagen, ob sich nächstes Jahr der eine oder der andere Index besser entwickeln wird. Und wenn das keiner kann, dann musst du das auch nicht können!

Übrigens: Du musst nicht zwingend zuerst den Index bestimmen. Wenn du möchtest, kannst du dich auch direkt auf die Suche nach einem ETF machen. Die Wahl des Index ergibt sich dann automatisch.

2. ETF suchen

Möchtest du selbstständig nach dem richtigen ETF suchen? Dann hast du drei Möglichkeiten:

a) Das Angebot deines Depots durchforsten

Die meisten Depotbanken bieten einen ETF-Finder an. Auf den kannst du auch zugreifen, wenn du noch kein Depot eröffnet hast.

Häufig bieten die Banken dann beliebte Produkte ganz oben im ETF-Finder an. Achtung: Nur weil ein Produkt beliebt ist, bedeutet das nicht, dass es auch zu dir passt. Es kann daher sinnvoll sein, die Filtermöglichkeiten zu nutzen, die der Anbieter zur Verfügung stellt.

b) Unabhängige Finanzportale und Magazine lesen

Im Internet findest du jede Menge Informationen über unabhängige Finanzportale. Auf hermoney.de stellen wir dir zum Beispiel regelmäßig Vergleiche verschiedener ETFs zur Verfügung – von weltweit anlegenden bis hin zu speziellen Themen-ETFs.

Auf herMoney findest du jede Menge Artikel mit ETF-Vergleichen:

c) Ratingagenturen nutzen »Aktien weltweit Standardwerte Blend«

Ratingagenturen wie Morningstar oder Scope bieten Suchen für Fonds und ETFs im Internet an. Bei Morningstar kannst du im Fund Screener über eine Suchmaske gezielt nach Vier- und Fünf-Sterne-Fonds und -ETFs beispielsweise in der Kategorie »Aktien weltweit Standardwerte Blend« suchen. Die aufscheinende Liste solltest du nach der Wertentwicklung über eine Laufzeit von fünf Jahren sortieren. Die besten Fonds dieser Liste zeigen Spitzenportfolios nach Rendite-Risiko-Gesichtspunkten. Diese Fonds könntest du dann mit einem Klick genauer unter die Lupe nehmen.

Damit stehst du nun vor der Frage: »Welcher ETF ist jetzt der richtige für mich?« Egal, ob du dich entscheidest, bei deinem Broker oder über Ratingagenturen zu suchen oder die ETF-Tabellen auf hermoney.de zu nutzen. In jedem Fall wirst du vor einer Reihe von Produkten stehen und dich für eins entscheiden müssen.

Klar kannst du jetzt »Ene, mene, miste« spielen. Das kann aber auch ordentlich in die Hose gehen. Du solltest dich daher mit einigen Kriterien zur ETF-Wahl beschäftigen. Die folgende Darstellung dient dir dabei als umfassender Guide. Sie gibt dir alle nötigen Werkzeuge an die Hand, damit du in Zukunft selbst in der Lage bist, Produkte zu vergleichen und einzuschätzen.

3. Den richtigen ETF auswählen

Wir können Tage und Wochen mit der Suche nach dem richtigen ETF verbringen. Solltest du dir bereits einen konkreten Index ausgesucht haben, ist die größte Arbeit schon getan. In der Regel macht es keinen großen Unterschied, welchen ETF auf diesen Index du auswählst. Die Unterschiede sind marginal. Trotzdem lohnt es sich, die Details einmal näher anzusehen.

Besonders wenn du noch keinen Index im Kopf hast, kannst du die Checkliste nutzen, um mithilfe des ETF-Finders deines Brokers oder über entsprechende Tabellen den richtigen ETF auszusuchen. Das wichtigste Kriterium bleibt aber die Breite deines Investments: Vermeide Klumpenrisiken und achte auf eine globale Streuung. Denn ohne diese Streuung helfen dir selbst die besten Auswahlkriterien nicht bei deinem Vermögensaufbau.

ETF-Volumen

Ein wichtiger Faktor bei der ETF-Auswahl ist das Volumen – also die Antwort auf die Frage: »Wie viel Geld steckt in dem ETF?« Der Blick auf das Fondsvolumen gibt auch Aufschluss darüber, wie bekannt oder beliebt ein ETF ist.

Eine genaue Definition von »klein« und »groß« gibt es natürlich nicht. Die Grenzen sind fließend: Als »klein« gelten häufig ETFs mit einem Volumen zwischen 10 und 50 Millionen. »Groß« wäre ein Volumen zwischen 50 und 150 Millionen. Alles über 150 Millionen ist dann »sehr groß«.

Nur weil ein ETF eher klein ist, bedeutet das aber nicht, dass er schlecht ist. Neu aufgelegte ETFs starten naturgemäß mit einem geringeren Volumen. Schafft der ETF es aber nicht über eine gewisse Hürde, kann es passieren, dass der Anbieter das Produkt einstellt. Denn unabhängig von der Größe des ETFs fallen für den Anbieter Kosten an – und die sind bei kleinen ETFs überproportional hoch. In der Regel werden 100 Millionen Euro Volumen als kritische Grenze gesehen, die der ETF mindestens aufweisen sollte. Ab dieser Grenze gilt die Wirtschaftlichkeit als so gut wie gesichert. In diesem Fall kannst du davon ausgehen, dass der Anbieter den ETF auch weiterhin betreibt.

Was passiert, wenn ein ETF liquidiert wird?

Wird ein ETF geschlossen, ist das für dich als Anlegerin leider ungünstig. Im Ernstfall bleiben dir zwei Handlungsalternativen:

- Du verkaufst deine Anteile noch vor der Liquidation des ETFs und schichtest das Geld in ein anderes Produkt um.

- Du wartest einfach ab. Irgendwann wird der Verkauf deiner Anteile automatisch abgewickelt.

So oder so handelt es sich am Ende um einen regulären Verkauf, bei dem Gewinne oder Verluste realisiert werden. Der Verkauf ist entsprechend auch steuerlich wirksam. Um dir den Aufwand zu ersparen, lohnt es sich daher, auf das ETF-Volumen zu achten.

Liquidität

Wichtig ist auch, dass dein ETF wirklich satt gehandelt wird. Denn je mehr Liquidität es für ein Wertpapier an der Börse gibt, desto geringer ist der sogenannte Spread. Das ist der Unterschied zwischen Kauf- und Verkaufspreis an der Börse. Also der Preis zu dem du deinen ETF kaufen und verkaufen kannst. Je höher diese Differenz ist, desto schlechter für dich als Anlegerin. Ganz normal ist es allerdings, dass der Spread außerhalb der offiziellen Börsenzeiten, also zum Beispiel am Wochenende, höher ist als während der Öffnungszeiten der Börsen. Als Faustregel gilt: Je liquider die im Portfolio enthaltenen Wertpapiere und je höher das Fondsvolumen, desto liquider ist der ETF.

Fondsalter

Wie bereits erwähnt, spielt das Alter des ETFs auch eine Rolle bei deiner Recherche. Zum einen musst du das Fondsvolumen immer auch mit Blick auf das Alter betrachten: Neue ETFs weisen naturgemäß ein geringeres Volumen auf als ältere. Zum anderen sind kürzlich aufgelegte ETFs stärker gefährdet, wieder geschlossen zu werden.

In der Regel entscheidet der Anbieter nach einem Jahr, ob der ETF bestehen bleibt oder nicht. Relativ sicher kannst du sein, wenn du nur ETFs auswählst, die seit mindestens fünf Jahren bestehen.

Kosten

Was wenig kostet, ist wenig wert? Nicht bei ETFs! Warum die Kosten ein wichtiges Entscheidungskriterium sind, hast du bereits gelernt. Du erinnerst dich: Je höher die Kosten deines Investments sind, desto geringer ist – netto betrachtet – dein Wertzuwachs. Ein großer Vorteil von ETFs ist dir auch schon bekannt: Passive Produkte sind deutlich kostengünstiger als klassische aktiv gemanagte Fonds. Denn durch die exakte Abbildung der Indizes entstehen keine hohen Management- oder Transaktionskosten.

Die wesentlichen Kosten eines ETFs werden über die »Total Expense Ratio« (TER) abgebildet – auch bekannt als »Gesamtkostenquote«. Diese Kennziffer wird in Prozent angegeben und gibt dir einen guten Überblick über die jährlichen Kosten des ETFs. Enthalten sind fast alle Gebühren, die direkt aus dem Fondsvermögen entnommen werden, um den Anbieter zu bezahlen: Verwaltungskosten, Marketingbudget, Lizenzgebühren für den Index …

2004 hat der Gesetzgeber die Anbieter verpflichtet, die TER anzugeben. Du findest sie im Fondsprospekt, im Factsheet oder auf der Website des ETF-Anbieters. Bei Aktien-ETFs bewegt sich die TER immer irgendwo zwischen 0,05 und einem Prozent. Eine TER von 0,2 ist also eher günstig und eine TER von 0,8 eher hoch. Verstrick dich aber nicht zu tief in dem Thema. Am Ende geht es nicht darum, noch 0,1 Prozent einzusparen. Entscheidend ist, dass du überhaupt investiert bist.

Replikation

Achtung, jetzt wird es etwas kompliziert. Wie du weißt, bilden ETFs Indizes ab. Dieses Abbilden wird auch »Replikation« genannt. Unterschieden wird vor allem zwischen physisch und synthetisch replizierenden ETFs.

Die wahrscheinlich schlüssigste Lösung ist es, einfach jedes Wertpapier aus diesem Index zu kaufen und so den Index 1:1 nachzubilden. Das ist die physische Replikation. Hierbei handelt es sich um eine vollständige Nachbildung des Index. Diese »vollständige Replikation« eines Index ist allerdings vergleichsweise aufwendig und kostenintensiv. Denn der Fonds muss in jeden einzelnen Wert investieren und die Gewichtung immer wieder anpassen. Das wird vor allem dann schwierig, wenn es um breit gestreute Indizes geht.

Sehen wir uns zum Beispiel den MSCI World an. Er beinhaltet über 1650 Titel. Alle in einen ETF aufzunehmen wäre viel zu aufwendig. In einem solchen Fall greifen Anbieter häufig auf das sogenannte »Sampling« zurück. Das bedeutet: Statt alle Bestandteile des Index im ETF zu berücksichtigen, werden nur die Werte gekauft, die den größten Einfluss auf die Indexentwicklung haben. Gering gewichtete Aktien werden nicht aufgenommen, weil sie kaum eine Rolle spielen.

Die andere Möglichkeit ist die synthetische Replikation. Dabei wird der Index indirekt nachgebildet. Statt den Index 1:1 abzubilden, wird er mit einem Tauschgeschäft nachgebildet, über sogenannte Swaps. So ein Tausch läuft folgendermaßen ab: Der ETF-Anbieter schließt einen Vertrag mit einem Swap-Partner ab. In der Regel ist das die Mutterbank des Anbieters – bei Xtrackers ist das zum Beispiel die Deutsche Bank. Diese Bank verpflichtet sich dann sicherzustellen, dass der ETF dieselbe Wertentwicklung wie der Index hat. Im Gegenzug erhält sie die Rendite eines anderen Wertpapierkorbs, den der ETF-Anbieter vom Geld der Anlegerinnen und Anleger kauft und als Sicherheit hinterlegt.

Beide Varianten haben Vor- und Nachteile. Allerdings bevorzugen die meisten physische ETFs. Ein Grund dafür ist das sogenannte Kontrahentenrisiko des synthetischen ETFs: Geht die Partnerbank pleite, kann sie ihrer Zahlungsverpflichtung nicht mehr nachkommen und die Indexrendite nicht mehr sicherstellen. Der ETF-Anbieter muss dann auf das Sicherheitenportfolio zurückgreifen. Wenn dann der Wert dieses Wertpapierkorbs unter dem Wert des Index liegt, entsteht ein Verlust. Dieses Kontrahentenrisiko spricht auf den ersten Blick gegen synthetische ETFs. Wie schon erwähnt, kommen aber selbst physische ETFs nicht immer ganz ohne Sicherungsgeschäfte aus. Prinzipiell sind physische ETFs trotzdem deutlich besser nachzuvollziehen. Wer also nach dem Grundsatz handelt »Kauf nur das, was du verstehst!«, wird sich wahrscheinlich eher für diese Variante entscheiden. Daher ist sie auch beliebter.

Wertentwicklung

Die Wertentwicklung, auch Performance genannt, spiegelt vereinfacht gesagt die Leistung des ETFs wider. Entsprechend ist sie natürlich eines der wichtigsten Merkmale von ETFs – schließlich willst du ja das Beste aus deinem Geld herausholen.

Die Abbildung einer Wertentwicklung hast du sicher schon gesehen: In der Regel handelt es sich um ein Diagramm mit vielen Zacken. Angegeben wird die Performance in Prozent. Letztlich wird die Performance des ETFs immer sehr nah an der Entwicklung des Index liegen. Es kann aber sein, dass zwei ETFs auf denselben Index leichte Unterschiede in der Performance aufweisen – hauptsächlich betrifft das aber nur die Stellen hinterm Komma. Gründe dafür können unter anderem die Replikation, die Zusammensetzung, die Kosten oder die Ertragsverwendung der ETFs sein. Insgesamt ist es gerade bei passiven Indexprodukten viel spannender, die Performance verschiedener Indizes zu vergleichen.

Du kannst dir hierfür mehrere Indizes über unterschiedliche Zeiträume anschauen – zum Beispiel über fünf und zehn Jahre. Damit du das Auf und Ab der Kurse besser einordnen kannst, ist es sinnvoll, wenn du dir einen Überblick über die vergangenen Börsencrashs danebenlegst. Du wirst sehen: Plötzlich sind die Zacken gar nicht mehr so willkürlich.

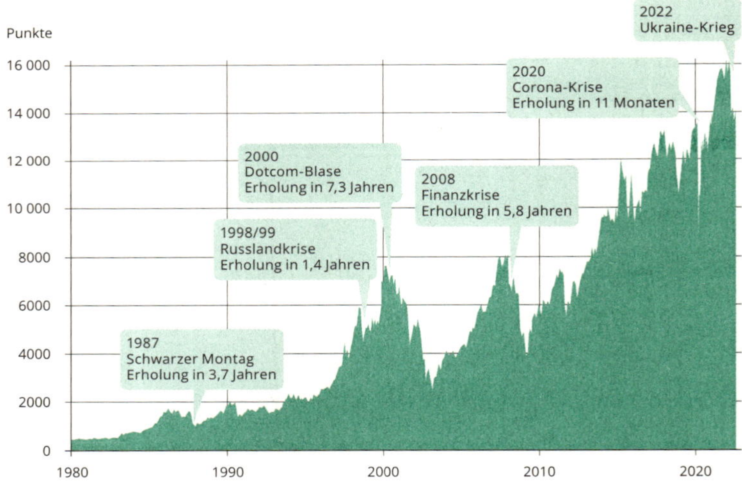

Börsenentwicklung: Deutsches Aktieninstitut (Stand 2022)

Eine Zusammenfassung der größten Börsencrashs in der Geschichte findest du hier:

Um die Wertentwicklung eines ETFs zu beurteilen, ist es hilfreich, Durchschnittswerte heranzuziehen. Der Bundesverband Investment und Asset Management e. V. veröffentlicht zum Beispiel regelmäßig eine Wertentwicklungsstatistik, die nach verschiedenen Fondsgruppen aufgeschlüsselt ist. Diese Statistik zeigt, wie sich die jeweiligen Gruppen in verschiedenen Zeiträumen entwickelt haben.

Die Fondsgruppe »Aktienfonds global« hat in den vergangenen 30 Jahren zum Beispiel eine Rendite von 7,1 Prozent pro Jahr erreicht. Für die Berechnungen wird der Anteilwert des Investmentfonds zugrunde gelegt – also der Fondspreis ohne Ausgabeaufschlag. Beachte dabei, dass die Wertentwicklung zweier ETFs nur dann vergleichbar ist, wenn es sich um ähnliche Produkte handelt. Bei Anleihenfonds bewegen wir uns zum Beispiel in einer anderen Risikoklasse. Langlaufende globale Rentenfonds haben in den vergangenen 30 Jahren beispielsweise 3,6 Prozent erwirtschaftet.[48] Und denk daran: Die Wertentwicklung von Fonds oder ETFs ist niemals garantiert. Da auch Fondsgesellschaften keine Glaskugel zur Hand haben, können sie nicht mit Sicherheit sagen, welche Aktien in Zukunft die beste Wertentwicklung erzielen. Entsprechend ist die vergangene Performance niemals ein Garant für die Zukunft. Darauf weisen dich die Gesellschaften in ihren Fonds- und ETF-Dokumenten auch ausdrücklich hin. Bei ETFs kommt hinzu: Da es kein aktives Management gibt, findet auch keine aktive Auswahl der Einzelaktien statt. Stattdessen erfolgt die Auswahl nach strikten Regeln, eine Einzelanalyse der Unternehmen findet nicht statt. Deshalb kann in Abwärtsmärkten auch kein Management gegensteuern und Verluste begrenzen. Solange du diese zeitweiligen Abwärtsphasen aussitzen kannst, ist das für dich im Grunde genommen nicht entscheidend.

Achtung: Verwechslungsgefahr!

Verwechsle die prozentuale Wertentwicklung nicht mit dem absoluten Kurs eines ETFs. Der Kurs gibt an, wie viel ein Anteil kostet. Es kann also sein, dass zwei ETFs auf denselben Index unterschiedlich viel Geld pro Anteil kosten. Für den einen würdest du zum Beispiel 50 Euro pro Anteil zahlen, für den anderen 100 Euro. Im Prinzip kann dir der absolute Preis aber egal sein – vor allem, wenn du per Sparplan investierst. In diesem Fall legst du einfach jeden Monat die Summe fest, die du investieren möchtest, und es werden automatisch entsprechend viele Anteile gekauft.

Ertragsverwendung

In ETFs fließen regelmäßig Erträge – zum Beispiel in Form von Dividenden oder Zinsen. Die Verwendung dieser Erträge kann unterschiedlich gehandhabt werden: Entweder werden sie im Fonds wiederangelegt oder an dich als Anlegerin ausgeschüttet. In der Fachsprache spricht man von thesaurierenden ETFs, wenn die Erträge wiederangelegt werden, und von ausschüttenden ETFs, wenn sie ausgeschüttet werden.

Die Ausschüttungszeitpunkte legt die Fondsgesellschaft im Voraus fest. Viele deutsche Fonds schütten einmal jährlich aus. Dagegen zahlen Fondsgesellschaften mit US-amerikanischen Wurzeln zum Teil halbjährlich oder quartalsweise. Wenn du ein Depot bei einem Onlinebroker unterhältst, hast du vermutlich zusätzlich ein Verrechnungskonto. Der Ausschüttungsbetrag wird dir auf dein persönliches Verrechnungskonto überwiesen. Du kannst das Geld dann entweder ausgeben oder neu anlegen.

Bei thesaurierenden oder »akkumulierenden« ETFs bleiben die Erträge im Fondsvermögen. Dadurch steigt der Anteilspreis schneller an, denn er wird nicht regelmäßig um den ausgeschütteten Betrag reduziert. Die Erträge werden bei ETFs in der Regel möglichst rasch wieder angelegt. Denkbar ist auch, dass ein Fonds nur einen Teil seiner Erträge ausschüttet und den Rest thesauriert. Das erklärt Begriffe wie »voll- oder teilthesaurierend«. Wie schon gesagt: Ob für dich ein thesaurierender oder ein ausschüttender Fonds besser ist, hängt von deinem Anlageziel ab. Ist dein Ziel ein möglichst rascher Vermögensaufbau, könnte es sinnvoll sein, dich für einen thesaurierenden Fonds zu entscheiden. Weil hier die Erträge wiederangelegt werden, profitierst du vom Zinseszinseffekt. Möchtest du hingegen die laufenden Erträge des Fonds ausgeben und nur das Kapital weiter für dich arbeiten lassen, könnte ein ausschüttender Fonds wahrscheinlich besser für dich sein. Allzu eng brauchst du das aber nicht zu sehen. Denn im Grunde genommen spielt es für uns als Privatanlegerinnen keine sehr große Rolle, ob wir einen ausschüttenden oder einen thesaurierenden Fonds kaufen. Wenn du beispielsweise einen thesaurierenden Fonds hast, aber trotzdem eine regelmäßige Zahlung aus deinem Guthaben beziehen willst, könntest du einfach einen Auszahlplan abschließen. Dann kannst du dir sogar monatlich einen bestimmten Betrag auszahlen lassen und musst nicht auf den jährlichen Ausschüttungstermin warten.

Und andersherum: Wenn du einen ausschüttenden Fonds hast und schnell Vermögen aufbauen möchtest, teilst du deiner depotführenden Stelle einfach mit, dass die Ausschüttungen automatisch wiederangelegt werden sollen. Meistens genügt hier ein Kreuzchen im Feld »automatische Wiederanlage«. Dann wird der Ausschüttungsbetrag dazu genutzt, neue Fondsanteile zu kaufen. Meist geschieht das noch am Tag der Ausschüttung – im Regelfall wird dafür nicht einmal ein Ausgabeaufschlag fällig.

Fondswährung

Mit den Währungen ist das so eine Sache. Fälschlicherweise glauben viele, dass die Fondswährung entscheidend für das sogenannte Wechselkursrisiko ist. Um zu verstehen, was das bedeutet und wo das eigentliche Wechselkursrisiko liegt, hier eine kurze Erklärung zum Thema Währungen: Grundsätzlich entsteht ein Wechselkursrisiko für dich, wenn die Währung des Landes, in dem du investierst, eine andere ist als deine heimische Währung. Folgenden Unterschied solltest du unbedingt kennen und verstehen: Das Vermögen im ETF wird in der Fondswährung verwaltet und abgerechnet. Entsprechend werden auch die Erträge in der Fondswährung ausgeschüttet. Deine Bank rechnet sie für dich unbemerkt in Euro um. Häufig gibt es für einen ETF verschiedene Varianten – zum Beispiel einen Dollar-ETF und einen Euro-ETF. Für dein Investment spielt diese Währung keine Rolle. Ein ETF in US-Dollar hat dasselbe Währungsrisiko wie sein Euro-Pendant.

Allerdings solltest du darauf achten, welche Unternehmen in deinem ETF enthalten sind. Denn von diesen Unternehmen wird das Wechselkursrisiko bestimmt. Wer beispielsweise einen ETF auf den S&P 500 hat, der hat ein Wechselkursrisiko, weil es sich hier ausschließlich um US-amerikanische Unternehmen handelt. Je breiter dein ETF-Portfolio diversifiziert ist, desto mehr Währungen werden abgebildet und desto besser könnte das Währungsrisiko in Schach gehalten werden. Bedenken solltest du auch, dass internationale Unternehmen wie beispielsweise Apple, Nike oder Sony weltweit Umsätze generieren und daher auch selbst in verschiedenen Währungen handeln. Das mindert das US-Dollar-Risiko. Ändert sich beispielsweise der Euro-Dollar-Wechselkurs, wird Apple nicht allzu sehr darunter leiden, da das Unternehmen international vertreten ist und in vielen verschiedenen Währungen handelt.

Fondsdomizil

Das Fondsdomizil ist das Land, in dem der Fonds angesiedelt ist. Auch hier kannst du viel über den ETF-Namen ablesen: Der Zusatz »UCITS« bedeutet, dass der ETF besonderen EU-Richtlinien unterliegt. Auch an der ISIN, der internationalen Wertpapierkennnummer, kannst du das Fondsdomizil ablesen. »DE« ist zum Beispiel die Abkürzung für Deutschland; »LU« steht für Luxemburg. Tatsächlich hat Luxemburg eine besondere Stellung, da hier viele Fonds ihren Sitz haben. In der Praxis kann das Fondsdomizil als Auswahlkriterium herangezogen werden, andere Faktoren sind aber deutlich wichtiger. Zumal außereuropäische ETFs sehr selten bis nie von deutschen Brokern angeboten werden. Kurzum: Solange du auf die UCITS-Angabe achtest, kannst du beim Fondsdomizil in der Regel nicht viel falsch machen.

ETF-Anbieter

Der Markt für ETFs ist in den vergangenen Jahren stark gewachsen. Entsprechend steigt der Wettbewerb und immer mehr Anbieter konkurrieren um die Gelder der Anlegerinnen und Anleger. Für dich als Investorin ist das auf der einen Seite gut, denn der starke Wettbewerb senkt die Kosten. Auf der anderen Seite ergibt sich bei der ETF-Wahl jedoch die Frage: »Welcher Anbieter ist der richtige?« Um es einfach zu machen: Es kann empfehlenswert sein, auf die größten Anbieter zu setzen.

Zu den größten ETF-Anbietern in Europa gehören:

- iShares – eine Tochter des US-Vermögensverwalters BlackRock,
- Amundi,
- Xtrackers der DWS Investment GmbH,
- UBS,
- Vanguard,

- State Street,
- Invesco.

Sparplanfähigkeit

Du möchtest einen ETF-Sparplan abschließen? Dann solltest du prüfen, ob dein ETF bei deinem Depotanbieter sparplanfähig ist. In der Regel siehst du das auf der Detailseite des ETFs. Alternativ kannst du auch im ETF-Finder nach sparplanfähigen ETFs suchen.

Nachhaltigkeit

Du legst Wert auf ein umweltfreundliches, ethisch korrektes Investment? Bei der Nachhaltigkeit gibt es viele Wege zum Ziel. Unbedingt kennen solltest du zunächst die folgenden Abkürzungen:

Die Sustainable Development Goals (SDGs) sind politische Zielsetzungen der Vereinten Nationen. Sie sollen sicherstellen, dass sich die drei Felder Ökologie, Ökonomie und Soziales nachhaltig weiterentwickeln. Zu den insgesamt 17 Zielen gehören zum Beispiel Gesundheit und Wohlergehen, nachhaltige Produktion und Maßnahmen zum Klimaschutz.

ESG: Diese drei Buchstaben stehen für Environmental, Social und Governance – also Umwelt, Soziales und Unternehmensführung. Sie dienen als Orientierung bei der Frage nach der Nachhaltigkeit von Unternehmen und auch Finanzprodukten. Unter die Sparte Environment fallen Themen wie Umweltschutz, Wasser,- Papier- und Energieverbrauch oder Artenvielfalt. Social umfasst zum Beispiel Themen wie Chancengleichheit, Menschen- und Arbeitsrechte oder Sicherheit und Gesundheit. Governance bezieht sich auf den Bereich der Ökonomie. Hier geht es um Themen wie Korruption, Steuern und Unternehmensethik.

Das Kürzel »SRI« steht für »Socially Responsible Investment«, für gesellschaftlich verantwortliches Investieren. Letztlich geht es genau wie bei ESG darum, nachhaltige Unternehmen von nicht-nachhaltigen Unternehmen zu unterscheiden. Durch entsprechende Investments sollen Firmen unterstützt werden, die im Rahmen ihrer Tätigkeit besonders auf Umweltfreundlichkeit und soziale sowie gesellschaftliche Kriterien achten.

Vor allem die beiden letzten Abkürzungen werden dir bei deiner ETF-Suche häufiger begegnen. Denn sie sind besonders in den Namen der ETFs zu finden, die als nachhaltig gelten. Aber Achtung: Nur weil ein ETF eines der Kürzel im Namen hat, heißt das noch lange nicht, dass er auch wirklich nachhaltig ist. Schließlich gibt es weder klaren Regeln noch eine einheitliche Definition, um festzulegen, was genau nachhaltig ist und was nicht.

Wenn du auf Nummer sicher gehen möchtest, könntest du dich zum Beispiel mit Nachhaltigkeitssiegeln beschäftigen. Das größte in Deutschland ist das FNG-Siegel. Es wird vom Forum Nachhaltige Geldanlagen e. V. – kurz FNG – vergeben. Das ist der Fachverband für Nachhaltige Geldanlagen in Deutschland, Österreich, Liechtenstein und der Schweiz. Der Fachverband hat über 200 Mitglieder, die sich für mehr Nachhaltigkeit in der Finanzwirtschaft einsetzen. Schauen wir uns das FNG-Siegel mal gemeinsam an.

Alle mit dem FNG-Siegel ausgezeichneten Fonds müssen Mindestkriterien einhalten und einem Transparenzkodex entsprechen. Darüber hinaus können Angebote in einem Stufenmodell bis zu drei Sterne erhalten. Jeder Fonds, der mit dem FNG-Siegel ausgezeichnet wird, erhält zusätzlich ein sogenanntes FNG-Nachhaltigkeitsprofil, das du über die Seite des FNG-Siegels einsehen kannst.

FNG-Siegel: Forum Nachhaltige Geldanlagen

ETF-Ratings

Bewertungen gibt es aber nicht nur im Bereich der Nachhaltigkeit. Wenn du schon mal durch unsere Artikel über Fonds und ETFs gestöbert bist, sind dir sicher die Tabellen aufgefallen, die wir zu einzelnen Fondsthemen veröffentlichen. Meistens stammen die Daten von Morningstar – einer der weltweit führenden Ratingagenturen, die Fonds und ETFs bewertet.

Da statistische Kennziffern häufig schwer zu verstehen sind, hat Morningstar das Sterne-Rating eingeführt. Die theoretische Grundlage dafür ist die Nutzentheorie. Sie basiert auf der Annahme, dass Investierende zwei Dinge wollen: eine hohe Wertentwicklung (= Performance) und möglichst geringe Schwankungen (= Volatilität). Beides kombiniert Morningstar im Sterne-Rating.

Sterne-Ratings erhalten nur Fonds, die mindestens drei Jahre alt sind. Wenn ein Fonds so lange oder länger existiert, kalkuliert Morningstar das Rating für drei Jahre, wenn möglich auch fünf und zehn Jahre. Der Durchschnittswert ist dann das Gesamtrating.

Morningstar-Sterne für den Fondsvergleich nutzen:

- fünf Sterne für die besten 10 Prozent der Kategorie,
- vier Sterne für die folgenden 22,5 Prozent mit guter Bewertung,
- drei Sterne für die 35 Prozent in der Mitte,

- zwei Sterne für die folgenden 22,5 Prozent mit schlechterer Bewertung,
- ein Stern für die schlechtesten 10 Prozent einer Kategorie.

Beispiele für ETFs und Fonds mit guten Morningstar-Ratings findest du hier:

Wenn du's ganz genau wissen willst: Risikokennziffern

Die eine fährt gleichmäßig Tempo 100; die andere beschleunigt gerne mal auf 220 und wird auf der Strecke immer wieder ausgebremst. Unterm Strich kommen vielleicht beide in fünf Stunden von A nach B – aber ihr Fahrstil unterscheidet sich beträchtlich. Ähnliche Unterschiede gibt es bei Fonds und ETFs. Da mögen zwei Produkte auf lange Sicht annähernd gleiche Anlageergebnisse erzielen, aber mit dem einen würdest du dein Ziel ohne große Schwankungen erreichen, mit dem anderen dagegen wärst du offensiv positioniert. Im letzteren Fall würdest du auf starke Kursanstiege setzen – und damit auch das Risiko größerer Kurskorrekturen eingehen.

Mit ein paar Risikokennziffern kannst du erkennen, zu welcher Kategorie ein ETF zählt:

- Die Volatilität misst die Schwankung des ETF-Kurses um einen Durchschnittswert. Je höher die Volatilität, desto höher das Kursrisiko des ETFs.

- Die sogenannte Sharpe-Ratio ist eine etwas komplizierte Messzahl, die das Rendite-Risiko-Verhältnis eines Fonds spiegelt. Für die Berechnung wird das Renditeplus eines Fonds gegenüber dem risikolosen Zins ermittelt – und durch die Volatilität dividiert. Zu kompliziert? Stimmt. Was du dir dennoch merken solltest: Eine hohe Shape-Ratio spricht dafür, dass sich das Risiko des betreffenden Fonds lohnen kann.
- Der maximale Verlust zeigt den höchsten Verlust innerhalb eines längeren Zeitraums an. Je höher dieser maximale Verlust, desto riskanter ist die Anlage.
- Die Tracking Difference zeigt die Differenz aus der Wertentwicklung des ETFs zu der des Vergleichsindex in einem bestimmten Zeitraum an. Diese Differenz sollte möglichst gering sein. Immerhin ist das Ziel des ETFs, einen Index möglichst genau abzubilden. Die Tracking Difference zeigt dir also, ob dir durch eine schlechte Indexnachbildung Rendite entgeht.

Zusammenfassung: Die wichtigsten Kriterien bei deiner ETF Suche

Einen Applaus für dich, dass du die Checkliste durchgearbeitet hast! Damit du alle Kriterien immer wieder auf einen Blick abrufen kannst, haben wir hier nochmal alles für dich zusammengefasst:

- Achte in jedem Fall auf ein größeres ETF-Volumen. Verbraucherschutzinstitute empfehlen mindestens 50 bis 100 Millionen Euro. So stellst du auch sicher, dass der ETF genügend Liquidität aufweist. Ein geringes ETF-Volumen könnte auch auf ein junges Fondsalter hinweisen. Ziemlich sicher wärst du, wenn du einen ETF wählst, der seit mindestens fünf Jahren besteht.

- Je höher die Kosten deines Investments sind, desto geringer ist – netto betrachtet – dein Wertzuwachs. Eine TER von 0,2 ist eher günstig; eine TER von 0,8 eher hoch.
- Die ETF-Replikation besagt, wie der ETF seinen zugrunde liegenden Index abbildet: physisch (also 1:1) oder synthetisch (über ein SWAP-Geschäft). Die meisten bevorzugen physische ETFs. Oft ist eine vollständige physische Replikation aber schlichtweg nicht möglich. In dem Fall wird häufig auf die Sampling-Methode zurückgegriffen.
- Die vergangene Wertentwicklung ist kein Garant für die Zukunft. Ein Blick auf die Performance lohnt sich trotzdem. Sieh dir an, wie sich der ETF in den letzten fünf und zehn Jahren entwickelt hat. So bekommst du ein Gefühl für seine Wertentwicklung.
- Im Grunde genommen spielt die Ertragsverwendung eine sekundäre Rolle. Wenn du den Zinseszins optimal für dich nutzen möchtest und keinen Aufwand mit ständigen Wiederanlagen haben möchtest, ist ein thesaurierender ETF praktisch.
- Die Fondswährung kann dir egal sein. Wichtig ist dagegen, welche Währungen du über die im ETF enthaltenen Einzeltitel in dein Portfolio holst. Auch das Fondsdomizil kannst du eher vernachlässigen, solange es sich um einen UCITS-ETF handelt.
- Mit großen ETF-Anbietern wie iShares, Amundi oder Xtrakers und Co. machst du nicht viel falsch. Allerdings macht der Anbieter allein den ETF noch lange nicht zu einem sinnvollen Produkt für dich.
- Wenn du beabsichtigst, einen ETF-Sparplan abzuschließen, ist die Sparplanfähigkeit ein wichtiges Kriterium für dich. Achte darauf, ob du den ETF bei deinem Broker besparen kannst.
- Nachhaltigkeit ist dir wichtig? Abkürzungen wie ESG oder SRI können erste Hinweise auf grüne Produkte geben. Wenn du es

genauer wissen willst, helfen dir Ratings wie das FNG-Siegel weiter.

- Bewertet werden ETFs nicht nur hinsichtlich ihrer Nachhaltigkeit. Auch Ratings von unabhängigen spezialisierten Agenturen wie Morningstar können dir etwas mehr Sicherheit bei der ETF-Wahl geben.
- Wenn du es ganz genau wissen willst, achte auf Risikokennziffern – wie beispielsweise Volatilität, Sharpe Ratio oder den maximalen Verlust und die Tracking Difference.

Die genannten Punkte sollen dir ein paar Auswahlkriterien an die Hand geben. Keinesfalls sollen sie die ETF-Suche verkomplizieren. Lass dich also nicht von der Menge der Kriterien erschlagen. Halt dich nicht zu lange mit einzelnen Punkten auf. Verbraucherschützer empfehlen häufig einfach, auf einen breit streuenden ETF zu setzen – zum Beispiel auf den MSCI World. Die ETFs, die denselben Index abbilden, unterscheiden sich dann nur in Details. Sorge dich also nicht zu sehr, auch ja den richtigen zu erwischen.

Die besten ETFs für Anfängerinnen findest du hier:

FAQ

Wie viele ETF-Sparpläne brauche ich?

Wahrscheinlich hast du es schon erwartet: Eine pauschale Antwort gibt es auf diese Frage nicht. Hierbei handelt es sich um einen klassischen Fall von »Es kommt drauf an ...«. Ein wichtiger Faktor ist dein verfügbares Geld. Möchtest du 100 Euro im Monat anlegen? Dann könntest du mit einem ETF bereits gut bedient sein. Möchtest du dagegen eine Einmalanlage von 50 000 Euro tätigen? Dann kann es sinnvoll sein, dieses Vermögen auf verschiedene Anlageklassen und entsprechend auch auf verschiedene ETFs zu verteilen. Schau hierzu nochmal ins Kapitel über Portfoliostrategien ab Seite 218. Unser Tipp: Fang eher klein an und taste dich langsam vor.

Wann sollte ich am besten einsteigen?

Diese Frage ist wiederum sehr leicht zu beantworten: JETZT! Die Erfahrung zeigt: Jeder Versuch, den perfekten Zeitpunkt zu erwischen, wird scheitern. Wenn du das Buch bis hierhin gelesen hast, wirst du dich ausreichend mit dem Thema beschäftigt haben. Es kann also keinen Grund mehr geben, zu warten! Besonders wenn du einen Sparplan abschließen möchtest, ist früher besser als später. Du erinnerst dich noch an den Cost-Average-Effekt (Durchschnittskosteneffekt)? Da du über deinen Sparplan immer die gleiche Summe einzahlst, investierst du automatisch antizyklisch – du kaufst nämlich vergleichsweise viele Anteile zu niedrigen Kursen und vergleichsweise wenige zu hohen Kursen. Über deinen Anlagehorizont hinweg wirst du so viele Hochs und Tiefs mitmachen, dass es kaum relevant ist, ob du heute oder in einem halben Jahr einsteigst. Wenn du aber zu lange wartest, verlierst du wertvolle Zeit, in der dein Erspartes womöglich unverzinst auf dem Tagesgeldkonto liegt.

Sparplan oder Einmalanlage?

Gegenfrage: Möchtest du eine große Summe anlegen oder regelmäßig sparen? Handelt es sich um einen einmaligen Betrag, wirst du dich vielleicht besser fühlen, wenn du ihn aufteilst. Du könntest die Summe zum Beispiel vierteln und pro Quartal ein Viertel deines Geldes investieren. So hast du nicht das Gefühl, einen großen Haufen Geld wegzugeben. Gleichzeitig hast du noch Pulver, falls sich die Kurse zu deinen Gunsten entwickeln.

Sparpläne können vor allem sinnvoll sein, wenn du zwar kein Geld auf der hohen Kante hast, aber durchaus in der Lage bist, jeden Monat etwas zurückzulegen. Falls du einen einmaligen Betrag investieren möchtest, könntest du auch gleich schauen, ob du zusätzlich noch einen Sparplan abschließen kannst.

Meine Beraterin hat mir einen Fonds empfohlen. Woher weiß ich, ob er gut ist?

Ganz einfach: Indem du den Fonds mithilfe unserer Checkliste auf den Prüfstand stellst! Wichtig ist darüber hinaus auch die Anlageklasse des Fonds. Es gibt Berater, die besonders bei Frauen dazu tendieren, übermäßig risikoarme Produkte zu empfehlen. Schau nochmal auf Seite 186f. – hier erfährst du, wie du deine Risikotragfähigkeit richtig einordnen kannst.

Jährlicher Depotcheck

Jetzt fragst du dich vielleicht: »Wie oft sollte ich in mein Depot schauen?« Das ist so pauschal gar nicht zu beantworten. Wenn du dir ein relativ einfaches Depot zusammengestellt hast – zum Beispiel unser Basisdepot – dann kann es ausreichen, wenn du ein- oder zweimal im Jahr einen Blick darauf wirfst. So siehst du, wie sich das Ganze in der Zwischenzeit entwickelt hat und ob es dir noch passend erscheint. Vielleicht hat sich dein Anlagehorizont geändert, weil du in ein paar Jahren eine eigene Wohnung oder sogar ein Haus kaufen willst? Oder an den Börsen ist extrem viel passiert, sodass deine Depotpositionen enorm im Wert gestiegen oder gefallen sind? Ein normales Phänomen ist übrigens, dass du in einer Börsen-Aufschwungphase gar nicht oft genug in dein Depot schauen kannst. In solchen Situationen macht es nämlich unglaublich viel Spaß nachzusehen, um wie viel man wieder reicher geworden ist, ohne allzu viel dafür getan zu haben.

In einer Abschwungphase macht es dagegen weniger Spaß, das Depot zu betrachten. Da mag man eine noch so hart gesottene Börsianerin sein: Es bringt keinen Swing, wenn man zusehen muss, wie der Wert seines Depots schrumpft, ohne dass man etwas falsch gemacht hat. Kurzum: Wenn es abwärtsgeht, wirst du weniger oft Lust haben, in dein Depot zu schauen. Tu es aber trotzdem ein- bis zweimal im Jahr, wenn du ein »ruhiges« Depot hast!

Hast du hingegen zusätzlich zu Basis-ETFs speziell ausgerichtete Themenfonds (siehe Seite 235ff.), bist du vermutlich sowieso eine aktive Börsenteilnehmerin und prüfst deine Finanzen öfter. Es würde Sinn machen, mindestens einmal im Monat in dein Akzentedepot schauen. Und auch dann, wenn die Börse ordentlich in Bewegung ist. Normalerweise erfährst du in den Nachrichten davon.

Dein Depot in Balance bringen

»Rebalancing« ist ein Wort aus dem Börsenjargon. Es bedeutet nichts anderes, als gelegentlich die ursprüngliche Depotstruktur wiederherzustellen. Wie das in der Praxis geht?

Du hast dich vielleicht für folgende Depotstruktur entschieden und entsprechend investiert:

- 50 Prozent internationale Aktien
- 20 Prozent Aktien Schwellenländer
- 5 Prozent Gold-ETP
- 25 Prozent Sicherheitsbausteine (Cash, Festgeld ...)

Nach einem Jahr machst du einen Depotcheck und siehst, dass die Börsenbewegungen deine Depotstruktur verändert haben.

Ohne dein Zutun hat dein Depot jetzt folgende Gewichtung:

- 55 Prozent internationale Aktien
- 25 Prozent Aktien Schwellenländer
- 4 Prozent Gold-ETP
- 16 Prozent Sicherheitsbausteine

Wenn sich an deiner Risikoeinstellung und deiner allgemeinen Situation nicht viel geändert hat, möchtest du vermutlich wieder die ursprüngliche Gewichtung deines Depots herstellen. Dann betreibst du Rebalancing. In dem Fall würdest du die Summe deines Depots zusammenzählen und ausrechnen, auf welchen Betrag du die einzelnen Positionen aufstocken oder reduzieren müsstest.

So würde in unserem Beispiel das Rebalancing aussehen:

	So viel Prozent sind es vor dem Depotcheck	So hoch ist der Wert in Euro	So viel Prozent sollen es nach dem Rebalancing sein	So hoch soll der Wert nach dem Rebalancing sein	Das machst du beim Rebalancing
Internationale Aktien	55 Prozent	11 000 €	50 Prozent	10 000 €	Anteile für € 1000 verkaufen.
Aktien Schwellenländer	25 Prozent	5000 €	20 Prozent	4000 €	Anteile für € 1000 verkaufen.
Gold-ETP	4 Prozent	800 €	5 Prozent	1000 €	Anteile für € 200 zukaufen oder nichts tun, weil die Ordersumme sehr gering ist.
Sicherheitsbausteine	16 Prozent	3200 €	25 Prozent	5000 €	Entweder erhöht sich dein Cash-Konto durch die Verkäufe automatisch oder du stockst deine Sicherheitsbausteine entsprechend auf.
Summe	100 Prozent	20 000 €	100 Prozent	20 000 €	

Das ist noch ein relativ einfaches Beispiel. Bei mehr Wertpapieren kann die Sache unübersichtlich werden. Dann ist es sinnvoll, einen Rebalancing-Rechner aus dem Internet zu Hilfe zu nehmen. Er zeigt dir, welche Papiere ge- und welche verkauft werden müssen, um die ursprüngliche Depotaufteilung wiederherzustellen.

Ein Rebalancing ist nicht allzu oft notwendig. Bei einem »ruhigen« Depot kann es ausreichen, einmal jährlich tätig zu werden. Beim Rebalancing kommt es nicht auf den exakten Prozentpunkt an. Wenn nur wenig zur gewünschten Depotstruktur fehlt, brauchst du gar nicht umzuschichten. Du musst hier nicht päpstlicher als der Papst sein.

Bei deinem Akzentedepot mit den »Spezialitäten« könntest du öfter umschichten. Vielleicht hältst du den einen Trend, auf den du gesetzt hast, für ausgelaufen und möchtest auf etwas Neues setzen? Dann würde es Sinn machen, die eine Position zu verkaufen und dir dafür eine andere Position ins Depot zu holen, die dir jetzt zukunftsträchtiger erscheint.

herMoney-Tipp

Empfehlenswert kann sein, nicht mit zu kleinen Summen zu hantieren, wenn du ETFs kaufst oder verkaufst. Eine Order unter 500 oder 1000 Euro ist ziemlich klein. Je nachdem wie viel Transaktionskosten deine depotführende Stelle berechnet, können die Spesen höher sein als der Nutzen. Wäg die Größenordnung ab und lass einfach deinen gesunden Menschenverstand walten!

Das Rebalancing hat einen weiteren Vorteil: Du realisierst Gewinne mit den Papieren, die besonders gut gelaufen sind. Im Fachjargon: Du nimmst Gewinne mit! Denn beim Rebalancing trennst du dich von einem Teil der Gewinnerpositionen – ihr Anteil wird durch die Verkäufe wieder auf den ursprünglichen Anteil reduziert. Und du kannst diejenigen Papiere oder Märkte nachkaufen, die hinter den Erwartungen zurückgeblieben sind. Sie haben sich schlechter als die anderen Papiere entwickelt und können jetzt vermutlich mehr Potenzial bieten. Denn dort stockst du ja wieder auf, um die ursprüngliche Gewichtung wiederherzustellen. Klingt absurd – Gewinner verkaufen und »Verlierer« ins Depot holen. Aber: So kannst du nicht nur deine Asset-Allocation erhalten, du würdest auch »antizyklisch« investieren. Ein geschicktes Verhalten an der Börse!

Die Mangerinnen und Manager vermögensverwaltender Fonds (»Mischfonds«, »Asset-Allocation-Fonds«) wenden von sich aus Rebalancing an. Wenn du dich für eine Vermögensverwaltung entschieden hast oder einen Robo-Advisor (automatisierte

Geldanlage) nutzt, frag ruhig nach dem Rebalancing-System! Wie oft wird es angewandt? Und wie gehen die Expertinnen und Experten dabei vor?

Eine weitere Möglichkeit ist, einfach nur durch Nachkäufe die ursprüngliche Portfolioaufteilung wiederherzustellen. In diesem Fall spricht man von »Cash-Flow-Rebalancing«. Der Vorteil dieser Art von Rebalancing ist: Es ist einfacher und es fallen dabei keine besonderen Steuern an, denn in dem Fall wird nur gekauft, aber nichts verkauft.

Rebalancing und Steuern

Ups, Steuern? Wird Rebalancing etwa besteuert? In gewisser Weise ja. Denn beim Umschichten deiner ETFs würdest du Wertpapiere verkaufen. Der damit realisierte Kursgewinn ist steuerpflichtig, wenn du den Sparerfreibetrag bereits voll ausgeschöpft hast. Und zwar mit dem aktuellen Satz für Kapitalertragsteuer: 25 Prozent plus Solidaritätszuschlag und eventuell Kirchensteuer.

Aber nicht nur Steuern fallen an. Durch die Umschichtungen würden noch weitere Kosten entstehen: Je nachdem, bei welchem Broker du dein Depot führst und ob du aktive oder passive Fonds kaufst, fallen Handelskosten oder Ausgabeaufschläge an. Aus diesem Grund raten wir dazu, nicht allzu häufig zu rebalancen. Erstens macht es Arbeit und zweitens sollte der Nutzen die Nachteile übersteigen.

Was es kostet, ETFs zu verkaufen, erfährst du hier:

Verkaufen, wenn es kracht?

»Fahren Sie eine langfristige Strategie!«, liest man hier und dort. Doch wie genau geht das? Vielleicht hilft hier ein Blick darauf, wie es die Profis machen: Die legen ihre sogenannte »strategische Asset Allocation« fest. Beispielsweise 50 Prozent Aktien, 40 Prozent Renten, 10 Prozent Cash. Die strategische Asset Allocation sagt, wie das Depot prinzipiell und auf lange Sicht ausgerichtet sein soll.

Übers Jahr hinweg überlegen sich die Profis dann je nach Entwicklung der Märkte eine »taktische Asset Allocation«. Die kann von der strategischen Asset Allocation abweichen, weil sie nur kurz- bis mittelfristig gilt, um günstige Gelegenheiten umgehend zu nutzen oder akute Risiken zu vermeiden. Ob die Profis mit ihrer Taktik immer richtigliegen, sei dahingestellt (sie tun es nämlich nicht immer). Aber für dich als Privatanlegerin wäre die Berücksichtigung von strategischer und taktischer Asset Allocation zu viel Aufwand – finden wir.

Vielleicht noch ein Wort dazu, wie aktiv du deine Investments umschichten solltest. Zur Häufigkeit der Umschichtungen gibt es viele Ideen, aber keine allgemeingültige Regel. Manche Investorinnen haben beim Onlinebanking einen sehr schnellen Finger und schichten sehr oft um – vielleicht sogar zu oft. Andere verhalten sich eher träge und tun im Zweifelsfall lieber nichts. Natürlich kannst du bei jedem wichtigen Börsenevent überlegen, welche Konsequenzen es auf dein Depot haben könnte und entsprechend umschichten. Zwei Dinge solltest du dabei beachten: Du wirst mit deiner Einschätzung nicht immer richtigliegen und jede Transaktion verursacht Kosten.

Genauso wenig, wie es immer die komplizierteste Börsenstrategie ist, die am Ende die beste Rendite bringt (denk an das KISS-Prinzip: Keep it simple, stupid!), ist es auch nicht immer die aktivste Strategie, die zum besten Ergebnis führt. Einfach nur aussitzen und nichts tun? An der Börse muss das nicht unbedingt das Schlechteste sein!

Es gibt immer wieder Schlauberger, die einen Börsenchart vorlegen und behaupten, man solle vor dem Crash aus- und danach wieder einsteigen. Natürlich haben sie recht, das ist ja logisch! In der Praxis liegt die Schwierigkeit aber darin, dass sich im Vorfeld nicht abschätzen lässt, wann ein Crash passiert, wann er vorbei ist und wann es wieder aufwärtsgeht. Im Nachhinein sehen wir alle Trendwenden ganz genau im Börsenchart, aber eben nicht im Voraus. Du kennst vielleicht das Sprichwort: »An der Börse wird nicht geklingelt!«. Das bedeutet, keiner sagt dir genau im richtigen Augenblick: »Jetzt kommt gleich der Crash!« Oder: »Jetzt ist der Crash vorbei und du solltest wieder einsteigen!« Auch nicht die Schlauberger. Nicht jede kleine Zacke nach unten kündigt einen Crash an und nicht jeder Hopser nach oben ist ein Signal, dass es jetzt dauerhaft aufwärtsgeht. Man weiß es schlicht nicht!

Wenn es so einfach wäre, müssten alle Börsenprofis richtigliegen und würden nie von einem Crash überrascht. Dem ist aber nicht so! Du bist also in guter Gesellschaft, wenn du einen Crash nicht im Vorfeld erkennst.

Letztlich kann dich nur eine vernünftige Depotstruktur schützen. Konkret heißt das: Leg nicht deinen letzten Notgroschen in Aktien oder Aktienfonds an. Bring deine eiserne Reserve so unter, dass sie nicht durch einen Crash an der Börse mit nach unten gezogen wird. Dann kannst du, wenn ein Crash kommt, entspannt sein (schwieriger getan als gesagt!) und nichts tun. Das Blödeste wäre, mitten im Crash zu verkaufen, um zu »retten, was zu retten ist«. Dann realisierst du nämlich deine Verluste! Einfach nichts tun und auf bessere Zeiten warten? In dem Fall kann das tatsächlich eine gute Strategie sein. Toppen könntest du sie noch, wenn du den Mut aufbringst, die heruntergeprügelten Börsenkurse für

Nachzeichnungen zu nutzen. Denn sie können einen billigen Einstieg darstellen.

herMoney-Tipp

Es wäre Zufall, wenn du tatsächlich den billigsten Kurs erwischen würdest. Es kann nach deinem Kauf noch etwas weiter bergab gehen. Mach dir dann keine allzu großen Sorgen. Tröste dich mit dem Gedanken, dass du zumindest billiger einsteigst als vor dem Kursrutsch.

Auch bei Sparplänen könnte es sinnvoll sein, sie während eines Crashs weiterlaufen lassen. Dann würdest du für deinen monatlichen Betrag Fondsanteile zu den superbilligen »Crashkursen« kaufen – einfach automatisch und ohne dein Zutun!

Beruhigend ist: Bisher folgte an der Börse auf jeden Crash eine Erholung. Mehr noch: Die Kurse stiegen nach jedem Crash wieder weit über das Vor-Crash-Niveau hinaus. Manchmal hat das ein paar Jahre gedauert – zum Beispiel nach dem Platzen der Dotcom-Blase von 2000 bis 2003, als viele Internetunternehmen zahlungsunfähig wurden. Manchmal ging es auch sehr schnell – beispielsweise nach dem Corona-Crash im März 2020.

Lass dich nicht verrückt machen durch Negativnachrichten. Es gibt immer wieder Krisen, über die in den Nachrichten berichtet wird. Ob es der Ukraine-Krieg ist, die Corona-Pandemie oder ob Präsidentschaftswahlen in einem wichtigen Land sind. Fakt ist: Vor und nach solchen Events gibt es solide und gute Unternehmen mit vielversprechenden Geschäftsideen und kompetenten Führungskräften. Und das Management international ausgerichteter Fonds wird auch morgen noch bemüht sein, solche guten und profitablen Aktiengesellschaften zu finden und in sie zu investieren.

Insofern spricht vieles dafür, dass auch künftig Börsengewinne in einer ähnlichen Größenordnung wie in der Vergangenheit erzielt werden. Zumindest auf längere Sicht!

Wie geht's weiter?

Wir hoffen, dass dich unser Ratgeber weitergebracht hat. Und vor allem, dass wir dich neugierig auf die Börse gemacht haben. Börse ist etwas, das jeden Tag passiert, zumindest an jedem Werktag. Daher reicht es nicht, sich einmal kundig zu machen, ein Depot einzurichten und es dabei zu belassen.

Wenn du dich erstmal eingelesen hast, möchtest du vermutlich am Ball bleiben. Denn die Welt verändert sich – in den Unternehmen, im Rohstoffbereich und in der Politik passiert so einiges. Davon hörst du vielleicht in den Nachrichten und möchtest wissen, was diese Trends für dein Depot bedeuten. Manche sind eher kurzfristige Hypes (zum Beispiel Cannabis-Investments), manche entwickeln sich zum Dauerbrenner (derzeit gehen wir davon aus, dass Nachhaltigkeit ein solches Thema ist). Daher ist es schön, in einer Gemeinschaft von Gleichgesinnten zu sein. herMoney ist eine solche Community.

Du kannst dich kostenlos für den Newsletter registrieren.

Oder uns auf Instagram folgen. So bleibst du auf dem Laufenden.

Vielleicht willst dich auch von einer Coachin auf deinem Weg zur finanziellen Unabhängigkeit begleiten lassen? Das ist ebenfalls möglich! In unserem Coaching sind wir persönlich für dich da, um gemeinsam deine Finanzen zu sortieren und dich zur erfolgreichen Investorin zu machen. Wir freuen uns auf dich!

Jedenfalls wünschen wir dir viel Erfolg bei deinen ersten Schritten auf dem Börsenparkett und bei der Planung deiner Altersvorsorge. Du wirst sehen: Es ist kein Hexenwerk – und kann sogar Spaß machen. Wenn du selbst Verantwortung für dein Geld und deine Absicherung übernimmst, bist du nicht nur besser aufgestellt. Du kannst auch mit stolzgeschwellter Brust sagen, dass du es endlich geschafft hast. Du hast dir selbst das nötige Wissen angeeignet, deine Finanzen in trockene Tücher zu bringen – und es dann in die Tat umgesetzt. Hut ab!

Anmerkungen

1 Statistisches Bundesamt: *Gender Pay Gap 2021: Frauen verdienten pro Stunde weiterhin 18 % weniger als Männer.* Online unter: https://www.destatis.de/DE/Presse/Pressemitteilungen/2022/03/PD22_088_621.html (Zugriffsdatum: 18. Juli 2022)

2 Schrenker, Annekatrin; Wrohlich, Katharina: *Gender Pay Gap ist in den letzten 30 Jahren fast nur bei Jüngeren gesunken.* Deutsches Institut für Wirtschaftsforschung (DIW Wochenbericht 9/2022). Online unter: https://www.diw.de/documents/publikationen/73/diw_01.c.836547.de/22-9-3.pdf (Zugriffsdatum: 5. Juli 2022)

3 DIW Berlin: *Gender Pay Gap ist in den letzten 30 Jahren fast nur bei Jüngeren gesunken.* Online unter: https://www.diw.de/de/diw_01.c.836615.de/gender_pay_gap_ist_in_letzten_30_jahren_fast_nur_bei_juengeren_gesunken.html#:~:text=%E2%80%9EFrauen%20legen%2C ab%20der%20Geburt,Jahren%20davonziehen%E2%80%9C%2C%2C so%20Schrenker. (Zugriffsdatum: 14. Juli 2022)

4 Ebenda

5 Daten der Deutschen Rentenversicherung (Stand: Juni 2022). Diese sind online unter dem folgenden Link abrufbar: https://www.deutsche-rentenversicherung.de/DRV/DE/Experten/Zahlen-und-Fakten/Statistiken-und-Berichte/statistiken_und_berichte.html

6 Niessen-Ruenzi, Prof. Dr. Alexandra; Schneider, Prof. Dr. Christoph: The Gender Pension Gap in Germany. Universität Mannheim. Online unter: https://www.bwl.uni-mannheim.de/media/Lehrstuehle/bwl/Niessen-Ruenzi/Gender_Pension_Gap_in_Germany_update_-_NiessenRuenziSchneider.pdf (Zugriffsdatum: 7. Juli 2022)

7 Statistisches Bundesamt: *Alleinerziehende Frauen und alleinlebende Männer sind besonders häufig von Überschuldung betroffen.* Online unter: https://www.destatis.de/DE/Presse/Pressemitteilungen/2021/06/PD21_263_63511.html (Zugriffsdatum: 18. Juli 2022)

8 Robo-Advisor-Studie 2022: Markt, Meinungen und Mythen. Online unter: https://media.quirion.de/fileadmin/redaktion/PDFs/2022-05-06_Robo-Advisor-Studie_Markt-Meinungen-Mythen.pdf (Zugriffsdatum: 6. Mai 2022)

9 https://www.dai.de/fileadmin/user_upload/230117_Deutsches_Aktieninstitut_Aktionaerszahlen_2022.pdf

10 Deutsches Aktieninstitut: *#breakthebias – Finanzen sind auch Frauensache*. Online unter: https://www.dai.de/pressemitteilungen/dokumenttitel/breakthebias-finanzen-sind-auch-frauensache/ (Zugriffsdatum: 14. Juli 2022)

11 Deutsches Aktieninstitut: *Deutschland und die Aktie*. Online unter: https://www.dai.de/fileadmin/user_upload/220119_Aktionaerszahlen_2021_Deutsches_Aktieninstitut.pdf (Zugriffsdatum: 14. Juli 2022)

12 boniversum.de: *Alle SchuldnerAtlas-Ausgaben*. Online unter: https://www.boniversum.de/aktuelles-studien/schuldner-atlas/schuldneratlas-downloads (Zugriffsdatum: 14. Juli 2022)

13 Stiftung Warentest: *Alle Banken im Test – Durchschnittszins bei 9,43 Prozent*. Online unter: https://www.test.de/Girokonten-Dispozinsen-4586765-0/ (Zugriffsdatum: 14. Juli 2022)

14 Focus: *Steuererklärung 2021: Beschäftigte können sich viel Geld vom Staat zurückholen*. Online unter: https://www.focus.de/finanzen/steuern/home-office-kann-steuern-senken-steuererklaerung-2021-unbedingt-machen-dank-corona-gibt-s-fuer-viele-hohe-erstattung_id_71990236.html (Zugriffsdatum: 14. Juli 2022)

15 Laenderdaten.info: *Entwicklung der Inflationsraten in Deutschland*. Online unter: https://www.laenderdaten.info/Europa/Deutschland/inflationsraten.php#:~:text=DieProzent20InflationsrateProzent20fProzentC3ProzentBCrProzent20KonsumgProzentC3ProzentBCterProzent20in,2Prozent2C6Prozent20Prozent25Prozent20proProzent20Jahr. (Zugriffsdatum: 6. Juli 2022)

16 Dieses und alle anderen Zitate von Annika Peters stammen aus der direkten Zusammenarbeit und nicht aus einer Sekundärquelle.

17 Bundesministerium für Gesundheit: *Pflegeversicherung, Zahlen und Fakten*. Online unter: https://www.bundesgesundheitsministerium.

de/themen/pflege/pflegeversicherung-zahlen-und-fakten.html (Zugriffsdatum: 14. Juli 2022)

18 Aktuare online: *Berufsunfähigkeit: die unterschätzte Gefahr?!* Online unter: https://aktuar.de/fachartikelaktuaraktuell/AA55_Berufsunf%C3%A4higkeit.pdf (Zugriffsdatum: 14. Juli 2022)

19 Deutsche Rentenversicherung: *Erwerbsminderungsrente: Das Netz für alle Fälle.* Online unter: https://www.deutsche-rentenversicherung.de/SharedDocs/Downloads/DE/Broschueren/national/erwerbsminderungsrente_das_netz_fuer_alle_faelle.html?nn=94297aa2-0b79-4c7f-adbb-6123453cb440 (Zugriffsdatum: 14. Juli 2022)

20 Statistisches Bundesamt: *7,8 Millionen schwerbehinderte Menschen leben in Deutschland.* Online unter: https://www.destatis.de/DE/Presse/Pressemitteilungen/2022/06/PD22_259_227.html (Zugriffsdatum: 14. Juli 2022)

21 Statistisches Bundesamt: *1 500 Euro gaben Privathaushalte 2019 durchschnittlich für Versicherungen aus.* Online unter: https://www.destatis.de/DE/Presse/Pressemitteilungen/2021/02/PD21_065_639.html (Zugriffsdatum: 14. Juli 2022)

22 Dieses und alle anderen Zitate von Christiane Warnke stammen aus der direkten Zusammenarbeit und nicht aus einer Sekundärquelle.

23 Gesetze im Internet: *Bürgerliches Gesetzbuch (BGB) - § 2333 Entziehung des Pflichtteils.* Online unter: https://www.gesetze-im-internet.de/bgb/__2333.html (Zugriffsdatum: 14. Juli 2022)

24 Gesamtverband der Versicherer: *Eins von vier Mädchen wird wohl 100 Jahre alt.* Online unter: https://www.destatis.de/DE/Presse/Pressemitteilungen/2020/09/PD20_377_12621.html

25 Dembowski, Anke: *Die Rente ist sicher, aber reicht sie aus? Ohne Private Altersvorsorge geht´s nicht!* herMoney. Online unter: https://www.hermoney.de/ihr-wissen/vorsorgen/altersvorsorge/private-altersvorsorge-immer-wichtiger/#:~:text=Dr.,der%20Welt%E2%80%9C%2C%20argumentiert%20er.

26 Bund-Länder Demografie Portal: *Altersstruktur der Bevölkerung.* Online unter: https://www.demografie-portal.de/DE/Fakten/bevoelkerung-altersstruktur.html (Zugriffsdatum: 11. Juli 2022)

27 Statista: *Anzahl der Erwerbstätigen pro Rentner in ausgewählten Ländern in den Jahren 2012 und 2050.* Online unter: https://de.statista.com/statistik/daten/studie/383412/umfrage/erwerbstaetige-pro-rentner-in-ausgewaehlten-laendern/ (Zugriffsdatum: 17. Juli 2022)

28 HQ Trust: *„Ostern kommt auch nicht überraschend".* Online unter: https://www.hqtrust.de/de/articles/ostern-kommt-auch-nicht-ueberraschend (Zugriffsdatum: 11. Juli 2022)

29 Deutsche Rentenversicherung: *Statistiken und Berichte.* Online unter: https://www.deutsche-rentenversicherung.de/DRV/DE/Experten/Zahlen-und-Fakten/Statistiken-und-Berichte/statistiken-und-berichte_node.html (Zugriffsdatum: 17. Juli 2022)

30 Ebenda

31 Laenderdaten.info: *Entwicklung der Inflationsraten in Deutschland.* Online unter: https://www.laenderdaten.info/Europa/Deutschland/inflationsraten.php#:~:text=DieProzent20InflationsrateProzent20fProzentC3ProzentBCrProzent20KonsumgProzentC3ProzentBCterProzent20in,2Prozent2C6Prozent20Prozent25Prozent20proProzent20Jahr. (Zugriffsdatum: 6. Juli 2022)

32 DIW Berlin: *Die Riester-Rente verfehlt ihre Ziele und braucht einen Neustart.* Online unter: https://www.diw.de/de/diw_01.c.826316.de/die_riester-rente_verfehlt_ihre_ziele_und_braucht_einen_neustart.html (Zugriffsdatum: 17. Juli 2022)

33 Dembowski, Anke: *Was ist die Riester-Rente genau? Lohnt sie sich für mich?* Online unter: https://www.hermoney.de/ihr-wissen/vorsorgen/altersvorsorge/riestern-wie-geht-das/ (Zugriffsdatum: 6. Juli 2022)

34 Ringler, Joe: *Für wen kann sich die Riester-Rente lohnen und wer kann sie beantragen?* verbraucherschutz.com. Online unter: https://www.verbraucherschutz.com/ratgeber/fuer-wen-kann-sich-die-riester-rente-lohnen-und-wer-kann-sie-beantragen/ (Zugriffsdatum: 14. Juli 2022)

35 DIW Berlin: *Die Riester-Rente verfehlt ihre Ziele und braucht einen Neustart.* Online unter: https://www.diw.de/de/diw_01.c.826316.de/die_riester-rente_verfehlt_ihre_ziele_und_braucht_einen_neustart.html (Zugriffsdatum: 17. Juli 2022)

36 Deutsche Rentenversicherung: *Rürup-Rente*. Online unter: https://www.deutsche-rentenversicherung.de/SharedDocs/Glossareintraege/DE/R/ruerup_rente.html (Zugriffsdatum: 14. Juli 2022)

37 Stiftung Warentest: *Mit dem Arbeitgeber für die Rente sparen*. Online unter: https://www.test.de/betriebliche-altersvorsorge-5158846-0/. (Zugriffsdatum: 18. Juli 2022)

38 Alle Zitate von Fr. Weidenbach stammen aus folgender Quelle: Watermann-Wallstabe, Brigitte: Rente: *Warum die Auszahlung einer Direktversicherung oft niedriger ist als gedacht*. Online unter: https://www.hermoney.de/ihr-wissen/vorsorgen/altersvorsorge/auszahlung-direktversicherung/ (Zugriffsdatum: 14. Juli 2022)

39 bvi.de: *Wertentwicklung*. Online unter: https://www.bvi.de/service/statistik-und-research/wertentwicklungsstatistik/ (Zugriffsdatum: 11. Juli 2022)

40 Ebenda

41 Ebenda

42 Statista: *Entwicklung des durchschnittlichen Zinssatzes für Spareinlagen in Deutschland in den Jahren von 1975 bis 2021*. Online unter: https://de.statista.com/statistik/daten/studie/202295/umfrage/entwicklung-des-zinssatzes-fuer-spareinlagen-in-deutschland/ (Zugriffsdatum: 12. Juli 2022)

43 bvi.de: Wertentwicklung. Online unter: https://www.bvi.de/service/statistik-und-research/wertentwicklungsstatistik/ (Zugriffsdatum: 11. Juli 2022)

44 Ebenda

45 Ebenda

46 Deutsches Aktieninstitut: *Stock Returns in the Eurozone Since 1986*. Online unter: https://www.dai.de/fileadmin/user_upload/211231_EuroStoxx-Rendite-Dreieck_Web.pdf (Zugriffsdatum: 1. Juli 2022)

47 Satista: Die wichtigsten Indexanbieter im globalen ETF-Geschäft im Jahr 2011. Online unter: https://de.statista.com/statistik/daten/studie/199065/umfrage/die-wichtigsten-indexanbieter-fuer-etfs-weltweit/ (Zugriffsdatum: 12. Juli 2022)

48 bvi.de: *Wertentwicklung.* Online unter: https://www.bvi.de/service/statistik-und-research/wertentwicklungsstatistik/ (Zugriffsdatum: 11. Juli 2022)

Finanzielles Fasten

Judith Engst

Gute Vorsätze fassen wir nicht nur zum Jahreswechsel. Der Wunsch, das eigene Leben zu verbessern ist ein Dauerbrenner. Geldsorgen können dabei genauso belastend sein wie überschüssige Pfunde, die wir mit uns herumschleppen. Höchste Zeit also für ein paar Ideen, die ohne Mühe oder Verzicht helfen, dem eigenen Leben eine positive Wendung zu geben, mehr Zeit zu haben und auch noch zu sparen. Gemeint ist: finanzielles Fasten. Es geht dabei nicht um eine Anleitung zum Konsumverzicht. Im Vordergrund stehen praktische und leicht umsetzbare Tipps, um unnötige Ausgaben zu vermeiden, Zeitfresser und Bürokratiemonster (Versicherungen, Finanzen und Steuern) zu bändigen und lästige Einkäufe auf ein Minimum zu reduzieren.

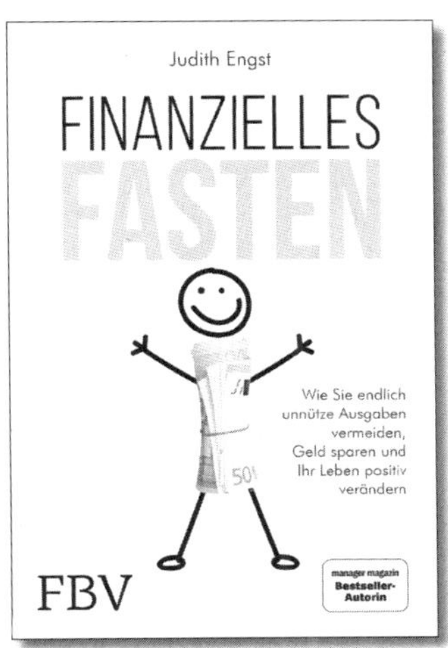

208 Seiten | Softcover | 14,99 € (D) | ISBN 978-3-95972-274-2

MONEYMAKERS

Aya Jaff

MONEYMAKERS zeigt, wie junge Leute den Schritt an die Börse schaffen und welche Anlagestrategien ihnen am besten zum Erfolg verhelfen. Sie erfahren, wie man im Internet nach den richtigen Informationen sucht, online investiert und welche Apps sinnvolle Begleiter sind. MONEYMAKERS zeigt nicht nur Chancen auf, sondern erläutert anhand von Alltagsbeispielen, warum sich junge Leute mit dem Thema Wirtschaft und Börse beschäftigen sollten. Viele Interviews von bereits erfolgreichen Anlegern und Unternehmern wie Tim Draper, einem der angesehensten Investoren im Silicon Valley, bieten zudem einen interessanten Einblick in deren Alltag – mit handfesten Tipps der Profis. Ein absolutes Must-read für junge Leute, die Börse und Co. verstehen und endlich mitmischen wollen!

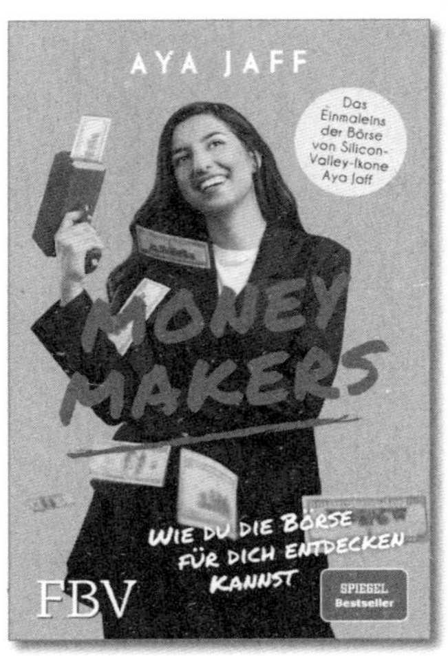

240 Seiten I Softcover I 16,99 € (D) I ISBN 978-3-95972-022-9

Finanzielle Intelligenz

Niclas Lahmer

Geld besitzt seine ganz eigenen Regeln und finanziell intelligente Menschen kennen diese Gesetze des Erfolgs. Sie spielen nach den neuen Regeln, während sich der Rest weiterhin nach Althergebrachtem richtet. Niclas Lahmer erläutert anschaulich in seinem Buch, was es bedeutet, finanziell intelligent zu handeln und dabei zu lernen, was die Bildungspolitik jungen Menschen verweigert. Er zeigt neue Wege auf und lehrt, wie finanzielle Chancen entstehen, wie Geld für Sie arbeiten kann und wie Sie finanziell erfolgreich werden. Egal wo Sie gerade in Ihrem Leben stehen, Sie können immer das Ruder herumreißen und durch Ihre Entscheidungen alles verändern.

176 Seiten | Hardcover | 17,99 € (D) | ISBN 978-3-95972-102-8